ro
ro
ro

David Monteagudo wurde 1962 in Viveiro, Galicien, geboren. Er hat viele Jahre lang als Mechaniker in einer Papierfabrik gearbeitet und lebt heute als Autor in Barcelona. Sein Debütroman «Ende» wurde von Jorge Torregrossa verfilmt und in zehn Sprachen übersetzt. «Wolfsland» ist Monteagudos zweiter Roman auf Deutsch.

«Ein bemerkenswerter Roman.» (ABC)

«Ein einziger Roman katapultierte den Mechaniker in einer Papierfabrik zu einem der gefragtesten spanischen Bestsellerautoren.» (Focus online)

«Präzise Prosa, nuancenreich und höchst evokativ.» (La Vanguardia)

David Monteagudo

WOLFSLAND

Roman

Aus dem Spanischen von
Matthias Strobel

Rowohlt Taschenbuch Verlag

Die Originalausgabe erschien 2011 unter dem Titel
«Brañaganda» bei Acantilado, Barcelona.

Veröffentlicht im Rowohlt Taschenbuch Verlag,
Reinbek bei Hamburg, August 2016

Umschlaggestaltung any.way, Hamburg,
nach einem Entwurf von
Anzinger Wüschner Rasp, München
Umschlagabbildung plainpicture/Design Pics
Satz Janson PostScript (InDesign)
bei pagina GmbH, Tübingen
Druck und Bindung CPI books GmbH,
Leck, Germany
ISBN 978 3 499 26950 9

Für Olga

Der Mut und die Waffe nützten nichts,
denn die wilde Bestie
hielt nie inne in ihrem Furor,
als wüteten in ihr
die Feuer Molochs und des Satans.

Rubén Darío, *Die Gründe des Wolfs*

Erster Teil

DAS HAUS UND DIE SCHULE

Annäherung

Wir werden über ein kaltes, schäumendes Meer fliegen. In rasendem Flug; in einer Höhe, von der aus wir sein majestätisches Wogen erkennen können, die wechselnden Töne des aschigen Blaus und die Schaumbüschel, die auf dem klatschenden Kamm der Wellen tänzeln.

Wir werden in Richtung Süden fliegen; und nach mehreren Meilen über der eintönigen Landschaft werden wir an eine gerade, schroff wie eine Mauer aufragende Küste gelangen: an ein Stück Erde, dessen Grün bis an den Rand der Klippen reicht; Klippen, zu deren Füßen sich mit ohrenbetäubendem Gebrüll, vor dem das Land erzittert, die Wellen brechen; Klippen aus grauem Stein. Wie eine Schicht Blätterteig, dessen unterstes Blatt für immer verloren ist, zurückerobert von den feuchten, Wasser schwitzenden Gezeiten, überzogen von einem blassen Aussatz kleiner Muscheln.

Aber die felsige Böschung der Küste hat eine Wunde, und auf die halten wir zu. Es ist die breitgezogene Mündung einer Ria, durch die das Meer ins Land stößt, schwächer wird und dort, wo es sich mit dem Süßwasser des Flusses mischt, zwischen die Berge zwängt.

Aber die Ria ist nicht unser Ziel. Genau in der Mitte fliegen wir über sie hinweg, lassen die bunte Geschäftigkeit an beiden Ufern zurück. Die Dörfer mit ihren Fischerbooten, die sich auf glitzernden Lichttupfern wiegen, dringen immer tiefer ein in den Schoß der Berge, in die Ausläufer eines Massivs, das seine Gipfel reckt, so weit unser Auge reicht.

Wir folgen dem Fluss zu seinen Quellen. Sehen, wie sein Bett ansteigt, sich in das gewaltige Massiv gräbt, immer weiterschlängelt, wie die Vegetation immer dichter und wilder wird und das Grün immer dunkler und karger. Sehen verstreut auf den Hängen liegende Örtchen; die immer wieder hinter Baumwipfeln verschwindende Linie einer schmalen Straße, die hartnäckig dem gewundenen Lauf des Flusses folgt.

Dann verschwinden die Straße und das baumgesäumte Flussbett aus unserem Blickfeld, weil wir nach rechts schwenken und dem Verlauf einer anderen Straße folgen, die noch schmaler ist, eigentlich nur ein Weg, der sich im Zickzack den Berg hinaufwindet, weg vom Tal, hinauf zu einer Hochebene, auf der nichts mehr wächst; und auf der anderen Seite wieder hinunter, hinein in ein weiteres Tal oder vielmehr eine Schlucht, die noch enger ist, noch felsiger.

In diesem Tal treffen hohe Berge aufeinander, Berge mit runden, felsübersäten und dem Wind schutzlos ausgelieferten Gipfeln, auf denen infolge eines Brandes oder habgierigen Abholzens nur noch gräuliches Gestrüpp wächst. Die Berge strahlen Gelassenheit aus, etwas Mütterliches, wie alte, stattliche Matriarchinnen; weiter unten fallen die Hänge steil ab und verleihen dem Tal ein zerklüftetes Profil. Die Hänge wirken wie ausgekleidet mit dichten Laubwäldern, die sich emporwinden; unterbrochen werden sie immer wieder von felsigen Halden oder Viehweiden und Ackerland, die die Vertikale unterteilen. In der Tiefe hüpft nervös ein junger Fluss und beruhigt sich wieder, wo die Vegetation dichter wird; nur versprengte Höfe und ab und zu ein einsames Gebäude zeugen davon, dass hier auch Menschen leben.

Wir werden diesen Ort Brañaganda nennen. Es ist der Schauplatz unserer Geschichte.

Brañaganda ist gar nicht so weit entfernt von dem Meer, über das wir einige Minuten zuvor geflogen sind; wenn wir uns umwenden und zurückblicken, nach Norden hin, können wir es noch als diesigen Streifen erkennen, als ein diffuses Blau, das den Horizont überlagert. Tatsächlich kann man es an wolkenlosen Tagen sehen, vom höchsten Berg aus, dessen Gipfel so rund ist wie die Brust einer Frau.

Aber die meisten Bewohner der Schlucht haben das Meer noch nie gesehen und dürfen auch nicht darauf hoffen, es jemals zu sehen. Sie leben und werkeln in den Tiefen des Tals oder auf den Feldern am Fluss, in ihrer großen Armut einzig und allein darauf bedacht, einen weiteren Tag zu überleben, abgeschnitten vom eigentlich doch so nahen Ozean durch eine Landschaft, die so rau ist wie ihre Rückständigkeit und ihre jahrhundertealte Isolation.

Diese Gegend ist also der Schauplatz unserer Geschichte, und seine Bewohner werden ihre Protagonisten sein. Im Grunde hat diese Geschichte schon begonnen, haben ihre Darsteller ihr Spiel bereits aufgenommen: Auf einer steil in Richtung Fluss abfallenden Wiese erkennen wir zwei Figuren, winzig wie Ameisen, die den grünen Hang erklimmen.

Die steilen Wiesen

Ich werde nie den Tag vergessen, an dem der Werwolf zum ersten Mal zuschlug.

Cándida und ich hatten uns, wie so oft in der halben Stunde Freizeit zwischen Schule und Mittagessen, zur *Braña de Boral*, einer nahen steilen Wiese, davongestohlen.

Meine Mutter sah noch, wie wir losrannten, und rief uns – im Glauben, dass wir es hören würden – hinterher, wir sollten nicht zu lange bleiben, weil das Essen bald fertig sei. Meine Mutter war die Lehrerin im Dorf, und weil wir gleich neben der Schule wohnten, saßen mittags immer Schüler mit am Tisch, die von abgelegenen Höfen im Tal kamen. Meine Mutter bot ihnen eine warme Mahlzeit an, weil sie von zu Hause meist nur ein Stück trockenes Brot und etwas Speck mitbrachten, mit dem sie dann über den Tag kommen mussten.

Meine Mutter wusste, dass Cándida und ich es uns zur Gewohnheit gemacht hatten, nach der Schule auf der *Braña de Boral* herumzutollen. Die *Braña* war eine große Wiese, so quadratisch wie eine Tischdecke, die mitten auf einem abschüssigen Hang lag, was sie für uns natürlich besonders attraktiv machte, zumal sie von der Schule aus, obwohl so nah, nicht zu sehen war. Um zu ihr zu gelangen, musste man nur die Brücke an der Mühle überqueren und dann rechts einige Meter der *Corredoira* folgen, einem Pfad, der das Flussbett säumte.

Cándida und ich rannten immer bis zum Fuß des Hangs, der wie eine Mauer von Eichen und mannshohen Farnen umgeben war. Dort hielten wir an und sahen nach oben, zur steilen Wiese, einer Wand aus Gras, die fast senkrecht aufragte und deren Ende wir nicht erkennen konnten, weil sie sich oben sanft rundete.

Ohne uns vorher abzustimmen, ja ohne uns auch nur anzusehen, beendeten wir den kurzen Moment des Innehaltens und rannten wieder los oder vielmehr krabbelten auf Händen und Füßen, rutschten immer wieder aus, die frischen Kuhfladen vermeidend.

Cándida war größer und schlanker als ich und – was ich nur ungern zugab – auch stärker. Mit einem gewissen Gefühl von Scham erinnere ich mich daran, wie sie mich einmal unter den Armen packte und ein gutes Stück trug, ohne sich von meinem Strampeln beirren zu lassen. Sie war blond und von blasser Hautfarbe, wirkte eher zart und zerbrechlich; aber sie hatte einen starken Willen, und in ihren dünnen Armen lag eine unvermutete Kraft.

Den Wettlauf den Hang hinauf hatte sie aber noch nie gewonnen. Auch diesmal kam ich einige Sekunden vor ihr oben an und stützte mich trotz des rostigen Stacheldrahts an den alten Holzzaun, der unter meinem Gewicht leicht nachgab, als wäre auch er müde. Kurz darauf traf auch Cándida ein und lehnte sich ebenfalls an den Zaun. Raue, schiefe Grashalme, die davor wuchsen, kitzelten sanft unsere Waden. Wir waren vollkommen erschöpft, unsere Muskeln waren wie betäubt, und aus Mangel an Sauerstoff war uns so schwindlig, dass wir gierig nach Atem rangen. Die kalte Luft brannte uns in den Lungen und auf den Wangen. Vor uns lag die Landschaft in all ihrer Pracht.

Der Winter war fast zu Ende. Die Sonne schien, aber von Westen her wehte stetig ein kalter Wind, der eine Wolkenherde den Himmel entlangtrieb. Schnell und geräuschlos wanderten die Schatten unaufhaltsam den Hang hinunter; überquerten diagonal den gewundenen Lauf des Flusses, zeichneten ihr zärtliches Wogen auf die Berge und verloren sich am Ende des Tals. Wir lehnten eine Weile nebeneinander an dem Zaun, ohne uns anzusehen und ohne zu sprechen, ergriffen von der Majestät der Landschaft; wir hörten, wie der Wind pfiff, wenn er die Berge streifte, das Muhen und Bimmeln in der Stille des ländlichen Mittags.

Der Anblick der gleitenden Schatten hatte etwas Wunderbares, Phantasieanregendes. Nichts in diesem abgelegenen, in der Vergangenheit versunkenen Tal flog so rasch dahin wie jene großen, an den Rändern ausgefransten grauen Flecken: nicht das stotternde Motorrad von Avelino und auch nicht das Pferd, mit dem der Señor de Besteiro über die Brache von Coudelo galoppierte, wenn er gelegentlich auf Besuch in der Schlucht war.

Die Natur schien sich darauf verlegt zu haben, bis in alle Ewigkeit dieses merkwürdige Vorüberziehen flüchtender Wolken hervorzubringen, das in immer regelmäßigerem Takt vonstattenging. Cándida und ich folgten der Bahn der Schatten, die auf den Bergen hinter uns Gestalt annahmen und dann, ganz kurz nur, genau über die Braña hinwegwanderten. Wir hatten uns ein Spiel ausgedacht, bei dem wir erraten mussten, wann der Schatten, wenn er eine nahegelegene Anhöhe bedeckte – und dann schleppend und trügerisch langsam eine unserem Blick verborgene Ebene entlangeilte –, uns erreichen und uns für einen kurzen Moment das Sonnenlicht rauben würde.

Wie gebannt und mit einem Anflug von Furcht auf ihrer leicht gerunzelten Stirn erwartete Cándida den Schattenhieb.

«Mal sehen, ob wir schneller sind als die Wolke!», rief sie mir zu.

«Au ja, sobald der Schatten auf den Hügel dort drüben fällt, rennen wir los!», willigte ich sofort ein.

Kurz darauf tauchte eine geeignete Wolke auf. Der richtige Moment war gekommen. Als der Schatten den Hügel erreichte, rannten wir los, die Wiese hinunter, vor Erregung kreischend. Der Hang war so steil, dass wir mehr sprangen als rannten, in großen, unkontrollierten Schritten, die regelrecht weh taten.

«Sie darf uns nicht einholen!»

Aber die Wolke – oder vielmehr ihr Schatten – fegte auf halber Strecke gnadenlos über uns hinweg. Wir gaben uns geschlagen und stellten jeglichen Versuch, das Gleichgewicht halten zu wollen, ein. Das aufrechte Laufen war in Wahrheit längst ein Fallen, und so ließen wir uns den restlichen Hang einfach hinunterrollen. Das Blau des Himmels und das Grün der Wälder kreisten in schwindelerregender Geschwindigkeit um uns herum, bis eine Stufe im Hang, nur wenige Meter vom unteren Rand entfernt, das rasende Kullern bremste. Als ich mich aufsetzte, schwankte die Wand aus Gras, ja das ganze Tal schien abwärts zu driften. Aber dann ließ das Schwindelgefühl nach, und mir fiel auf, dass ich einen halben Kuhfladen mitgerissen hatte, der nun an einem Faden meines Pullovers hing.

Die Stufe im Hang hatte auch Cándida abgebremst, die merkwürdig verrenkt einige Schritte von mir entfernt lag. Wir sahen uns an. Als wir uns gegenseitig vergewissert hatten, dass wir heil geblieben waren, brachen wir wegen des trockenen Kuhmists an meinem Ärmel in Gelächter aus, berauscht noch vom Hochgefühl unseres rollenden Falls. Da bemerkte ich, dass Cándidas Rock – der graue, formlose Rock eines Landmädchens – sich bis zu ihren Hüften nach oben geschoben hatte.

Sie trug lange, dicke Winterstrümpfe aus grüner Wolle, die schon einige Löcher hatten. Der Anblick dieser zerknitterten, ohne Anmut heruntergerutschten Strümpfe war mir vage unangenehm. Aber das, was von ihren weißen, straffen Schenkeln zu sehen war, schien mir perfekt in seiner Fülle.

Sie bemerkte meinen Blick; und ich bemerkte, dass sie ihn bemerkt hatte. Wir lachten weiter, aber in unser Lachen schlich sich ein schiefer Ton. Cándida streifte ihren Rock nach unten, in aller Ruhe, als weigerte sie sich, dem Vorfall eine besondere Bedeutung zu verleihen. Das Lachen verstummte von selbst.

«Los», rief sie, als hätte sie plötzlich ihre Lebendigkeit wiedergefunden, «lass uns gehen. Ich sterbe vor Hunger.»

Eine unerwartete Begegnung

Schon vom schattigen Pfad aus sah ich in der Kurve an der Mühle Felipe del Couso, den Müller, am Brückengeländer lehnen, wie so oft, wenn Cándida und ich dort vorbeikamen. Es passte mir ganz und gar nicht, dass er dort stand, mit seiner tief in die Stirn gezogenen Baskenmütze, in gewohnt frecher Pose, den Hintern an den Steinen, die bereits dessen Form angenommen zu haben schienen.

Felipe provozierte Cándida immer, wenn wir die Brücke überquerten. Er versuchte, sie mit kindischen Fragen aufs Glatteis zu führen oder alberne Scherze mit ihr zu treiben, auf die sie jedes Mal hereinfiel. Mich ärgerte seine Aufdringlichkeit; auch störte es mich, dass er immer nur mit ihr sprach und mich dabei vollkommen ignorierte. Mir missfiel der boshafte Ton seines Spotts, sein kindisches Getue – gerade er, der Erwachsenen gegenüber eine solche Härte an den Tag legte –, das nur dazu diente, sich an Cándida heranzumachen.

Aber die Brücke war der einzige Weg über den Fluss. Wenn wir zurück zur Schule wollten, blieb uns nichts anderes übrig, als sie zu überqueren.

Cándida brauchte etwas länger, um Felipe del Couso zu bemerken, aber als sie ihn sah, blieb sie instinktiv stehen, nur kurz, um dann die Seite zu wechseln, damit ich zwischen ihr und dem Müller war. Stolz und Verantwortungsgefühl erfüllten mich, die aber in sich zusammenfielen, je mehr wir uns der unseligen Kurve näherten. Ich hielt mich so eng wie möglich am linken Wegrand und versuchte es mit der Vogel-Strauß-Politik: indem ich auf den Boden starrte und unbemerkt zu bleiben hoffte.

Plötzlich ertönte die selbstherrliche, unsympathische und Neugier heuchelnde Stimme Felipe del Cousos.

«Wo willst du hin, Kleine?», fragte er, wobei er die Betonung ganz auf das «hin» legte.

Bitte antworte ihm nicht, dachte ich im Stillen. Aber vielleicht ließ Cándida sich dadurch täuschen, dass Felipe diesmal nicht spöttisch oder schmeichelnd klang, sondern eher wie ein Erwachsener, der mit einem Kind spricht; jedenfalls überhörte Cándida meine stumme Bitte und tat drei schreckliche Dinge. Sie blieb abrupt stehen, drehte sich zu Felipe del Couso um und antwortete:

«Ich werde bei der Lehrerin zu Mittag essen.»

Nur ihre Stimme ließ mich hoffen. Ihre unschuldige, samtige Stimme, die diesmal etwas Herausforderndes hatte, einen Anflug von Autorität und Misstrauen.

«Deshalb also wirst du immer hübscher, weil du dich einladen lässt! Komm mal kurz her, Kleine.»

Er löste sich von der Brüstung, behielt Cándida fest im Auge und ging zwei Schritte auf sie zu. Es wirkte so, als hätte er an ihr etwas entdeckt, was ihm Sorgen bereitete. In diesem Augenblick sah ich den Fleck auf seiner stets von Mehl bestäubten Hose. Auf der Höhe der Tasche war ein roter Fleck; ein dunkelroter Fleck, der sich von innen her auszubreiten schien.

«Geh nicht!», flüsterte ich Cándida zu und hielt sie am Ärmel fest.

Aber sie ging brav auf den Müller zu und hielt seiner

möglichen Boshaftigkeit ihre herausfordernde Unschuld entgegen.

Felipe nahm ihren goldgelben Kopf zwischen die Hände und musterte mit dem prüfenden Blick eines Arztes oder Naturforschers ihr blasses Gesicht.

«Mal schauen … Aber … Ah, du Flittchen!», rief er plötzlich. «Hab ich mir's doch gedacht! Du schminkst dir die Lippen!»

«Tu ich nicht!», protestierte Cándida, empört über diesen ungerechtfertigten Vorwurf. «Meine Lippen sind von Natur aus so!»

«So, so. Ich habe eine unfehlbare Methode, um rauszufinden, ob kleine Mädchen sich die Lippen schminken! Dafür muss ich dich allerdings einem kleinen Test unterziehen.»

«Von mir aus», erwiderte Cándida mit dem herablassenden Hochmut einer Königin. «Du wirst schon sehen, dass nichts dabei rauskommt.»

Vorsicht, Cándida!, dachte ich entsetzt, wagte aber nicht, es laut auszusprechen. Er hat einen Blutfleck auf der Hose!

Der Müller stellte sich hinter sie, legte einen Arm um ihren Bauch und zog sie zu sich heran. Erst in dieser Haltung war zu erkennen, dass Cándida fast so groß war wie er.

«Vorsicht, Cándida!», rief ich, weil ich nicht mehr an mich halten konnte, als Felipe del Couso seine freie Hand in die Hosentasche steckte: in die Hosentasche mit dem Fleck!

Alles ging ganz schnell. Er zog die Hand heraus, lachte dreckig und rieb mit plumper Hastigkeit etwas auf Cándidas Lippen. Was er da auf ihre Lippen rieb, waren wilde Beeren. Schlehen, so rot wie Blut. Als Cándida die klebrige Masse spürte, wurde ihr klar, dass er sich einen Scherz mit ihr erlaubte, und sie versuchte, sich aus seinen Armen zu winden.

«Immer legst du mich rein, du Lügner!», protestierte sie halb verletzt, halb wütend. «Lass mich los!»

Gerissen, wie er war, hielt Felipe del Couso seine Gefangene weiterhin fest und ließ sich nicht davon beirren, dass sie sich mit den Ellenbogen heftig wehrte.

«Siehst du?», sagte er amüsiert und konnte vor Lachen kaum noch an sich halten. «Du schminkst dich eben doch!»

Plötzlich hob Felipe den Blick und sah zu dem Weg hinter mir. Im Bruchteil einer Sekunde veränderte sich seine Miene, und er ließ Cándida los, die mit vor Ekel verzerrtem Gesicht zu mir rannte und sich mit dem Handrücken den Mund abwischte. Ich drehte mich um. Auf dem Weg stand mein Vater. Die Spannung in der Luft war so groß, dass ich mich nicht einmal wunderte, ihn zu sehen, obwohl er mitten in der Woche und um diese Uhrzeit nicht dort hätte sein dürfen.

Felipe del Couso hingegen wirkte nicht sonderlich überrascht. Er lachte so spöttisch wie zuvor, was allerdings im Widerspruch stand zu dem Kräftegleichgewicht, das sich gerade neu gebildet hatte.

«Du kleine Teufelin!», rief er und klopfte sich mit merkwürdiger Schmerzensmiene auf die Arme. «Was hat dieses verflixte Mädchen für eine Kraft! Was machen Sie denn hier, Herr Lehrer?»

«Gibt es in der Mühle nichts zu tun?», fragte mein Vater kurz angebunden.

«Na ja», antwortete Felipe und zog die Vokale in die Länge. «Meine Frau ist ja da.»

«Vielleicht sollten Sie lieber ihr unter die Arme greifen als einem Mädchen, das zufällig des Wegs kommt.»

«Von einem Mädchen kann ja wohl nicht mehr die Rede sein. Gedeiht prächtig, die Kleine!»

Mein Vater ignorierte die Bemerkung, zog ein strahlend weißes Taschentuch aus seiner Jackentasche und ging zu Cándida. Für einen Moment hatte es den Anschein, als wollte er ihr den Mund abwischen, der von der kräftigen Schlehentinte hässlich verschmiert war, aber im letzten Moment drückte er ihr lediglich das Taschentuch schroff in die Hände.

«Los, wisch dir den Mund ab!», befahl er ihr mit plötzlicher Ungeduld. «Dann gehen wir nach Hause.»

«Kann einem schon leidtun, die Kleine, Herr Lehrer! So ganz ohne Vater, der auf sie aufpasst, wo sie sich doch ständig draußen herumtreibt. Irgendwann wird sich ein junger Kerl in einer Scheune an ihr vergreifen, und dann wächst ihr ein Bäuchlein. Diese jungen Dinger lassen sich doch auf den Erstbesten ein, der sie anspricht.»

Mein Vater war schon in Richtung Schule losgegangen, aber als er diese Bemerkung hörte, blieb er stehen, senkte den Kopf und atmete tief aus, als koste es ihn große Anstrengung.

«Gerade weil sie keinen Vater hat», sagte er bedächtig, ohne sich zu dem Müller umzudrehen, «sollten alle im Dorf ein bisschen Verantwortung übernehmen und auf sie aufpassen, damit das nicht passiert, worauf Sie anspielen.»

«Wenn Sie meinen, Herr Lehrer.»

«Und nennen Sie mich nicht Herr Lehrer!», fiel ihm mein Vater ins Wort und drehte sich so heftig um, dass es mir übertrieben vorkam. «Meine Frau ist die Lehrerin; ich hingegen habe mein Lebtag noch nicht unterrichtet.»

«Entschuldigen Sie, Don Enrique. Ich wollte damit nur sagen, dass die Kleine nicht ihr ganzes Leben bei Ihnen zu Hause sein wird, Verzeihung, in der Schule. Oder wollen Sie

sie ganz für sich allein?», fügte er in seinem gewohnt witzelnden Tonfall hinzu. «Sie wird von Glück sagen können, wenn sie einen fleißigen Kerl mit einer guten Kuh findet, der sie nicht allzu oft schlägt. Wobei es unserer Mademoiselle nicht an Verehrern mangeln dürfte. Und mit diesem prächtigen Busen wird es auch kein Problem sein, vier oder fünf Bälger großzuziehen.»

«Seien Sie nicht so vulgär!»

In diesem Moment sah ich gerade zum Müller, aber weil der Tonfall meines Vaters mich in Alarmstimmung versetzte, drehte ich mich wieder zu ihm um. Er stand reglos da, war aber sichtlich nervös; in seinen Augen lag ein schrecklicher Ausdruck, und sein Kiefer zitterte merkwürdig, was er offenbar nicht unterdrücken konnte. Ich war verstört, weil mein Vater normalerweise die Gelassenheit und Selbstkontrolle in Person war. So jedenfalls hatte ich ihn noch nie gesehen.

Cándida ihrerseits verschränkte instinktiv die Arme vor der Brust, lief rot an und sah Felipe del Couso gekränkt, aber letztlich ohne Harm an. Er wiederum beachtete sie gar nicht mehr. Stattdessen lehnte er in seiner charakteristisch trägen Haltung an der Brücke und nahm mit spöttischer Selbstzufriedenheit zur Kenntnis, wie heftig mein Vater reagierte.

«Nehmen Sie Rücksicht auf das Mädchen und seien Sie nicht so vulgär.»

Seelenruhig fuhr Felipe del Couso fort, meinen Vater zu provozieren.

«So ist das Leben, Don Enrique. Nächstes Jahr wird dieses Mädchen schon nicht mehr zur Schule gehen; dann muss sie in El Sollado mit anpacken. Soweit ich gehört habe, hat Ihre Frau es nicht geschafft, ihr zu einer höheren Schulbildung zu verhelfen, und das, obwohl sie mit de Besteiro gesprochen hat, als er das letzte Mal hier war. Mumm hat sie, unsere Frau Lehrerin, das muss man ihr lassen! Und dieser de Besteiro, das ist ja vielleicht ein sauberes Bürschchen. Dabei weiß doch jeder, dass er der Vater ist und Möglichkeiten hätte. Und was für welche! Für den wäre es überhaupt kein Problem, ihr eine gute Ausbildung zu finanzieren.»

«Das», unterbrach ihn mein Vater im selben Ton wie eben, als kostete es ihn große Mühe, Ruhe zu bewahren, «ist eine schwere Anschuldigung, die wir besser nicht erheben sollten, ohne Beweise zu haben. Und was das Mädchen angeht: Eine Familie zu gründen und auf dem Feld zu arbeiten ist ein ebenso löbliches und würdiges Unterfangen wie jedes andere. Es sollte nur nicht zu früh geschehen, und genauso wenig wollen wir, dass ihre Unschuld zu früh getrübt wird durch solche unschicklichen und anstößigen Bemerkungen.»

«Sie reden ja wie gedruckt, Herr Lehrer», heuchelte Felipe del Couso Staunen und Bewunderung. «Und natürlich haben Sie vollkommen recht. Aber wer wird denn gleich so ernst sein! Ein kleiner Scherz dann und wann, das muss schon erlaubt sein. Wir hatten doch jede Menge Spaß, Cándida, oder etwa nicht?»

Statt zu antworten, streckte Cándida ihm die Zunge raus und zog eine verächtliche Grimasse. Offenbar fühlte sie sich durch die Distanz, die sie vom Müller trennte, und durch die beiden Beschützer an ihrer Seite sicher. Meinem Vater jedoch missfiel diese Geste.

«Cándida!», rief er verärgert. «Komm jetzt. Wir gehen nach Hause!»

«Auf Wiedersehen, Herr Lehrer. Es war mir ein Vergnügen, Sie haben mich eines Besseren belehrt.»

«Wenn dem wirklich so ist», sagte mein Vater und drehte sich noch einmal zu del Couso um, «dann werden Sie das Kind bestimmt nie wieder belästigen.»

«Nichts für ungut», rief uns der Müller hinterher. Und dann noch ein vergnügtes: «Kleine Teufelin!»

Cándida und ich gingen eine Weile wortlos nebeneinanderher, weil die schlechte Laune meines Vaters auf uns abfärbte.

«Wie kommt's, dass du hier bist, Vater?», fragte ich schließlich in die Stille hinein. «Wieso bist du nicht in der Mine?»

«Ich arbeite nicht mehr dort», sagte er nur. Und fügte nach einem merkwürdig langen Schweigen hinzu: «Und ihr solltet nicht so auf der *Braña* herumtollen. Eines Tages passiert noch was!»

Der Weg führte zwischen dichtbelaubten Bäumen hindurch, die an einigen Stellen fast ein Gewölbe bildeten. Das immer wieder von Wolken gedämpfte Sonnenlicht sickerte durch das Laubwerk hindurch, und auf den Blättern zeigten sich zarte frische Grüntöne.

Mein Vater wirkte ernst und nachdenklich, es war nichts mehr aus ihm herauszukriegen. Dabei ließ mir ein Gedanke keine Ruhe: Offenbar hatte er uns auf dem Weg nach El Sollado beim Spielen beobachtet, denn es war die einzige Stelle, von der aus man die *Braña de Boral* sehen konnte.

Es sollte ein denkwürdiger Tag werden. Mein Vater hatte nach fast zehn Jahren seine Stelle im Büro der Minengesellschaft aufgegeben, weshalb wir ihn nun täglich sehen würden und nicht nur, wie bis dahin, einmal in der Woche.

Und an diesem Tag, sechs oder sieben Stunden nach unserer Begegnung mit dem Müller, tötete, ja verschlang der Werwolf eine junge Frau aus dem Dorf, die nach Einbruch der Nacht auf dem Heimweg gewesen war.

Die Frau hatte in Semellade, dem ersten Ort im Nachbartal, eine kranke Tante besucht. Darüber war es spät geworden, was sie aber nicht davon abgehalten hatte, noch am selben Abend den Heimweg anzutreten. In jener wolkenlosen Nacht schien der Vollmond so hell, dass er alle Sterne überstrahlte. Der Werwolf schlug in der *Gándara de Coudelo* zu, einem Stück Ödland, das man durchqueren musste, wenn man von Semellade oder einem anderen Dorf nach Brañaganda gelangen wollte.

Dass es der Werwolf gewesen war, wussten wir damals noch nicht. Für die Tat wurden gewöhnliche Wölfe verantwortlich gemacht, obwohl im Tal kaum noch Vertreter dieser Spezies lebten und sich nur mehr die ältesten Dorfbewohner an das letzte Opfer erinnern konnten. Erst als weitere Opfer zu beklagen waren, kam der Verdacht auf, ein Werwolf könnte sein Unwesen treiben.

Der Vorfall erschütterte das Dorf zutiefst. Es war aber nicht diese schreckliche Nachricht – die uns erst am nächsten Tag erreichte – und auch nicht die Kündigung meines Vaters, die mir diesen Tag unauslöschlich ins Gedächtnis brannte. Es waren andere, viel nebensächlichere Dinge: die weiße Haut von Cándidas Schenkeln, der rote Fleck auf der Hose des Müllers, das zitternde Kinn meines Vaters, als er mit Felipe del Couso aneinandergeriet.

Der Werwolf schlug erst ein Jahr später wieder zu. Zu diesem Zeitpunkt ging Cándida schon nicht mehr zur Schule. Sie besuchte uns noch, sooft sie konnte, und blieb manchmal auch zum Essen da, aber es war nicht mehr wie früher. Sie hatte sich verändert, war gewachsen. Und sie wollte nicht mehr mit mir spielen.

Das Haus und die Schule

Schon der erste Tag, an dem der Werwolf zuschlug, hatte sich mir tief eingeprägt, aber die Erinnerung an den Tag, an dem er zum zweiten Mal tötete, ist noch lebendiger. Vielleicht, weil ich schon älter war; vor allem aber, weil ich zusammen mit meiner Mutter und meinem jüngeren Bruder eine wahre Odyssee erlebte; und weil ich den Werwolf mit eigenen Augen sah.

Es geschah am späten Abend, als dieser an Schrecken reiche Tag, der sich bis in den frühen Morgen zog, seinen Höhepunkt erreichte. Bis zum Nachmittag war alles friedlich verlaufen, doch dann wurde es schwierig.

Zuerst erteilte mir Cándida eine Abfuhr.

Ich trieb mich in der Nähe der Schule herum, die in den Sommerferien verlassen und still dalag. Ich langweilte mich und war schlecht gelaunt, weil die wenigen Freunde, dich ich hatte, wie fast alle Dorfbewohner beim Mähen der Wiesen halfen. Es war eine Knochenarbeit, bei der die ganze Familie mit anpacken musste, und es hatte etwas von einem heidnischen Fest. Um mir die Zeit zu vertreiben, schlug ich mit einem langen Eukalyptusstab auf das Gras ein, das am Wegrand wuchs. In diesem Moment erblickte ich Cándida, die aus El Sollado kam. Sie hatte weniger zu tragen als gewöhnlich, was ich in meiner Not als Chance begriff, sie wie früher zum Spielen zu überreden.

Es war ein Akt der Verzweiflung, denn Cándida zeigte

sich schon seit einiger Zeit wenig geneigt, mich auf meinen Streifzügen zu begleiten. Und diese Verzweiflung war es auch, die mich verleitete, die Stimme der Vernunft zu überhören.

«Kommst du mit zur *Poza*?», fragte ich voller Hoffnung. Die *Poza*, das war eine Stelle am Fluss, in die sich ein schmaler Wasserfall ergoss. «Dort wimmelt es von Forellen!»

«Ach, mein kleiner Orlando, du weißt doch, dass ich nicht kann», antwortete sie, ohne zu zögern, mit diesem zärtlich bedauernden Klang in der Stimme, den das Galicische noch verstärkte. «Aber ich hab dich trotzdem lieb! Wirklich!», fügte sie merkwürdig dramatisch hinzu und drückte mich an ihre Brust.

«Lass den Scheiß!», schimpfte ich und entwand mich ihren Armen.

Es war übertrieben, Cándida einen solchen Ausdruck an den Kopf zu werfen, nur weil sie nicht mit mir spielen wollte. Aber ihre mütterlichen Anwandlungen machten ihre Weigerung nur noch erniedrigender für mich. Auf ihre Zuneigungsbekundungen konnte ich gern verzichten: Schließlich zeigte sie diese auch allen Kälbern und selbst Couceiros Hund gegenüber und überhaupt allem, was lebte. In letzter Zeit führte sie sich außerdem sehr merkwürdig auf. Selbst ein so naiver, unerfahrener Junge wie ich erkannte an ihrem Entzücken und ihrem verträumten Blick, dass ich nicht der eigentliche Adressat für dieses Ungestüm war.

Bestimmt hat sie schon Verehrer, dachte ich verächtlich, während sie ihren Weg fortsetzte.

«Wo gehst du hin? Sag, wo gehst du hin?», rief ich ihr wütend, ja fast aggressiv hinterher.

Aber Cándida drehte sich nicht einmal mehr um.

Die Schule und unser Haus standen dicht beieinander. Es waren alte, baufällige Gebäude, in denen früher Vieh- oder Holzwirtschaft betrieben worden war und die man für ihre neuen Zwecke notdürftig umgebaut hatte. Das Haus war klein, einstöckig und verfügte weder über Strom noch fließendes Wasser; und die Schule konnte trotz der Kreidetafel, der Pulte und der Bilder Francos und der Heiligen Jungfrau ihre ursprüngliche Funktion als Scheune oder Lager nicht verleugnen. Beiden Gebäuden war eigen, dass ein Holzpodium das Gefälle des Geländes ausglich und unter den Füßen einen beunruhigenden Klangraum bildete. Alles wurde von Holzpflöcken unterschiedlicher Größe, die mit Keilen und Klötzen gesichert waren, in der Waagrechten gehalten. Aber das sollte ich erst vierzig Jahre später erfahren, als ich die beiden verfallenen Gebäude wiedersah.

Irgendwann hatte ich es satt, das Gras zu malträtieren, und warf den Stock mit aller Kraft in Richtung Wald – sprich irgendwohin, denn schließlich war ich überall von Bäumen umgeben. Ich wartete gespannt, bis ich hörte, wie er mit einem stumpfen Geräusch auf eine Kiefer prallte.

Nun wusste ich nicht, was ich noch machen sollte, ich wollte mich aber auch nicht bei meiner Mutter ausheulen. Auf mein «Mir ist langweilig» würde sie nur mit dem Vorschlag reagieren, ihr im Haushalt zu helfen oder ein Buch zu lesen.

Also betrat ich die Schule, deren Tür immer offen war. Mein Bruder und ich hatten das zweifelhafte Privileg, dass wir auch außerhalb des Unterrichts in den Schulbänken sitzen oder auf die Tafel malen durften; wir taten es meist aus der Not heraus, weil in der Schule mehr Licht und mehr Platz war als in unserem bescheidenen Zuhause. Tatsächlich saß mein Bruder auch in einer der Schulbänke in der Mitte und zeichnete in aller Ruhe.

Es ärgerte mich, weil ich ihn insgeheim dafür bewunderte, dass er Stunden damit zubringen konnte, tief in sich versunken, ohne irgendetwas anderes zu wollen. Und es machte mich nervös, dass er offensichtlich – was niemandem entging – das künstlerische Talent unseres Vaters geerbt hatte, ganz im Gegensatz zu mir. Mein Bruder war damals acht, ging aber schon seit fünf Jahren mit den anderen Kindern zur Schule, weil meine Mutter ihn dadurch an Werktagen beaufsichtigen konnte. Aufgrund dieses merkwürdigen Status eines eingeschulten Vorschülers genoss er ungerechte Privilegien. «Der soll erst mal abwarten, bis die Doppelbrüche drankommen», sagte ich mir.

Ich schlich um ihn herum, schritt die Schulbänke ab und steckte die Finger in die Löcher für die Tintenfässer, die meine Mutter zu Ferienbeginn immer entfernte. Insgeheim überlegte ich, ob ich ihm vorschlagen sollte, mit mir zu spielen. In meinem Moralverständnis bedeutete dies eine schmachvolle Niederlage, die außerdem ihre Tücken hatte, weil sich die Gleichgültigkeit, die mein Bruder an den Tag legte, wenn er in seiner Welt war – wie jetzt zum Beispiel –, schnell in große Anhänglichkeit verwandeln konnte, wenn ich ihn an meiner Welt teilhaben ließ.

Ich schlich also unschlüssig um ihn herum und kam ihm so immer näher. Er aber schien mich überhaupt nicht zu bemerken, sondern sah nur mit aufmerksamem, gelassenem und klarem Blick auf sein Blatt, ohne auch nur einmal zu blinzeln. Lediglich das Stückchen Zunge, das zwischen seinen Lippen gefangen war, und die verkrampfte Art, mit der er seinen Bleistift hielt, verrieten so etwas wie Anstrengung.

Wie anders war meine Art zu zeichnen: Ich gab immer Geräusche von mir, murmelte lautmalerisch vor mich hin, versuchte, meinen Werken mit einer Art Filmmusik eine Ausdrucksstärke zu verleihen, die sie in Wirklichkeit nicht besaßen.

Wieso eigentlich nicht, überlegte ich dann doch, schließlich hat er es schwer genug mit seinem Namen; wie kann man nur Norberto heißen? Nachdem die Zeiten endgültig vorbei waren, in denen ich ihn als Bettnässer, Moppel und Blödmann verspottet hatte – jeweils ein Jahr lang –, befand ich mich nun in der Phase, in der ich mich über seinen Namen lustig machte.

Gerade als ich ihn ansprechen wollte, nahm der Tag seine vertrackte Wendung.

Meine Mutter rief nach mir. Ich hörte, wie sie mich vom Haus aus rief. Einen Moment lang zögerte ich, fürchtete, sie könnte mir eine lästige Aufgabe übertragen.

«Mama ruft nach dir», sagte mein Bruder plötzlich, ohne den Blick vom Papier zu heben.

«Ich weiß, Norrberrto», antwortete ich mit boshafter Betonung. Dann rannte ich los.

An dieser Stelle sei eingefügt, dass meine Mutter damals schwanger war. Bald würden wir ein Brüderchen bekommen; oder was auch immer. Sogar der kleine Norberto war eingeweiht. Meine Eltern hatten es ihm erklären müssen, weil der Arme es mit der Angst zu tun bekommen hatte, als sich der Bauch seiner Mama zu wölben begann und er es für eine Krankheit hielt, die niemand außer ihm bemerkte. Weil meine Eltern keine blumige Erklärung parat hatten, griffen sie auf ein Beispiel aus dem Landleben zurück. «Erinnerst du dich an das Kälbchen, das Marela neulich gekriegt hat?», fragten sie. «Das erst in ihrem Bauch war und dann rauskam und jetzt so niedlich ist? So musst du dir das vorstellen.»

Ich, der ich über mehr Erfahrung verfügte und diese Erklärungen nicht nötig hatte, war sehr überrascht, wie gelassen Norberto auf diesen Vergleich reagierte; mich selbst verstörte er nämlich, weil ich diese Geburt mit eigenen Augen gesehen hatte und sie mir mühsam und blutig erschienen war. Allein schon die durchsichtige Plazenta, die dampfend und runzlig auf dem Boden des Stalls gelegen hatte, hatte etwas äußerst Beunruhigendes gehabt.

Mein Bruder hingegen legte eine größere Neugier an den Tag als ich vor seiner Geburt, weil ihm einige Nebenaspekte nicht einleuchteten. Er fragte zum Beispiel, wie Frauen überhaupt schwanger wurden und ob man verheiratet sein musste, um Kinder haben zu können. Neutral und wissenschaftlich im Ton erklärte ihm mein Vater, dass Kinder kämen, wenn ein Mann und eine Frau sich eng verbunden fühlten, dass es aber nicht unbedingt notwendig sei, dafür vor den Traualtar zu treten.

Ich folgte also dem Ruf meiner Mutter, dachte, sie am Eingang oder am Fenster anzutreffen, aber offenbar war sie drinnen. Ich machte die Tür auf, rannte, immer langsamer werdend, über den Flur und betrat schließlich vorsichtig das Wohnzimmer. Da sah ich sie oder vielmehr ihre Hand, die vom Ohrensessel herabhing, der mit dem Rücken in meiner Richtung stand; und ich begriff, dass etwas nicht stimmte. Meine Mutter setzte sich nie in diesen Sessel, und schon gar nicht um diese Uhrzeit.

«Hol deinen Vater. Schnell!», befahl sie mir, als sie mich bemerkte. «Er ist im Wald der Señora.»

Ihr Ton war streng und bestimmt, hatte aber auch etwas

Angestrengtes. Ihr Gesicht war mit Schweißperlen bedeckt und zuckte ab und zu vor Schmerz.

«Was ist mit dir?», fragte ich erschrocken.

«Hol deinen Vater. Geh schon! Wir erklären es dir später.»

Ich stürzte aus dem Haus und rannte auf dem Weg, der zum Fluss hinunterführte, in den Wald hinein.

Unter «Señora» verstanden wir bei uns zu Hause Doña Isabel, die Señora de Freire: eine allein lebende, aristokratisch auftretende Frau mittleren Alters, die sich vor kurzem in Brañaganda niedergelassen hatte, in einem alten Haus, das offenbar ihrer Familie gehörte. Sie war gekommen, «um der Welt zu entsagen», wie mein Vater es bezeichnet hatte. Doña Isabel war rätselhaft und distanziert und ging nie ohne ihre mysteriöse Zofe aus dem Haus. Sie hatte eine lakonische und wortkarge Art und mochte meinen Vater, weil er ihr Interesse für die Malerei teilte. Tatsächlich hatte mein Vater seine Arbeit im Büro der Bergwerksgesellschaft unter anderem deshalb aufgegeben, weil er sich stärker der Malerei widmen wollte, mit der er sich in seiner Freizeit schon seit Jahren beschäftigte. Als ihm Doña Isabel den Posten eines Försters anbot, um ihr Stück Wald und somit auch die ganze Schlucht vor Wilderern und Anglern zu schützen, willigte er dankend ein. Die Arbeit nahm nur einen Teil seines Tages in Anspruch und war erträglich, weil er sowieso gern in den Bergen war und sich außerdem von Anfang an jegliche Freiheit erlaubte, was die Arbeitszeiten betraf. Er vertraute auf seinen gesunden Menschenverstand und legte selbst fest, wie viel Aufwand nötig war, um seine Pflichten als erfüllt zu betrachten. Ich erinnere mich noch, wie ich damals dachte, dass seine neue Arbeit etwas Religiöses hatte, dass mein Vater eine Art Kaplan oder persönlicher Beichtvater der Señora war; in Gesprächen mit meiner Mutter sprach er immer von einer «Sinekure», ein Wort, das ich fälschlicherweise mit Priestern und Latein in Verbindung brachte.

An jenem Tag war mein Vater nach dem Mittagessen aufgebrochen. Zu meiner Mutter hatte er gesagt, er gehe in den Wald der Señora de Freire. Ich hatte mich gewundert, dass er so spät losging – normalerweise arbeitete er morgens –, aber ich hatte es einfach so hingenommen, als er seine Jacke anzog und sein Gewehr ergriff: ein symbolisches Gewehr, das nie geladen war.

Nun war ich derjenige, der aufgebrochen war und zur Señora eilte. Ich war aufgeregt, weil ich eine wichtige Mission zu erfüllen hatte, und nahm denselben Weg, den mein Vater immer nahm, wenn er in den Wald ging. Ich machte mir Sorgen um meine Mutter, dachte aber, es ist ja nur vorübergehend; im Grunde fühlte ich mich als Gefäß, als Verwalter eines Problems, das ich in wenigen Minuten an meinen Vater abgeben würde. Meiner Zuversicht lag die tiefe Überzeugung zugrunde, dass meine Eltern unverwundbar waren, dass sie über Mittel verfügten, um jede Schwierigkeit zu meistern.

Aber mein Vater war nicht da. Ich durchkämmte den ganzen Wald, fragte nach ihm, klopfte bei Nachbarn, die wissen könnten, wo er war. Nichts. Niemand wusste etwas, niemand hatte ihn gesehen.

Eine Viertelstunde später war ich wieder zu Hause. Mein Unmut über die gescheiterte Mission verflog, als ich meine Mutter sah. Offensichtlich ging es ihr besser; sie war sogar schon wieder auf den Beinen, wenngleich sie sich noch vorsichtig bewegte.

«Was ist mit Papa?», fragte sie, kaum hatte sie mich erblickt.

Ich erzählte ihr, wie es mir ergangen war.

«Wo steckt dieser Mann nur?», sagte sie mehr zu sich selbst als zu mir. «Ausgerechnet heute! Warst du auch bei der … Señora?», fragte sie mich nach einer Pause, als wäre die ganze Angelegenheit höchst ärgerlich.

«Ja», antwortete ich schnell. «Und bei Marcelino war ich auch.»

Meine Mutter wirkte eher wütend als besorgt. Sie schwieg, aber ich konnte an ihrem abwesenden Gesicht ablesen, dass sie darüber nachdachte, was jetzt zu tun war. Schließlich wandte sie sich in einem Ton an mich, in dem sie noch nie mit mir gesprochen hatte; ein Ton, der ihr Unbehagen verriet, mich in diese Sache einweihen zu müssen.

«Hör zu, Orlando. Es könnte sein, dass das Kind früher zur Welt kommt als gedacht. Aber ich bin mir nicht sicher. Es geht mir zwar wieder besser, aber ich will trotzdem nach Los Pazos, damit der Doktor mich untersuchen kann. Deshalb müssen wir jetzt los.»

Ich war fassungslos. Meine Mutter hatte versichert, dass die Geburt erst in einem Monat sein sollte, was sie anhand des Mondes, des Ausbleibens der Regel und anderer merkwürdiger Überlegungen berechnet hatte, die für mich undurchschaubar waren. Außerdem verstand ich nicht, warum wir nicht die Portuguesa riefen, eine alte Frau, die in A Xesta wohnte, auf der anderen Seite des Tals, und die, wie man mir erklärt hatte, den Frauen von Brañaganda bei jeder Geburt beistand. Erst Jahre später erfuhr ich, dass die Portuguesa, die etwas von einer Hexe hatte, zwar Kindern auf die Welt half, aber auch Abtreibungen vornahm; meine

Mutter hatte ihre Prinzipien und wollte daher auf keinen Fall, dass diese Frau, deren Ruf als Hebamme paradoxerweise ausgezeichnet war, sie auch nur berührte. Seit sie von ihrer Schwangerschaft wusste, war sie aus irgendeinem irrationalen Grund davon überzeugt, dass ihre dritte Entbindung mit Schwierigkeiten einhergehen würde, und wollte sich daher lieber in die Hände der Wissenschaft begeben als in die – nicht immer sauberen – der Erfahrung.

«Lauf zu Marcelino und bitte ihn um sein Pferd. Wenn wir gleich aufbrechen, schaffen wir es noch vor Einbruch der Nacht», sagte sie. «Und wenn er Papa sieht, soll er ihm ausrichten, dass wir zum Doktor nach Los Pazos wollen!», rief sie mir noch hinterher, als ich schon fast zur Tür hinaus war.

Marcelino war ein gebrechlicher Greis, der in einer dunklen Hütte wohnte und sich nur durch die Großzügigkeit der Dorfbewohner über Wasser halten konnte. Sein Pferd war eine Art öffentliches Transportmittel, das jeder in Brañaganda ganz selbstverständlich benutzte. Zum Glück wohnte er in unserer Nähe, denn die nächsten Nachbarn, die wir um Hilfe hätten bitten können, waren wesentlich schwieriger zu erreichen und außerdem vollauf mit dem Mähen beschäftigt.

Nach fünf Minuten war ich wieder zurück. Das Pferd war alt und ruhig, und ich führte es auch nicht zum ersten Mal am Zaumzeug.

Meine Mutter erwartete mich bereits. Sie hatte ein wenig Wäsche zu einem Bündel gepackt und trug ihre alte Handtasche am Arm, die sie nur für formelle Besuche benutzte.

«Gehen wir!», sagte sie entschlossen.

«Und Norberto?», fragte ich.

Meine Mutter fasste sich mit beiden Händen an den Kopf.

«Um Gottes willen! Ich bin ja vollkommen durch den Wind!», seufzte sie und rieb sich die Stirn. «Der Junge ist so still, da vergisst man fast, dass es ihn gibt! Was mache ich nur?» Sie dachte nach. «Wir haben keine Zeit mehr, um ihn in El Sollado abzugeben. Wir nehmen ihn einfach mit.»

Die Wiese der Winde

Kurz darauf waren wir auf der kleinen Rampe, die vom Platz vor der Schule zum Weg hinunterführte. Der Weg war die Hauptverbindung zwischen den einzelnen Bauernhöfen; der einzige Weg, der weiterführte, den Hang hinauf zum Bergkamm und auf der anderen Seite hinunter ins Nachbartal und damit zum Rest der Welt. Dorthin waren wir jetzt unterwegs. Unser Ziel hieß Los Pazos – die Gutshäuser –, ein etwas großspuriger Name für eine Ansammlung von Häusern, die vom eigentlichen Dorf Semellade durch einen Streifen Ackerland getrennt waren.

Diesen Ausflug zu unternehmen, war damals nichts Ungewöhnliches für die Bewohner von Brañaganda; sie begaben sich häufig auf die andere Seite der Berge, wenn sie in Semellade oder einem anderen Dorf etwas einkaufen oder verkaufen wollten; allerdings war der Pfad so schmal, dass man nicht mit dem Karren fahren konnte, sondern zu Fuß gehen oder reiten musste.

Wie weit die Strecke von einem Tal zum anderen ist, kann ich nicht genau sagen. Damals benötigte man von der Mühle bis nach Semellade bei normalem Gehtempo rund eine Stunde. Wenn man es heutzutage auf der Landkarte betrachtet, scheint es ein Katzensprung zu sein, aber in jenen Zeiten war der Weg nicht befestigt, und es lauerten alle möglichen Unwägbarkeiten; vor allem bei schlechtem Wetter, wenn unheimliche Nebelschleier in den Bergen hingen.

Wir jedoch erlebten unsere Odyssee an einem Tag mitten im Sommer, an dem es alles andere als kalt war. Wolken standen am Himmel, aber es hatte nicht den Anschein, dass es regnen würde. Marcelinos Pferd half uns zwar nicht, schneller voranzukommen, aber es erleichterte unseren Marsch doch beträchtlich, weil Norberto und meine Mutter darauf sitzen konnten. Ich hingegen ging zu Fuß und führte das Pferd am Zügel. Wäre meine Mutter nicht schwanger gewesen, hätte es ein harmloser Ausflug werden können.

Hinter der Schule stieg der Weg sanft, aber stetig an, folgte in verschlungenen Kurven den Falten der Berge. Im ersten Teilstück waren wir umgeben von Wald. Da, wo die Bäume dicht standen, neigten sich die Wipfel aufeinander zu. Da, wo sie weniger dicht standen, konnte man die Steilhänge auf der anderen Seite des Tals erkennen, deren Grau und Grün vom Licht des Nachmittags wie weichgezeichnet waren.

Wir hatten etwa ein Viertel der Strecke zurückgelegt, als wir den ersten Halt machen mussten.

Meine Mutter bat mich, ihr vom Pferd herunterzuhelfen. Seit einigen Monaten bildete ich mir viel auf meine stärker werdende Muskulatur ein und nutzte jede Gelegenheit, um zu beweisen, welch schwere Gewichte ich schon stemmen konnte; deshalb machte ich mich mit einer gewissen Überheblichkeit an meine Aufgabe. Aber so herkulisch, wie ich gedacht hatte, waren meine Kräfte offenbar noch nicht, denn wir wären beide beinahe gestürzt, als meine Mutter ihren Schmerzen nachgab und sich mit vollem Gewicht in meine Arme fallen ließ.

«Pass doch auf!», rief sie erschrocken, während ich mich an sie klammerte, um mein Gleichgewicht wiederzufinden.

Sie ließ sich am Wegrand nieder, direkt an der Böschung. Allein die Tatsache, dass eine so zurückhaltende Frau wie meine Mutter dort auf dem Gras zwischen den Steinen saß, war besorgniserregend. Offensichtlich hatte sie wieder diese Schmerzen, die ihr schon zu Hause im Sessel zugesetzt hatten.

«Es wird schon wieder. Ich muss mich nur ein bisschen ausruhen», sagte sie keuchend. «Nur ein bisschen ausruhen. Wie vorhin.»

«Wirst du unser Brüderchen hier kriegen?», fragte Norberto.

In seiner Frage lag keine Angst, nur Neugier. Offenbar gefiel ihm die Vorstellung, der friedlichen und natürlichen Geburt eines Kälbchens in Menschenform beizuwohnen. Aber meine Mutter riss sich zusammen, um diesen Gedanken sofort wieder zu verscheuchen.

«Nein, nein! Es ist nur … O Gott! Wenn doch dein Vater hier wäre, der könnte dir alles erklären.»

Meine Mutter, die es wie keine andere gewohnt war, Kindern etwas zu erklären, wurde unsicher und verschämt, wenn sie intime Dinge über sich preisgeben musste.

«Es zwickt nur ein bisschen!», sagte sie schließlich. «Keine Angst, dein Bruder wird nicht unterwegs zur Welt kommen. Ich weiß nicht einmal, ob er überhaupt heute zur Welt kommen wird.»

Merkwürdigerweise führte das Gespräch mit Norberto dazu, dass ihre Schmerzen nachließen. Vielleicht war es aber auch reiner Zufall.

Wir gingen weiter bergauf, sie wirkte beharrlich, zäh. Aber nachdem wir ein kurzes Stück hinter uns gebracht hatten, mussten wir erneut anhalten. Und nach einem weiteren Stück wieder. Die Pausen wurden immer länger und die Strecken dazwischen immer kürzer. Meine Mutter ging zu Fuß, denn allem Anschein nach war es auf dem Rücken des Pferdes noch schlimmer.

Ich wusste, dass ich ihr gar nicht erst vorzuschlagen brauchte, dass wir ja umkehren könnten, von unserem Versuch ablassen, denn dafür war meine Mutter zu stur; sie würde auf jeden Fall durchhalten, bis wir beim Arzt waren, denn wenn sie sich etwas vorgenommen hatte, zog sie es auch durch, und sei es mit letzter Kraft; die Blöße, eine falsche Entscheidung getroffen zu haben, würde sie sich bestimmt nicht geben.

In diesem stockenden Rhythmus zwischen Anhalten und Weitergehen kamen wir nur sehr langsam voran. Die Zeit hingegen ließ sich von unseren Nöten nicht beeindrucken und flog nur so dahin. Schon begann der Abend über den Bergen hereinzubrechen, weil die Sonne ihre Bahn vollendet hatte, versteckt hinter Wolken, wodurch es noch früher als erwartet dunkel wurde. Plötzlich herrschte um uns herum die geisterhafte Dämmerung, die der Nacht vorausgeht. Es war die Stunde der Hexen, in der alle Formen trügerisch wirkten. Der Weg war ein grauer Fleck zwischen den bedrohlich aufragenden Schattenmassen der Bäume. Noch war mir nicht bewusst, wie unvorsichtig es von meiner Mutter gewesen war, sich derartig überstürzt auf den Weg zu machen. Nicht einmal eine Taschenlampe hatten wir dabei.

Bald würde es stockdunkel sein, aber wir hatten bereits die Hälfte des Wegs zurückgelegt; bis zur *Gándara del Coudelo*, einer kargen Wiese auf dem Rücken des Bergkamms, dem Scheitelpunkt zwischen den beiden Tälern, war es nicht mehr weit. Danach ging es nur noch bergab, hinein in einen Wald, der aber nicht mehr so dicht war, und auch nur für ein kurzes Stück; wenn man aus ihm herauskam, sah man schon die ersten Häuser von Los Pazos. Vielleicht veranlasste diese Vorstellung meine Mutter dazu, entschlossen weiterzugehen.

«Wir sind gleich oben auf der Wiese», sagte sie, «dann sehen wir wieder was.»

Erneut mussten wir einen Halt machen.

Meine Mutter ließ sich einmal mehr zu Boden sinken. Die Pause zog sich länger hin, weil meine Mutter große Schmerzen hatte; sie krümmte und streckte sich abwechselnd und biss sich auf die Fingerknöchel, zwischen denen pfeifend ihr stockender Atem entwich. Die Nacht hatte uns nun vollständig eingehüllt; zu allem Unglück begann auch noch Marcelinos ansonsten so geduldiges Pferd zu schnauben und mit den Hufen zu schlagen, als hätte es plötzlich bemerkt, wie dringend wir weitermussten. Irgendwo in den Bäumen ertönte der traurige Gesang eines Vogels.

Meine Mutter gab sich alle Mühe, damit Norberto und ich keine Angst bekamen, doch ganz konnte sie ihre Sorge nicht verhehlen.

«Kommt denn heute gar keiner diesen blöden Weg entlang?», schimpfte sie irgendwann zu sich selbst, um den Schmerz mit Wut zu bekämpfen.

Aber es kam niemand; kein einziger Wanderer, den die Vorsehung schickte. Stattdessen geschah etwas Magisches. Jedenfalls empfand ich es so.

Bislang hatte kaum Wind geweht, nur eine leichte Brise ab und zu, doch nun trat eine absolute Stille ein. Der nächtliche Gesang des Vogels verstummte, ebenso das verborgene Rauschen des fernen Bachs; das große Herz der Nacht hörte auf zu schlagen; der Wald, der sonst das leiseste Streicheln der Luft wiedergab, lag still da, hielt inne bis hin zum leichtesten Blatt.

Etwas würde geschehen. Und es geschah.

Der erste Windstoß war wie eine weiche Ohrfeige, die im Bruchteil einer Sekunde alles, was um uns herum reglos gewesen war, in Bewegung versetzte. Und gleichzeitig mit diesem lauen Wind, der von den Gipfeln herunterwehte, tat sich auch am Himmel etwas. Plötzlich standen Wolken, wo vorher nur tiefes, glanzloses Schwarz gewesen war. Und diese Wolken bewegten sich; wurden grau, erst rauchgrau, dann stahlgrau, dann perlgrau und dann weiß, als würden sie von innen beleuchtet. Schließlich rissen sie auf, machten Platz für das runde Gesicht des Mondes in seinem vollen Glanz, umsäumt von einem reinen, harten und sternenlosen Blau. Im ersten Augenblick wirkte dieser Mond gütig in seiner perfekten Rundheit, seinem leuchtenden Weiß. Aber wenn man ihn eingehender betrachtete, entdeckte man in seiner rätselhaften Ruhe etwas Mürrisches, in seinem schlechtgezeichneten Gesicht den starren, abweisenden Ausdruck eines Verrückten.

Trotzdem half er uns; der Weg war jetzt gut zu erkennen, lag silbrig glänzend im bläulich kalten Licht, das Schatten warf wie am helllichten Tag. Und wie durch Zauberhand lösten sich die Schmerzen meiner Mutter in Luft auf.

«Weiter geht's!», rief sie beherzt. «Nur noch ein kleines Stückchen, dann sind wir da.»

Norberto hingegen wurde immer verzagter. Die ganze Zeit über war er die Ruhe selbst gewesen, hatte er sich auf dem sicheren und warmen Rücken des Pferdes gegen alle

Unbilden gefeit gefühlt. Nun plötzlich fürchtete er sich, als hätte ihn das Pferd mit seiner Nervosität angesteckt.

«Ich mag den Mond nicht. Er macht mir Angst», erklärte er.

«Hab keine Angst», sagte meine Mutter schnell. «Wir sind bald da, nur noch ein kleines Stück, ein kurzer Spaziergang im Mondlicht. Komm, wir singen was.»

In das Rascheln der Blätter, den böigen Wind und das dumpfe Klappern der Hufe hinein erklang schrill die misstönende Stimme meiner Mutter, die ein bekanntes Kinderlied anstimmte:

Jetzt ist der kleine Mond
so plötzlich ganz alleine:
leide, leide, leide,
weine, weine, weine.
Unglücklich verliebter Mond!

Meine Mutter sang nicht oft, und wenn sie es tat, dann mit der kläglichen Stimme einer Kirchenchorsängerin, die zwar guten Willens war, aber ein schlechtes Gehör besaß; selbst bekannte Melodien waren aus ihrem Mund kaum wiederzuerkennen.

«Jetzt hab ich noch mehr Angst», meinte Norberto.

«Ich weiß ja, dass ich nicht gut singen kann», erwiderte meine Mutter, «aber so schlimm ist es nun auch wieder nicht!»

Wir mussten beide lachen. Selbst Norberto grinste, mehr, weil ihn unsere gute Laune beruhigte, als über die Sache selbst. Jedenfalls stärkte der Vorfall die Moral unserer Truppe; sogar das Pferd war nicht mehr so nervös, senkte den Kopf und trottete ruhiger vor sich hin.

Der Mond folgte uns mit seinem schiefen Blick. Spöttisch spionierte er uns nach, schlich weich und gleitend mit derselben Geschwindigkeit wie wir hinter den Bäumen entlang.

Der Wind wurde stärker, als wir die Wiese erreichten; vielleicht wehte er aber auch ständig so über diese Ödnis hinweg, die sich vor uns auftat wie eine kahle Lichtung, der Übergang von einem Tal zum anderen. Hier oben wuchs nur Stechginster; harte, karge Pflanzen, die den Windstößen trotzten, indem sie sich in den Boden krallten, ihre zähen Wurzeln tief in die steinige Erde trieben, die mit Rillen und Rinnsalen überzogen war. Einige davon waren so fein wie die Wasserfäden, die sie formten, während unermüdlich Steinchen und Sedimente in Richtung Torfmoor geschwemmt wurden.

Kaum hatten wir die Hochebene betreten, begann das Pferd zu tänzeln, ruckartig den Kopf in alle Richtungen zu werfen und mit den Hufen auf den Boden zu schlagen, als machten es die heftigen Böen nervös, die der Wind erbarmungslos über die Wiese jagte. Dann bäumte es sich auf, und in seinem aus Verzweiflung weit geöffneten Auge, das im Mondlicht glänzte, spiegelte sich kurz all die Scheu von Pferden

«Hol Norberto runter, schnell!», schrie meine Mutter gegen den Wind an. «Sonst wirft ihn das Pferd ab!»

Ich rettete meinen Bruder, was nicht ganz ungefährlich war, weil das Pferd um sich trat. Als es sich von der Last befreit fühlte, machte es kehrt und lief zurück in Richtung Brañaganda. Wie es so im silbrigen Licht reiterlos über die vom Wind geschüttelten Büsche galoppierte, das hatte etwas sehr Unwirkliches.

«Das hat uns gerade noch gefehlt!», klagte meine Mutter. «Der Wind muss das Tier verrückt gemacht haben. Oder der Mond. Was weiß ich! Du wirst selber gehen müssen, Norberto. Zum Glück sind wir fast da!»

Eng aneinandergeschmiegt überquerten wir die Wiese, um uns so gut wie möglich vor dem wütenden Wind zu schützen. Auf der kargen Lichtung war die Luft nicht mehr lau, sondern rau und unwirtlich; und die Kälte überraschte uns wie ein ungebetener Gast in einer Sommernacht. Die Wäsche, die meine Mutter mitgenommen hatte, war am Sattel des Pferds zurückgeblieben, aber immerhin hatte sie noch ihre Tasche, die sie fest an ihren Bauch gepresst hielt.

Der Mond folgte uns nun nicht mehr still, sondern schien in einen schrecklichen Kampf mit bedrohlichen Wolken verstrickt, die ihn umzingelten und verschlangen, bis er sie mit seinem perlmutternen Glanz wieder durchstieß. Der Weg über die Hochebene kam mir endlos vor. Ich ließ meinen Blick zum Waldesrand schweifen.

Da sah ich ihn zum ersten Mal. Undeutlich; etwas, das verschwand und ein Stück weiter vorn wieder auftauchte, etwas, das sich zwischen Baumstämmen hindurchschlängelte wie ein flüchtiger Schatten; etwas, das auch eine Sinnestäuschung sein konnte.

Wir hatten die Ebene schon fast überquert, waren dem anderen Ende bereits näher als dem Ausgangspunkt. Wie schutzlos und offen in alle Himmelsrichtungen diese Lichtung dalag! Ich hatte mich unwillkürlich enger an meine Mutter geschmiegt, hatte instinktiv ihre Wärme gesucht; Norbert offenbar auch, denn irgendwann berührte ich auf dem Bauch meiner Mutter seine Hand. Doch nun sah ich mich immer gehetzter um.

Da war es wieder. Am anderen Ende der Wiese. Doch diesmal war es keine Einbildung. Es war ein Tier, ein großes Tier, das merkwürdige, an eine Raubkatze erinnernde Sprünge tat. Es verschwand und tauchte kurze Zeit später wieder auf, hielt sich immer dicht am Waldrand. Die Art, wie es sich bewegte, war allerdings seltsam: Mal stellte es sich auf die Hinterläufe, mal machte es sich lang wie ein Hund. Oder wie ein Wolf.

Mir sträubten sich die Haare. Bisher hatte ich nicht an Wölfe gedacht. Und nun erinnerte ich mich daran, dass vor einem Jahr genau hier auf dieser Wiese Wölfe die Tochter der Couceiros getötet hatten.

«Mama!», flüsterte ich meiner Mutter ins Ohr. «Ich glaube, da ist ein …»

«Pst!», fiel sie mir ins Wort und drückte mich fest am Arm. «Ich habe ihn auch gesehen. Aber dein Bruder darf nichts davon erfahren, kapiert? Wölfe fallen nie eine Gruppe an. Was wir jetzt am wenigsten gebrauchen können, ist Panik.»

«Worüber redet ihr?», fragte Norberto mit einem verdächtigen Zittern in der Stimme. «Ich glaube, da hat sich was bewegt.»

Meine Mutter musste sich die Antwort bereits zurechtgelegt haben, denn sie reagierte prompt.

«Habe ich auch gesehen», sagte sie mit vorwurfsvoller Stimme. «Und ich weiß auch, wer das ist. Denkst du, ich hab nicht bemerkt, dass du da bist, Luisín?», rief sie laut. «Meinst du, mir wäre nicht aufgefallen, dass du uns verfolgst? Ich habe dich schon bemerkt, als wir losgegangen sind, ich habe gesehen, wie du dich hinter den Bäumen versteckt hast.» Und dann flüsterte sie mir und meinem Bruder zu: «Er will uns einen Streich spielen.»

«He, Luisín, wir haben dich gesehen! Hörst du? Warte nur, bis meine Mutter dich erwischt!», fügte ich, als ich die Strategie meiner Mutter begriffen hatte, großspurig hinzu.

Luisín war bekannt wie ein bunter Hund. Er war um die zwanzig, lebhaft, aufmüpfig, von etwas schlichtem Gemüt, und er liebte es, anderen Streiche zu spielen. Der Einfall meiner Mutter hatte also Hand und Fuß. Ob Norberto uns glaubte, war eine andere Frage, aber wenigstens konnten wir so den Wolf – oder was immer es war – anschreien und uns damit selbst Mut einflößen.

Auf diese sonderbare Art gegen Luisín schimpfend – umtost vom peitschenden Wind und im Licht eines Mondes, der sich mal zeigte, mal hinter Wolken verbarg –, erreichten wir die ersten Bäume auf der anderen Seite. In diesem Moment, kurz bevor wir die Lichtung endgültig hinter uns ließen, sah ich das geheimnisvolle Tier erneut. Es lehnte nicht weit entfernt von uns an einem Stamm. Am meisten beeindruckte mich seine Größe, offenbar stand es auf seinen Hinterläufen. Mir war, als starrte es uns an. Als es bemerkte, dass ich es sah, duckte es sich plötzlich und rannte in die entgegengesetzte Richtung davon.

Danach sahen wir es nicht wieder.

Eine halbe Stunde später, nachdem wir eine weitere unfreiwillige Rast hatten einlegen müssen, gelangten wir auf freies Gelände und machten in der Ferne, etwas tiefer gelegen, die ersten Lichter von Los Pazos aus. Kurz darauf, als wir an der Laterne vorbeikamen, die das erste Haus beleuchtete, sah ich, dass die Beine meiner Mutter feucht waren, dass ihre Schuhe und Strümpfe vollgesogen waren mit einer Art trübem Wasser.

Im Haus des Arztes

Endlich gelangten wir an das Haus des Arztes. Wir hatten es geschafft. Kaum waren wir angekommen, setzten die Schmerzen wieder ein. Meine Mutter war am Ende ihrer Kräfte. Die heldenhafte Selbstbeherrschung, die sie den ganzen Weg über an den Tag gelegt hatte, fiel in sich zusammen, als sie sich gerettet sah; als sie Doktor Candeira erkannte, der, vom Dienstmädchen herbeigerufen, in Pantoffeln und Hausrock in der Diele erschien und sie über seine Lesebrille hinweg neugierig musterte.

Der Arzt und das Dienstmädchen nahmen meine Mutter zwischen sich und brachten sie in ein abgelegenes Zimmer.

«Was machen Sie denn für verrückte Sachen?», schimpfte Doktor Candeira, der über diese unerwartete Störung sichtlich verärgert war. «Und wenn ich auf Hausbesuch gewesen wäre? Oder bei einem Notfall?»

Norberto und ich blieben in der Diele zurück und wussten nicht, was wir tun sollten. Wir hörten Türen auf- und zugehen, behutsame, aber eilige Schritte und dann, irgendwo in der Nähe, Geflüster. Schließlich trat eine hochgewachsene gutgekleidete Frau um die fünfzig in die Diele, die sich als Gattin des Arztes vorstellte. Sie war ernst und freundlich zugleich, schien mit außerordentlicher Genauigkeit das Mindestmaß an Herzenswärme bestimmen zu können, um gastfreundlich zu sein und doch Distanz zu wahren. Sie führte uns in eine Art Wartezimmer, das nicht sehr gemütlich, aber gut ausgestattet war, und wies uns an, auf einer breiten Couch Platz zu nehmen, die den Raum dominierte. Davor stand ein niedriger Tisch, auf dem medizinische Zeitschriften lagen.

«Hier könnt ihr warten, bis euer Vater kommt», sagte sie in einem Ton, durch den ich mich automatisch älter fühlte. «Und falls er nicht kommt, suchen wir euch eben einen Schlafplatz.»

«Was ist mit meiner Mutter?», fragte ich. «Wie geht es ihr?»

«Gut, es geht ihr gut. Keine Angst, sie ist in guten Händen.»

Sie sagte es so überzeugt und selbstgewiss, dass ich mich beruhigte. Kaum hatte sie das Zimmer verlassen, fragte Norberto mit einer gewissen Scheu, aber in dem Tonfall von jemandem, der etwas Wichtiges wissen will:

«Orlando?»

«Was?»

«Das war nicht Luisín, stimmt's?»

«Was?»

«Das, was wir auf der Lichtung gesehen haben.»

Ich zögerte einen Moment.

«Das war nicht Luisín», wiederholte Norberto. «Das habt ihr nur gesagt, damit ich keine Angst kriege.»

Ich wusste nicht, was ich darauf antworten sollte, also schwieg ich einfach.

«Orlando», setzte er nach.

«Waaaas?»

«Stimmt es, dass Papa nicht kommen wird?»

«Nein! Natürlich wird er kommen! Sagst du das wegen dieser Schnepfe von eben? Die kennt Papa doch gar nicht!»

Ich spielte mich ein bisschen auf in meiner Rolle als großer Bruder, der in Abwesenheit unserer Eltern die Verantwortung trägt, aber Norberto war sich darüber im Klaren, wer die eigentliche Autorität darstellte.

«Sag nicht ‹Schnepfe›. Wenn das Mama hört!»

In diesem Moment kam die Frau des Arztes zurück und bewahrte meinen Bruder davor, dass ich mich an ihm rächte. Dass wir so plötzlich verstummt waren, musste ihr verdächtig vorkommen, aber nichts an ihrem Auftreten deutete darauf hin, dass sie unser Gespräch verfolgt hatte. Sie brachte zwei Schalen heiße Milch und einen Teller Kekse auf einem Tablett; dazu zwei längliche Gläser, die eine dunkle Flüssigkeit enthielten.

«Hier habt ihr ein bisschen Likörwein», sagte sie. «Nach dem, was ihr heute durchgemacht habt, darf das schon mal sein.»

Dann ging sie wieder. Norberto und ich knieten uns vor dem Tisch hin.

«Orlando, was ist Likörwein?»

Bis eben hatte ich keinen blassen Schimmer, was Likörwein war. Aber jetzt, wo ich ein Schlückchen probiert hatte, antwortete ich selbstgefällig:

«Na, süßer Wein … Was denn sonst?»

Die Kekse waren lecker. Wenn man sie vorher in die dampfende Milch tunkte, zergingen sie im Mund zu einer leckeren Paste. Die Menge auf dem Teller nahm zusehends ab, und auch die Milch und der Wein wurden knapp wie Wasser in der Wüste. Norberto aß weniger als ich und setzte sich schnell wieder aufs Sofa.

Ich stopfte mir gerade die letzten Krümel in den Mund, als draußen eilige Schritte ertönten und Türen zufielen.

Schlagartig erwachte ich aus meiner wohligen Gefräßigkeit und dachte – mit einem Hauch von schlechtem Gewissen – an meine Mutter, womöglich war es zu Komplikationen gekommen.

Zu keinem Moment hatte ich sie klagen oder schreien hören, was bei mir dazu geführt hatte, dass ich nicht mit Neuigkeiten rechnete. Nun aber hörte ich statt ihrer Stimme ein Weinen: einen Schrei, dessen Klang mir in meinem ganzen Leben noch nicht untergekommen war.

Ich begriff, dass gerade mein neues Brüderchen geboren worden war.

«Norberto», sagte ich, aber mein Bruder, der jetzt nur noch mein zweitjüngster Bruder war, war friedlich eingeschlafen; zusammengekauert lag er auf dem Sofa, in seiner typischen Haltung, mit halbgeöffneten Lidern, sodass zwischen den dichten Wimpern ein Streifen seiner Hornhaut zu sehen war.

Mein neuer Bruder war geboren. So dachte ich zumindest.

Zu Hause hatten wir immer nur von einem Jungen gesprochen, wenn es um die Frucht dieser erneuten Schwangerschaft ging. Ich hatte keine Sekunde daran gedacht, dass es anders sein könnte; vielleicht, weil mein Vater, der sich sehnlichst eine Tochter wünschte, sich besonders bemüht hatte, seine Vorliebe geheim zu halten; vielleicht sprach er aber auch nicht darüber, aus dem Aberglauben heraus, er könnte diesen Wunsch gefährden, wenn er ihn zu deutlich zum Ausdruck brachte.

An jenem Abend im Haus des Arztes, in diesem für ein Dorf wie Semellade übertrieben luxuriös ausgestatteten Wartezimmer, hatte ich jedenfalls keinerlei Zweifel, was das Geschlecht des Neugeborenen anging; und es kam mir überhaupt nicht in den Sinn, dass meiner Mutter etwas zustoßen könnte.

Nach einer Weile verstummte das Weinen; aber im Anschluss stellte sich nicht etwa Stille ein, sondern es mehrten sich Anzeichen hektischer Betriebsamkeit; auf den Fluren ertönten eilige Schritte, und plötzlich ging die Tür auf, und das Dienstmädchen rauschte mit hochgekrempelten Ärmeln durchs Wartezimmer, ohne auch nur einen Blick in unsere Richtung zu werfen. Niemand schien es für nötig zu halten, uns zu informieren. Niemand schien auch nur zu bemerken, dass wir noch da waren.

Dann eilte das Dienstmädchen in umgekehrter Richtung an uns vorbei, mit einem Gegenstand in der Hand, den ich auf die Schnelle nicht erkennen konnte.

Es folgten Minuten der Sorge und Ungewissheit. Düstere Gedanken gingen mir durch den Kopf. Ich überlegte, ob etwas mit dem Baby war – nach seinem ersten Schrei war kein Weinen mehr zu hören gewesen –, da ertönte durch die Wand hindurch erneut seine kräftige, nörglerische Stimme.

Wenigstens das Kind war wohlauf; aber wirklich beruhigt sein würde ich erst, wenn ich meine Mutter sah … und meinen Vater. Ich blickte zu Norberto. Er kauerte zwischen Sitzfläche und Lehne, als suchte er dort Schutz. Vielleicht war ihm kalt, dachte ich; ich sah mich um, fand aber nichts, also beschloss ich, an die Tür zu klopfen, hinter der die Frau des Arztes verschwunden war. Ich würde um eine Decke bitten und fragen, wie es meiner Mutter ging, auch wenn ich etwas Angst davor hatte.

Aber dazu kam es nicht. Hinter mir, am anderen Ende des Raums, ging plötzlich die Tür auf, durch die wir eine halbe Stunde zuvor eingetreten waren.

Auf der Schwelle stand, reglos und mit zerzausten Haaren, mein Vater. Schwer atmend ließ er seinen wirren Blick durchs Zimmer streifen, als suchte er etwas, beachtete mich überhaupt nicht, ja schien mich nicht zu erkennen. Schließlich nahm er mich doch noch wahr, und sein Gesichtsausdruck wandelte sich, als tauchte er aus den Tiefen eines Traums auf.

«Wo ist Mama?», fragte er schier außer sich vor Sorge.

Aber nicht ich antwortete ihm, sondern Doktor Candeira, der – wie in einem Varieté – just in diesem Moment durch eine dritte Tür trat.

«Wo haben Sie nur gesteckt, guter Mann?», fragte der Arzt mit einem Hauch von Tadel in der Stimme. «Das war wirklich unvernünftig.»

«Was ist passiert?», fiel ihm mein Vater aus Verzweiflung rüde ins Wort.

«Keine Angst, Ihre Frau ist wohlauf, keine Angst. Und die Kinder auch.»

«Die Kinder?»

«Es sind Zwillinge. Zwei Jungs. Jeder wiegt fast drei Kilo. Für Achtmonatskinder sind sie erstaunlich robust.»

Erst in diesem Moment begann mein Vater wieder zu atmen. So tief zu atmen, dass sein Körper in sich zusammensackte, als hätte ihn plötzlich eine unendliche Müdigkeit erfasst.

«Kommen Sie mit», sagte der Arzt. «Wir haben Ihre Frau in einem unserer Schlafzimmer untergebracht. Was für ein Wahnsinn, diesen beschwerlichen Weg auf sich zu nehmen; sie hätte sterben können, sie und der *Nasciturus*. Außerdem bin ich überhaupt nicht eingerichtet für diese Art von … Hilfeleistung.»

Ich sah kurz zu Norberto, um mich zu vergewissern, dass er noch schlief, und folgte dann schnell meinem Vater und dem Arzt über die Flure des Hauses, das zweifellos weitaus größer war als unseres.

«Gott sei Dank! Gott sei Dank!», wiederholte mein Vater immer wieder wie eine Litanei.

Als ich mich ihm näherte, schlug mir etwas Wildes förmlich entgegen: Er roch nach Wald, nach zertretenem Gras und feuchter Erde. Seine Stiefel waren verdreckt, und seine Kleidung war mit Fichtennadeln übersät.

Wir gelangten zu dem Zimmer, in dem meine Mutter war. Sie lag, auf Kissen gestützt, in einem breiten, hohen Bett, das etwas Karges, ja Klösterliches hatte. Unter ihren Augen zeichneten sich tiefe Ringe ab, und auf ihrem müden Gesicht lag ein Ausdruck gelassener Traurigkeit. Das sauber umgeschlagene Betttuch reichte ihr bis zu den Hüften und gab den Blick frei auf ein puritanisches Nachthemd, das man ihr offenbar geliehen hatte. Dieses Nachthemd, ihre priesterliche Haltung, ihre vom Schweiß noch feuchten, aber frisch gekämmten Haare und das weiße Betttuch wirkten unnatürlich. Die Babys lagen nicht in einer Wiege, sondern links und rechts neben ihr, im Schutz ihrer mütterlichen Arme, warm verpackt in einer Art Laken.

Der Arzt zog sich diskret zurück, als er bemerkte, dass sich eine unbehagliche Stimmung breitmachte. Schließlich war es meine Mutter, die dem Schweigen ein Ende setzte. Der Ton, in dem sie sprach, hatte ganz und gar nichts Fröhliches.

«Wo warst du?», fragte sie meinen Vater zur Begrüßung, mit einer Stimme, in der sich Weinen und Wut die Waage hielten. «Wo zum Teufel hast du gesteckt?»

Mein Vater brach in Tränen aus. Er weinte auf eine merkwürdig verkrampfte Art, die etwas Komisches hatte, weil sein heftiges Bemühen, die Tränen zurückzuhalten, eine Art trockenes rhythmisches Hüsteln hervorrief, das sich an einen bestimmten Takt zu halten schien.

Meine Eltern waren stets respektvoll miteinander umgegangen, zumindest in Gegenwart der Kinder, weshalb mich ihre beleidigte, ja feindselige Reaktion umso mehr erstaunte.

Noch mehr erstaunte mich allerdings, meinen Vater weinen zu sehen. Es würde noch viele weitere Male geben, aber damals wurde ich zum ersten Mal Zeuge seiner Ängste. Diesen Augenblick würde ich nie mehr vergessen.

«Wo warst du?», schrie meine Mutter nun fast, weil mein Vater nach wie vor keinen Ton sagte.

Er hatte nicht den Mut. Oder er war schlicht nicht imstande, sich eine Entschuldigung auszudenken. Stattdessen setzte er sich mit zuckenden Schultern langsam auf den Bettrand und sank wie ein gefällter Baum auf meine Mutter zu, bis seine Stirn die ihre berührte.

«Verzeih mir! Es tut mir leid! Es tut mir so leid!»

«Lass uns später darüber reden», unterbrach ihn meine Mutter, als sie mich bemerkte.

Die Spannung ließ nach, und die Zwillinge nahmen ihre Aufmerksamkeit mehr und mehr in Anspruch. Mit ihren vollständig entwickelten Händchen kämpften sie blind fuchtelnd gegen ihren ersten Schlaf an wie frische Welpen.

Meine Mutter erkundigte sich zuerst nach Norberto; und dann lobte sie mich: Ich sei sehr tapfer gewesen, ohne meine Hilfe hätte sie es nie und nimmer bis zum Arzt geschafft; sie sei froh, dass sie nun zwei Männer im Haus habe. In meinen Ohren klang es wie Himmelsmusik.

Mein Vater sagte, er wolle mit Norberto und mir so schnell wie möglich aufbrechen.

«Ich komme wieder», erklärte er, «aber die beiden müssen dringend ins Bett. Dass diese Leute dir ein Zimmer überlassen, ist schon mehr als genug. Das hätten sie nicht tun müssen.»

«Nein! Du darfst nicht noch mal da raus!», rief meine Mutter plötzlich, als wäre ihr etwas Wichtiges eingefallen. «Uns hätten beinahe Wölfe angegriffen! Du weißt gar nicht, was wir durchgemacht haben.»

«Wölfe? Was für Wölfe?», fragte mein Vater skeptisch. «In der Schlucht gibt es doch keine Wölfe mehr! Die letzten haben sich längst verzogen oder wurden bei Treibjagden erschossen. Das mit der Tochter der Couceiros … Dafür muss es eine andere Erklärung geben. Wilde Fohlen. Oder irgendein anderes Tier.»

«Bitte, geh nicht! Marcelinos Pferd hat sich oben auf der Lichtung so erschrocken, dass es davongelaufen ist. Es war nur ein einziger Wolf, glaube ich, aber wie der um uns herumgeschlichen ist, das war schon schrecklich genug; wir mussten uns alle Mühe geben, damit Norberto nichts merkt!»

Mein Vater blickte nun nicht mehr skeptisch, sondern ernst und nachdenklich.

In diesem Moment kam Doktor Candeira zurück und riss ihn aus seinen Gedanken.

«Wollten Sie zurück nach Brañaganda? Das scheint mir nicht der richtige Moment zu sein», erklärte der Arzt in geheimnisvollem Tonfall. «Es ist etwas Schlimmes passiert. Eine Frau wurde tot aufgefunden, oben auf dem Coudelo. Entdeckt hat sie ein junger Kerl, der von der Ernte kam, kurz nachdem es passiert ist; die Leiche war noch warm. Der Richter und ich begeben uns jetzt an den Tatort.»

«Aber wie … wie …?», stotterte mein Vater, offensichtlich schwer erschüttert.

«Es ist so ähnlich wie im letzten Jahr, die gleiche Stelle, die gleichen …» Der Arzt senkte die Stimme zu einem Wispern, damit ich nichts hören konnte, aber ich hörte trotzdem, was er sagte. «Die gleichen Spuren von Gewalt. Es ist wirklich schlimm, die Leute … Sie wissen schon, der Aberglaube. Es heißt, Wölfe wären über die Frau hergefallen. Oder gar ein Werwolf.»

«Weiß man, wer es ist? Die Frau, meine ich», fragte meine Mutter mit wachsender Beklemmung.

«Eine gewisse Rosalía», sagte der Arzt. «Ich kannte sie nicht, aber Sie vermutlich schon, offenbar eine Schwägerin von Cosme de Veiga.»

«Rosalía!», rief meine Mutter und drückte die Zwillinge an sich, als wollte sie sie vor diesem Horror bewahren. «Was hatte sie um diese Uhrzeit auf dem Coudelo zu suchen?»

Die leere Kanne

Der Werwolf sollte kurz darauf wieder zuschlagen und sich in regelmäßigem, beängstigend unaufhaltsamem Rhythmus neue Opfer suchen. Von diesen makabren Vorfällen und davon, wie die Bewohner sich organisierten, um den Täter zu fassen – oder wenigstens seine Identität zu entdecken –, werde ich später berichten.

Jetzt begeben wir uns erst einmal vier oder fünf Monate zurück, zur Karwoche des Jahres, in dem die Zwillinge geboren wurden; bis zu jenem Frühjahr meines gerade begonnenen dreizehnten Lebensjahrs, das uns eine Reihe monotoner Tage bescherte: kalte, neblige Nachmittage mit Dauernieselregen und feuchte, lächelnde, von der Sonne beschienene Vormittage.

Wir hatten Ferien, und mein Vater nutzte die Stille der Schule, um im warmen Morgenlicht und in der behaglichen Wärme des Holzofens Cándida zu porträtieren. Mein Bruder Norberto hielt sich diskret im Hintergrund und beobachtete mit einer Geduld und Neugier, die für ein Kind in seinem Alter ungewöhnlich waren, die Entstehung des Bildes.

Auch ich – wenngleich sprunghafter und unregelmäßiger, denn mich langweilte diese träge Atmosphäre bedachtsamer Pinselstriche – verfolgte dieses Stück für Stück entstehende Gemälde, das alle, die es später sahen, so sehr in Staunen versetzen würde.

Womit mein Bruder sich allerdings nicht brüsten konnte, war, dabei gewesen zu sein, als mein Vater sich zu diesem Porträt entschloss.

Die Idee kam meinem Vater nach einem Vorfall, in den er, Cándida und ich verwickelt gewesen waren, oder, besser gesagt, nach einem Unglück, das drei Wochen bevor er den ersten Kohlestrich auf die Leinwand setzte, geschah.

Ich kann den Zeitpunkt deshalb so genau bestimmen, weil ich mich daran erinnere, wie meine Mutter beim Mittagessen darauf hinwies, dass an diesem Tag Mariä Verkündigung gefeiert wurde.

Nicht, dass wir zu Hause übermäßig religiös gewesen wären; im Gegenteil, meine Eltern hatten sich vom offiziellen Katholizismus weit entfernt, praktizierten ihren Glauben kaum noch. Aber meine Mutter legte trotzdem Wert darauf, die Feiertage des Kirchenjahres zu begehen, weil es ihr half, ihr Zeitgefühl zu bewahren – in diesem verlorenen Tal am Ende der Welt, in dem es nicht einmal eine Kirche gab. Und außerdem erinnerte es sie an ihre hoffnungsvolle Jugendzeit, an ihr Leben in der Stadt und ihren kleinbürgerlichen Kosmos rund um die Kathedrale mitsamt seiner Feste.

Aber meine Mutter hatte auch ein alltäglicheres und viel dringenderes Problem: Die Milch war uns ausgegangen, also mussten wir an diesem Nachmittag nach El Sollado, um unsere Kanne zu füllen.

Bei uns zu Hause gab es immer frische Milch; außerdem Kartoffeln, Kohl, süßsauren Quark, Eier, frisch geangelten Fisch aus dem Fluss; Honig und riesige Laibe Brot, die auch nach Tagen noch weich waren. Für all diese Lebensmittel bezahlten wir nicht einen Céntimo. Denn die Familien im Tal, selbst die, die am Rande der Armut lebten oder gerade so über die Runden kamen, pflegten eine – wenn man so will – feudale Tradition, die darin bestand, Vertretern der Obrigkeit oder der Kultur Geschenke zukommen zu lassen.

Und da es in Brañaganda keinen Polizisten, keinen Arzt, keinen Priester und erst recht keinen Vertreter der Gerichtsbarkeit gab, richtete sich der ganze Eifer auf die Lehrerin, bei der alle Kinder etwas so Lebenswichtiges wie Lesen und Schreiben lernten.

Meine Mutter, die schon immer aufklärerische Anwandlungen hatte, wollte dieser Gewohnheit, die ihr anfangs allzu sehr nach Bestechung roch, eigentlich ein Ende setzen. Eine Zeitlang hatte sie die Geschenke taktvoll, aber entschieden abgelehnt und ihre Haltung zu erklären versucht; was aber nur zur Folge gehabt hatte, dass die Leute ihr die Geschenke wie einen stummen Vorwurf vor die Tür legten und verstimmt von dannen zogen; sie empfanden es als große Beleidigung, dass man ihnen den einzigen Luxus nehmen wollte, den sie sich leisten konnten: großzügig zu sein.

Dem anspruchsvollen und pingeligen Berufsethos meiner Mutter begegneten die Dorfbewohner mit Pragmatismus und gesundem Menschenverstand. «Jetzt zieren Sie sich nicht so», sagten sie, «wir wissen doch, wie schlecht ein Dorfschullehrer bezahlt wird. Wenn Sie alles in Semellade einkaufen müssten, hätten Sie bald kein Geld mehr, um Ihre Familie einzukleiden.» Und meine Mutter musste zugeben, dass sie recht hatten.

Tatsächlich herrschte im Tal eine Art natürlicher Sozialismus, bei dem die einen die Bedürfnisse der anderen abdeckten und alle einander halfen, so gut es ging. Die in der Stadt geborene Lehrerin, die alle Wörter kannte, aber offenbar die elementaren Lebensregeln nicht, passte sich schließlich an diese Gemeinschaft und ihre Lebensform an und akzeptierte die Geschenke. Sie bestand allerdings darauf, dass man sie ihr nicht auch noch persönlich vorbeibrachte, vor allem dann nicht, wenn die Gabe schwer zu transportieren war, der Geber weit weg wohnte und die Schule nicht auf seinem Weg lag.

Deshalb gingen wir also immer selbst nach El Sollado, um Milch zu holen. Damals hatte ich die Aufgabe, die Aluminiumkanne den steilen Weg nach El Sollado hinauf- und gefüllt wieder herunterzutragen, eben erst übernommen. Für mich war dieser kräftezehrende Gang eine Herausforderung, an der ich mich erproben konnte; eine Art Aufnahmeprüfung in die Welt der Erwachsenen, die ich allein und ohne Hilfe zu bewältigen hatte.

An jenem Nachmittag aber bot mein Vater an, mich zu begleiten, woran nichts Ungewöhnliches war, weil er regelmäßig spazieren ging. So verließ er des Öfteren abends, selbst mitten im Winter, das Haus, weil er, wie er behauptete, nicht einschlafen konnte, ohne seiner Verdauung mit einem ausgiebigen Spaziergang auf die Sprünge zu helfen.

Ich nahm sein Angebot gern an, allerdings unter der Bedingung, dass ich die Milchkanne allein trug; unter diesen Voraussetzungen machten wir uns also auf den Weg hinauf nach El Sollado.

El Sollado, so nannten die Bewohner von Brañaganda den Hof des Señor de Besteiro: eine Ansammlung hässlicher Gebäude. Einige von ihnen waren neu um einen für die Gegend typischen Bauernhof errichtet worden. Der Bauernhof war von besonderer Pracht, weil Besteiros Geschäfte im Gegensatz zu denen der anderen im Tal florierten. César Besteiro, der in diesem Haus geboren war, hatte sein Geld mit Holz gemacht und lebte den größten Teil des Jahres in der Stadt. Sein Hof gedieh dennoch bestens unter der kundigen Verwaltung Delfinas, einer Frau, die in jungen Jahren Witwe geworden war und einen strengen, arbeitsamen Charakter entwickelt hatte. Delfina war das Oberhaupt einer Frauenwirtschaft – die Saisonarbeiter aus dem Tal nicht mitgerechnet –, zu der neben ihr noch ihre Schwägerin Milagros, einige Dienstmädchen, eine alte Haushälterin und Cándida gehörten.

Angeordnet waren die Gebäude von El Sollado um einen unregelmäßig geformten Innenhof, den man überqueren musste, wenn man zum ursprünglichen Haus gelangen wollte, das als Wohnstatt diente.

Mein Vater und ich passierten erst die Scheunen und Kornkammern und dann einen Stall, aus dem der lauwarme, süßliche Dunst der Kühe und ihr schläfriges Muhen drangen. Der tägliche Gang der Tiere hatte kleine schwarze Rinnen geformt: Hunderte von Hufen hatten den mit Regenwasser und Heu vermischten Kuhmist festgetrampelt.

Es war nicht einfach, trockenen Fußes über den Hof zu kommen. Die Bewohner des Anwesens trugen normalerweise *Galochas* oder *Madreñas*, breite Überschuhe aus Holz, die sie nur auszogen, wenn sie das Haus betraten. Das Schuhwerk, das mein Vater und ich anhatten, war weniger geeignet, wodurch wir kleine Umwege machen mussten, um mit einer gewissen Würde an unser Ziel zu gelangen.

Wir wollten gerade anklopfen, da erschien zu unserer Rechten Delfinas Schwägerin Milagros und öffnete die widerspenstige Tür des Stalls. Zu Hause nannten wir sie

«Cándidas Milagros», um sie von der anderen Milagros, der Frau des Müllers, zu unterscheiden. Milagros schloss die Tür wieder, die eigentlich nur ein am Rahmen befestigter Metallvorhang war, wischte sich die Hände an ihrer Schürze ab und wandte sich uns zu.

«Guten Tag, Don Enrique und Begleitung. Wollt ihr Milch holen? Da müsst ihr zum oberen Stall, zu Cándida, die wird heute für euch melken. Wie geht's übrigens Doña Marta?», fragte sie, plötzlich lebhaft geworden, mit einem langgezogenen, fast eine Oktave höheren Wie.

«Gut, wie immer», antwortete mein Vater. «Sie kann die Osterferien kaum erwarten.»

«Richten Sie ihr viele Grüße aus. Und jetzt sputet euch mit eurem Milchkännchen, sonst erwischt euch noch die Dunkelheit.»

Auf dem Weg zu dem ältesten Stall, der dem Hauptgebäude am nächsten gelegen war, hallte der niedliche – etwas affektierte – Diminutiv noch in unseren Ohren nach. Zum Glück wurde der Boden trockener, und wir kamen ohne größere Zwischenfälle an. Die beiden Flügel der holzwurmzerfressenen Türen waren weit geöffnet, um das letzte Sonnenlicht einzufangen; als wir eintraten, sahen wir, dass innen eine Karbidlampe ihr flackerndes Licht verströmte.

Cándida saß auf einem niedrigen Schemel, sodass sie ihre kräftigen Beine weit spreizen musste. Die alte knochige Kuh, eine einheimische Rasse, wie man an dem tonfarbenen Fell erkennen konnte, sah zur Eingangstür, während Cándida uns ihre Seite zugewandt hatte.

«Hallo, Don Enrique! Hallo, Orlando!», rief sie, als sie den Kopf drehte und uns erblickte, ohne jedoch von ihren Verrichtungen unter dem riesigen Leib abzulassen.

Cándida war damals vierzehn oder fünfzehn. Seit sie von der Schule abgegangen war, lebte sie in El Sollado und musste überall mit anpacken. Trotzdem hatte sie ihr unschuldiges Lächeln noch nicht verloren, ebenso wenig die Naivität oder Schlichtheit, mit der sie auch die härtesten Aufgaben mit einer Art unbewusster Zuversicht anging.

«Hallo, Cándida!», rief ich. «Wir haben von der Schule bis hierher nur zehn Minuten gebraucht!»

«Ihr seid ja verrückt!»

«Man hat uns schon angekündigt, dass wir dich hier antreffen würden», meldete sich nun auch mein Vater zu Wort.

«Wer?», fragte Cándida beunruhigt.

«Deine … Milagros», antwortete mein Vater stockend.

«Was ist denn los, Estrela? Das sind doch nur Orlando und sein Vater.»

Die Kuh zitterte nervös am ganzen Körper, als wollte sie gleich wegrennen.

«Halt durch, Estrela, wir sind gleich fertig», redete Cándida weiter beschwichtigend auf die Kuh ein.

Cándida trug eine schmutzige Schürze. Ihre Haare hatte sie wie eine Landfrau mit einem Tuch im Nacken zusammengebunden; ein Tuch von einem diffusen, verwaschenen Blau, das die Farbe ihrer Augen aufnahm. Weil ihre Stirn auf dem großen Bauch der Kuh ruhte, schielte sie zu uns herüber. Offenbar machte sie sich Sorgen, dass Estrelas plötzliche Nervosität Auswirkungen auf das Melken haben könnte. Sie hatte eine Hand von dem Euter genommen und streichelte mit ihren von Milch tropfenden Fingern die tiefe, langgezogene Rundung des Bauches, hinter der sich die Rippen so breit wie ihr Handgelenk abzeichneten.

«Ganz ruhig, Estrela.»

Es lag etwas Rührendes und zugleich Schmerzliches in dem Kontrast zwischen Cándidas zartem Gesicht mit seinem goldenen Flaum und der rauen Flanke des Tieres, dessen grobe Haut für das zarte Streicheln jener schmalen, von Nagelbettentzündungen und Frostbeulen geröteten Finger unempfänglich war.

«Was ist denn nur mit dieser Kuh los?»

Cándida gab sich vollständig ihrer Aufgabe hin, zu melken und gleichzeitig zu beruhigen. Mein Vater und ich sahen ihr stumm zu und staunten über ihre Geschicklichkeit, wie jemand, der etwas nicht kann, aber gern mal ausprobieren würde. Einmal hatte ich es sogar versucht, wobei ich mir aber nur das spöttische Gelächter der erfahreneren Cándida eingehandelt hatte, weil ich es irgendwie fertiggebracht hatte, mir die nadeldünnen weißen Strahlen ins Gesicht zu spritzen.

In diesem Moment machte mein Vater einen Schritt auf Cándida zu, als wollte auch er Estrela streicheln. Da passierte es.

Die Kuh wurde wieder unruhig, bewegte sich abrupt. Sie hob den Hals und warf den schweren Kopf in alle Richtungen, wodurch ihr Leib zappelte wie eine Marionette. Dazu muhte sie verärgert. Am schlimmsten jedoch war, dass sie die Hufe hob und so stark gegen den Zinkeimer unter ihrem Euter trat, dass dieser umkippte und wegrollte.

«Ruhig! Ruhig jetzt!», rief Cándida verzweifelt und bückte sich nach dem Eimer.

Aber der Eimer war zu weit gerollt. Die Milch lief aus und bildete eine Pfütze, die innerhalb kürzester Zeit von der Mischung aus Erde, Stroh und festgetretenem Dung aufgesogen wurde. Zu allem Überfluss kippte auch noch der Schemel nach hinten weg, sodass Cándida nach vorn auf die Knie rutschte, direkt vor den Bauch der inzwischen stummen und reglosen Kuh; dass ihr Rock sich mit Schmutz tränkte, war ihr egal, sie starrte uns fassungslos an, als hätten wir eine Erklärung für das, was gerade passiert war.

Gekränkter Stolz und zitternde Empörung standen ihr ins Gesicht geschrieben. Ihre Augen röteten sich, ja selbst ihre Lider nahmen einen rötlichen Farbton an; dann verflüssigten sich das Grau ihrer Pupillen, das Weiß ihrer Augen und das Rosa ihrer Lider zu dicken Tränen, die wie durch ein Wunder vom Zaun der Wimpern zurückgehalten wurden.

Als die Tränen sich doch noch Bahn brachen, sprang Cándida auf, geriet jedoch aus dem Gleichgewicht und fiel nach vorn, direkt auf meinen Vater, der väterlichsten, kräftigsten und beschützendsten Gestalt in ihrer Nähe. Instinktiv riss mein Vater die Arme hoch, als hätte jemand eine Pistole auf ihn gerichtet. Cándida warf sich ihm in die Arme und schluchzte nun hemmungslos in das dämpfende Revers des dicken Cordsakkos meines Vaters.

Er wechselte einen kurzen Blick mit mir; dann ließ er langsam seine Arme sinken, bis seine Hände gewichtslos auf Cándidas Rücken und Kopf ruhten, als furchtete er, sie zu zerbrechen.

«Ist ja gut, Mädchen», brachte er nach mehrmaligem Räuspern hervor und begann, sie ungeschickt zu massieren. «Ist doch nicht so schlimm.»

Da hob Cándida den Kopf. Ihr Gesicht war vom Weinen verzerrt, die Augen tränennass. Was auf den ersten Blick wie Wut wirkte, waren in Wahrheit pure Angst und Verzweiflung.

«Meine Mutter bringt mich um!», rief sie und sah, nach wie vor in seine Arme geschmiegt, meinem Vater direkt in die Augen.

«Ist doch nur ein bisschen Milch. Das übernehme ich schon.»

«Es ist nicht wegen des Geldes! Das Geld ist egal. Es geht darum, dass ich den Eimer umgeworfen habe! Sie tobt, wenn ich was kaputt mache.»

Ihr Gesicht verzerrte sich immer mehr, und weil ihr das Schluchzen im Hals stecken blieb, konnte sie nicht weitersprechen.

«Beruhige dich», redete mein Vater ihr gut zu. «Alles im Leben lässt sich irgendwie lösen.»

«Aber die anderen Kühe sind längst gemolken!», unterbrach sie ihn. «Nur die hier nicht. Und jetzt hat auch die keine Milch mehr!», rief sie gereizt und riss sich von ihm los.

Daraufhin packte sie mein Vater an den Schultern.

«Wir werden eine Lösung finden, versprochen», sagte er und sah ihr dabei fest in die Augen. «Aber jetzt musst du erst mal aufhören zu weinen. Und mir vertrauen.»

Verwundert sah Cándida ihn an. Die Sicherheit, die mein Vater ausstrahlte, machte sie neugierig. Arme Cándida, dachte ich, ihr läuft ja regelrecht der Rotz aus der Nase! Sie hatte auch allen Grund, bei so einer Mutter!

«Wenn man ein Problem hat, muss man vor allem eines tun», erklärte mein Vater. «Nicht sofort eine Lösung suchen, jedenfalls nicht, solange man noch so aufgewühlt ist. Stattdessen muss man erst einmal die kleineren Probleme angehen, die kleineren Schwierigkeiten, die sich aus dem größeren Problem ergeben. Und wenn man die kleineren Probleme beseitigt hat, stellt man oft fest, dass sich das große Problem von ganz allein erledigt hat, wie durch Zauberhand.»

Nun war auch meine Neugier geweckt. Ich wusste, dass mein Vater nicht einfach so daherredete; aber mir war schleierhaft, wie er einen Verlust wiedergutmachen wollte, der unwiederbringlich schien. Cándida war noch skeptischer als ich, aber sie hatte aufgehört zu weinen; die Tränen auf ihrem Gesicht trockneten, nur ab und zu noch atmete sie geräuschvoll durch die Nase oder rieb sich die Augen.

«Sie haben leicht reden. Selbst wenn Sie meiner Mutter alles erklären … Sobald Sie weg sind … Aber das kriegen Sie ja dann nicht mehr mit.»

«Komm her», sagte mein Vater und zog aus seinem Mantel ein sauberes Taschentuch, das er immer bei sich trug.

«Alles wird gut, Cándida», flüsterte er ihr ins Ohr.

Dann hielt er ihr das Taschentuch an Mund und Nase und stützte sie mit der anderen Hand im Nacken. Sie erkannte diese Geste sofort und schnäuzte sich kräftig, was ihr etwas sehr Kindliches verlieh. Ich erinnere mich noch, wie mir der Gegensatz zwischen ihrem voll entwickelten Körper und dieser unschuldigen Hingabe Missbehagen bereitete. Aber mein Vater führte sein Werk sorgfältig zu Ende, bis nur noch ein Zipfel des Taschentuchs sauber war.

«Ja, so ist's gut. Jetzt brauchen wir Wasser. Ist hier irgendwo welches?»

Verwundert sah Cándida ihn an. Ihre Nasenflügel waren gerötet, ebenso ihre Augenlider; und die Wimpern waren von den Tränen ganz verklebt. Sie dachte nicht mehr an das, was geschehen war, sondern fragte sich nur, was es mit der merkwürdigen Bitte meines Vaters auf sich hatte.

«Ja», meinte sie schließlich, aber es klang mehr wie eine Frage, «in dem Eimer für die Kühe.»

«Ist das Wasser sauber?»

«Ja, ich habe es ihnen noch nicht hingestellt.»

«Gut. Dann wasch dir das Gesicht.»

«Jetzt?», fragte sie ungläubig und sah uns abwechselnd an.

«Ja. Du musst dir unbedingt das Gesicht waschen.»

Cándida ging zu dem Holzeimer, der auf einer Art Ablage an der Wand stand, und beugte sich darüber.

«Wisch dir die Tränen gut ab!», übertönte mein Vater das Plätschern, das sie mit den Händen erzeugte.

Cándida hob ihr nasses Gesicht, von dessen wohlgerundeter Kinnspitze Wasser tropfte. Sie wollte schon ihre Schürze zum Gesicht führen, aber mein Vater stoppte sie.

«Nein! Warte», rief er. «Nimm lieber dieses frische Taschentuch.»

Mit offenem Mund sah ich zu, wie er ein weiteres, ebenfalls makelloses Taschentuch hervorzauberte, das nicht dasselbe sein konnte, das er gerade eben benutzt hatte. Ich hätte nie gedacht, dass er immer zwei Taschentücher dabeihatte. Wer weiß, was dieser Mann noch so alles in seiner Jacke hatte, von der er sich nie trennte? Unter dem Eindruck dieses unerwarteten und eines Zauberers würdigen Überflusses an Taschentüchern glaubte ich plötzlich, dass mein Vater vielleicht tatsächlich eine Lösung für das Problem mit der verschütteten Milch wusste.

«Fertig? Hast du dich gut abgetrocknet?»

«Ja», sagte Cándida, die immer zuversichtlicher wurde, und gab ihm das Taschentuch zurück.

«Gut. Jetzt kommt das Wichtigste. Wenn du willst, dass

alles wieder gut wird, musst du meine Anweisungen haargenau befolgen. Mach in etwa so viel Wasser in den Eimer, wie du Milch gemolken hättest. Los! Es kommt jetzt auf jede Sekunde an.»

Cándida erwachte aus ihrer Starre und tat, was mein Vater sie geheißen hatte.

«Wenn jetzt meine Mutter kommt …», sagte sie nur, während sie Wasser in den Zinkeimer goss.

«Gut so. Bring den Holzeimer an seinen ursprünglichen Platz zurück. Sehr gut. Und jetzt stellst du den anderen Eimer unter Estrela und setzt dich auf den Schemel, als würdest du melken.»

Cándida befolgte seine Anweisungen, ohne sie in Frage zu stellen; mit schlafwandlerischer Sicherheit erledigte sie ihre Aufgabe. Auf ihrem Gesicht zeichnete sich ein ungläubiges Lächeln ab.

«So, Cándida. Was ich dir jetzt sage, ist äußerst wichtig», erklärte mein Vater, als sie vor der Kuh saß. «Du musst die gleiche Haltung annehmen wie vorhin, als wir reinkamen, genau die gleiche Haltung, mit dem Blick zu uns. Ja, so. Die Wange an Estrelas Bauch. Moment, das Licht war anders», brummte mein Vater, als spräche er mit sich selbst, als wäre dieses Detail eine ärgerliche Widrigkeit.

Cándida sah mich halb nervös, halb amüsiert an; als wollte sie sagen: «Dein Vater spinnt ja wohl ein bisschen.» Mein ernstes Gesicht machte sie aber nur noch nervöser.

«Schau mich an», sagte er. «Ja, genau so. Und jetzt stillhalten!»

Auch mein Vater erstarrte, mitten in der Bewegung, mit einer Hand auf der Höhe des Gesichts. Endlose Sekunden lang blieb er so stehen, sah Cándida an, die wie hypnotisiert war, wie versteinert, so wie ich, wie auch die Kuh, wie der ganze Stall: Alle waren gebannt vom Zauber dieses Magiers.

«Fehlt nur noch eins», beendete mein Vater schließlich das Schweigen. «Du musst lächeln.»

Und tatsächlich begann Cándida zu lächeln, spontan, aufrichtig, aus schierer Freude darüber, von dieser peinlichen Stille erlöst zu sein.

«Das war's», sagte mein Vater. «Orlando, bring mir die Kanne! So, Cándida, gieß alles rein, was du im Eimer hast.»

Die letzte Anweisung gab er bereits in einem entspannteren Tonfall; als hätte dieser ebenfalls in jeder Hinsicht ungewöhnliche Akt keinerlei Bedeutung mehr; wie ein Chirurg nach einer erfolgreichen Operation, der die letzten Kleinigkeiten dem Assistenten seines Vertrauens überlässt.

Verblüfft schleppte Cándida den Eimer zu meinem Vater und suchte in seiner heiteren Miene nach einer Erklärung. Dann blickte sie nach unten, aber in dem Bottich war nach wie vor nur Wasser. Trotzdem goss sie wie geheißen den Inhalt in die Kanne, bis sie wie gewöhnlich halb voll war.

In dem Moment, in dem mein Vater das Aluminiumgefäß mit seltsamer Hast verschloss, begann ich die Lösung des Rätsels zu erahnen.

«Wir müssen los, Cándida», sagte mein Vater. «Danke für die Milch. Meine Frau wird sich freuen, dass du die Kuh für uns gemolken hast.»

«Aber …»

«Doch, doch! Sie hat dich wirklich gern.»

«Aber da ist doch gar keine …»

«Was ist da nicht?»

«Da ist keine Milch drin.»

«Hier drin? Natürlich ist da Milch drin! Obwohl, jetzt kommen mir Zweifel.»

Mein Vater hob den Deckel etwas an, hielt sich die Kanne vor die Augen und sah mit neugieriger Miene hinein.

«Milch», sagte er bestimmt und machte den Deckel wieder zu.

Cándida begriff noch immer nicht, und ihr Erstaunen verwandelte sich in Angst. Sie suchte meinen Blick, hoffte darauf, darin eine Erklärung zu finden. Im Gegensatz zu ihr hatte ich bereits verstanden, worauf mein Vater hinauswollte, und sagte lediglich:

«Milch. Was denn sonst?»

«Was soll denn das?»

«Überleg doch mal!», erklärte mein Vater, der spürte, wie verwirrt sie war. «Wenn ich behaupte, es ist Milch, wer wird mir da widersprechen? Die Kanne ist voll, der Schemel steht an seinem Platz, der Eimer auch, und dein Gesicht ist sauber. Als wäre nichts passiert, verstehst du? Was tatsächlich passiert ist, bleibt unter uns.»

«Und Doña Marta? Ihr habt doch dann keine Milch. Was ist mit Norberto?»

«Der Mensch lebt nicht von Milch allein. Falls nötig, kaufen wir sie eben woanders. Und meine Frau wird das bestimmt verstehen.»

Cándida stand mit offenem Mund da, und an ihrem Gesicht war abzulesen, dass sie das Gehörte erst noch verarbeiten musste. Doch plötzlich entspannten sich ihre Züge, heiterte sich ihre Miene auf, erblühte sie vor Glück wie eine Blume im Sonnenlicht.

«Ach, Don Enrique! Danke!», sagte sie schließlich in ihrem sanften Singsang. «Sie sind …»

Cándida hatte ein Geräusch gehört, und nun hörten es auch wir. Als wir uns umdrehten, kam Delfina, Cándidas Mutter, zur Tür herein.

Delfina

«Guten Abend», sagte Delfina, aber für uns alle klang es wie: «Was ist denn hier los?» Vielleicht war es ihr strenges Gesicht, in dem sich eine fragende Neugier spiegelte; vielleicht war es auch ihr Blick, der sich instinktiv auf die Milchkanne am Arm meines Vaters richtete; danach sah sie sich im ganzen Stall um, als suchte sie nach den letzten Spuren von etwas, das sich verflüchtigt hatte. Schließlich nahm sie ihre Tochter ins Visier. Sie hat gehört, was Cándida zuletzt gesagt hat, dachte ich. Sie muss es gehört haben! Ich sah zu Cándida: Sie war rot wie eine Tomate und hielt die Augen gesenkt.

Mein Vater hingegen wirkte ruhig; er hielt Delfinas Blick stand, ohne sie zu provozieren, schien die Gelassenheit in Person. Aber ich wusste, dass diese Haltung überhaupt nicht zu ihm passte; dass er zu Menschen, die nicht zur Familie gehörten, normalerweise eher spröde und reserviert war, was manch einer ihm als Hochmut auslegte, was jedoch in Wahrheit – wie ich erst viele Jahre später begreifen würde – Scheu und Unsicherheit waren. Delfina, die alles andere als dumm war, bemerkte wahrscheinlich, dass der Mann der Dorfschullehrerin diesen klaren Blick nur spielte, um etwas zu verbergen.

«Guten Abend, Delfina. Wir wollten eben gehen. Es ist ein bisschen spät geworden.»

«Habt ihr die Milch?»

«Ja. Eben habe ich zu Cándida gesagt, sie soll Ihnen danken.»

«Da gibt es nichts zu danken. Die Lehrerin hat mir schon so viele Gefallen erwiesen.»

Delfina war eine Frau in der Blüte ihrer Jahre, der die ersten Falten im Gesicht Charakter verliehen. Sie spielte sich nicht in den Vordergrund und war angezogen wie alle anderen im Haus. Trotzdem hatte sie etwas an sich, war etwas an ihrer weißen, matten Haut, an ihrem überraschend neutralen Akzent, eine unterkühlte Größe, die sich auch dann nicht verlor, wenn sie, was häufig vorkam, harte Arbeiten verrichten musste. Mit ihren ebenmäßigen, attraktiven Gesichtszügen hätte man sie als hübsch bezeichnen können, wären da nicht ihre Lippen gewesen, die schmal und hart waren, als würden sie von einer stetigen Spannung zusammengezogen.

«Trotzdem danke», sagte mein Vater. «Schließlich geht Cándida ja nicht mehr zur Schule.»

«Nein», erwiderte Delfina. «Sie muss allmählich selbst für sich sorgen. Ich bin auch nicht lange zur Schule gegangen, und es hat mir nicht geschadet. Was sie jetzt noch zu lernen hat, das wird sie von mir lernen.»

«Ich war schon immer der Meinung, dass die Eltern wichtiger sind als die Schule, wenn es um die Zukunft eines Kindes geht», erklärte mein Vater.

Eine unbehagliche Stille trat ein. Draußen, in einem Stall in der Nähe, grunzten deutlich hörbar Schweine.

Delfina hatte begriffen, dass sie von meinem Vater nicht erfahren würde, was hier passiert war; bestimmt wartete sie nur darauf, dass wir endlich gingen, weil sie wusste, dass Cándida nichts vor ihr verbergen konnte, keinen Fehler, kein Geheimnis, ja nicht einmal einen kleinen Streich. Als mir klarwurde, was geschehen würde, sobald wir weg waren, litt ich mit ihr. Und sie dachte garantiert das Gleiche, denn sie stand einfach nur da, reglos wie eine Statue, stumm, den Blick starr auf den Boden gerichtet.

Aber keiner der Darsteller dieses seltsamen Stücks schien gewillt, von der Bühne abzutreten.

«Wenn ihr noch länger bleibt», sagte Delfina schließlich, «wird es tatsächlich dunkel. Ich will euch wirklich nicht aufhalten.»

«Bevor wir aufbrechen», sagte mein Vater, «wollte ich Sie noch um etwas bitten.»

Wieder war meine Neugier geweckt. Ich verstand nicht, warum mein Vater das Gespräch noch weiter hinauszog, jetzt, wo es ratsam gewesen wäre, so schnell wie möglich zu verschwinden. Was nun kam, wäre mir im Lebtag nicht eingefallen.

«Als Sie kamen, habe ich Cándida gerade gefragt, ob sie Lust hat, für mich Modell zu stehen; ich würde nämlich gern ein Bild von ihr malen.»

Eine Augenbraue Delfinas hob sich um einige Millimeter, als sie den Ausdruck «Modell stehen» hörte.

«Bekleidet natürlich», fuhr mein Vater fort. «Ich trage mich schon länger mit dem Gedanken, ein Porträt von ihr anzufertigen. Sie hat so ein malerisches Gesicht, ein, wie soll ich sagen, Renaissancegesicht. Und als ich sie vorhin die Kuh melken sah, stand mir dieses Bild plötzlich vor Augen. Es wird richtig gut werden. Cándida ist ebenfalls ganz angetan von der Idee», fügte mein Vater hinzu, weil Delfina immer noch stumm dastand und das Ganze offenbar erst verarbeiten musste.

«Bist du deshalb stumm wie ein Fisch?», fragte sie schließlich ihre Tochter. «Man könnte meinen, man hätte dich mit heruntergelassenem Rock erwischt.»

«Natürlich brauche ich dafür Ihre Zustimmung», schaltete sich mein Vater ein, um Cándida aus der Verlegenheit zu helfen. «Cándida müsste mir nämlich einige Tage zur Verfügung stehen: drei oder vier vielleicht; und auch mehrere Stunden am Stück, sonst komme ich nicht richtig rein. Zwei müssten reichen. Oder wenigstens anderthalb», fügte er mit entschlossenerer Stimme hinzu, als Delfina keine Reaktion zeigte.

«Und wann wäre das?», fragte Cándidas Mutter schließlich.

«Ich dachte an die Karwoche, weil da die Schule leer ist und … Sie wissen ja, wir wohnen in einer Streichholzschachtel.»

«Könnten Sie das nicht auch hier machen?»

«Es soll ein Ölbild werden, keine Bleistiftzeichnung, also müsste ich das ganze Material herschaffen und würde außerdem tagelang ein Zimmer belegen. Und dann ist da noch das Licht: In der Schule ist es optimal. Apropos Licht, ideal wäre, wenn Cándida mir morgens Modell stehen könnte, immer um die gleiche Uhrzeit.»

Delfina verfiel in ein nachdenkliches Schweigen, das fast schon etwas Bedrohliches hatte. Ab und zu sah sie zerstreut, aber ernst zu Cándida.

«Die Kuh braucht nicht mitzukommen», sagte mein Vater.

Cándida konnte ein spontanes Lachen nicht unterdrücken. Auch ihre Mutter lächelte, aber nervös und kurz, wie Menschen, die keinen Sinn für Humor haben.

«Ich habe nichts dagegen», sagte sie schließlich. «Alles Weitere müssen Sie mit Cándida selbst besprechen. Aber nicht mehr als zwei Stunden pro Tag. Hier in El Sollado ist nämlich jede Menge zu tun, Ostern hin oder her. Willst du dich nicht bei Don Enrique bedanken?», sagte sie, an Cándida gewandt.

«Hab ich schon», antwortete sie und sah dabei zum ersten Mal meinen Vater an, «kurz bevor du reinkamst.»

Sehr gut, Cándida!, lobte ich sie im Stillen. Ich hätte nicht gedacht, dass sie so gut schauspielern konnte, schon gar nicht vor ihrer Mutter. Aber vielleicht begann Cándida sich ja in diesem Moment zu verändern.

Das geteilte Bett

Den Heimweg von El Sollado legten wir fast im Dunkeln zurück. Mein Vater war schweigsam und nachdenklich. Dass er nachdenklich war, vermutete ich nur, denn sein Gesicht konnte ich nicht sehen, weil er vor mir ging und außerdem so schnell, dass ich ihm kaum folgen konnte. Im Dunkeln um uns herum hatte ich alle Mühe, meine Füße auf die Stellen zu setzen, auf die er seine setzte, um nicht in ein Loch zu treten und mir den Knöchel zu verstauchen. Die Milchkanne hatten wir geleert, kurz nachdem wir El Sollado verlassen hatten. Trotzdem war sie noch schwer genug und baumelte mir lästig um die Beine. Mein Drängen, sie unbedingt tragen zu wollen, bereute ich längst.

«Hast du keine Angst auszurutschen?», fragte ich keuchend. «Oder zu stolpern?»

«Ich bin es gewohnt, nachts zu gehen. Die Wege hier kenne ich wie meine Westentasche.»

Nachdem ich selbst mehrmals gestolpert war, versuchte ich es.

«Papa.»

«…»

«Ich wusste gar nicht, dass du Cándida malen wolltest.»

«Ich auch nicht.»

«Aber du wirst sie doch malen?»

«Ja.»

Offensichtlich hatte mein Vater keine Lust zu reden.

Den Rest der Strecke dachte ich darüber nach, was in El Sollado geschehen war. Nachdem die Magie des Moments verflogen war, die Bewunderung für die phantasievolle Art und Weise, wie mein Vater das Problem gelöst hatte, beschlichen mich erste Zweifel, und ich begann, die Angelegenheit unter anderen Gesichtspunkten zu betrachten. Das Verhalten meines Vaters, die Entscheidung, die er getroffen hatte, wies einige dunkle Punkte auf, stand im Widerspruch zu dem, was er sonst einforderte. Er sagte immer, man dürfe nicht lügen, man solle lieber von Anfang an die Wahrheit sagen, weil eine Lüge die nächste Lüge nach sich ziehe. Heute hingegen … In meiner nüchternen – vielleicht zu nüchternen – Analyse schwang Eifersucht mit, weil mein Vater Cándida gegenüber so gesprächig und nachsichtig gewesen war. Und obwohl alles darauf hindeutete, dass er sich die Geschichte mit dem Porträt ad hoc ausgedacht hatte, um den «Feind» abzulenken, störte mich dennoch, dass meine Freundin Cándida bald das Vorrecht genießen würde, von ihm gemalt zu werden. Mein Vater hatte zwar schon einige Bleistiftzeichnungen und sogar ein Aquarell von mir angefertigt, aber er hatte sich nie dazu überreden lassen, ein Ölbild von mir zu malen, obwohl ich ihn schon mehrmals darum gebeten hatte.

Endlich waren wir zu Hause. Meine Mutter hatte sich schon Sorgen gemacht. Ich hatte ein ungesundes Interesse daran, wie sie wohl auf den Grund für unsere Verspätung reagieren würde. Aber ihre erste Überlegung war – wie bei einer guten Hausfrau nicht anders zu erwarten – rein praktischer Natur.

«Was sollen wir morgen frühstücken?», fragte sie und sah zu Norberto, der lustlos ein Stück Tortilla kaute und im

Licht der Karbidlampe mit der Gabel Schattenmonster auf das Wachstuch warf.

«Ich stehe in aller Frühe auf und kaufe Milch in Semellade. Hier frage ich lieber keinen, sonst erfährt Delfina noch davon, und das wäre mir überhaupt nicht recht.»

Meine Mutter hegte keine großen Sympathien für Delfina, seit sie sich vergeblich darum bemüht hatte, Cándida auf eine höhere Schule zu schicken. Vielleicht machte es ihr deshalb nicht so viel aus, dass das merkwürdige Manöver meines Vaters uns so viele Unannehmlichkeiten bescherte.

«Das alles nur, damit dem armen Mädchen nicht der Hintern versohlt wird», sagte sie kopfschüttelnd. «Und am Ende heißt es dann wieder, du wärst ein schlechter Mensch, der die anderen verachtet.»

«Wenn ich etwas verachte, dann Dummheit», erklärte mein Vater. «Aber damit sind zum Glück nicht alle Menschen geschlagen. Dem Mädchen das letzte bisschen Kindheit zu verderben, das ihm noch bleibt, und es die Zeche für die eigenen Fehler zahlen zu lassen schiene mir jedenfalls viel dümmer, als einen Eimer Milch zu verschütten. Außerdem fühle ich mich dafür verantwortlich. Schließlich hat die Kuh den Eimer umgeworfen, weil ich sie nervös gemacht habe.»

Meine Mutter sah ihn besorgt an. Aber ich riss sie aus ihren wie auch immer gearteten Gedanken.

«Papa wird Cándida malen! In Öl!», rief ich mit gespielter Unschuld.

Ich suchte einen wunden Punkt, etwas, das meinem Vater einen Vorwurf einbringen konnte. Aber ich hatte keinen Erfolg damit.

Mein Vater sah sich nun zwar genötigt, auch den zweiten Teil der Geschichte zu erzählen – wie Delfina in den Stall gekommen war und wie er sich mit dem Porträt aus der Affäre gezogen hatte –, aber meine Mutter beglückwünschte ihn zu seinem Einfall und meinte nur, es könne ein wundervolles Bild werden, wenn er sich geschickt anstelle, denn Cándida sei mit Abstand das hübscheste Mädchen im ganzen Tal.

Norberto und ich schliefen in einem Bett, das mir damals riesig erschien, weil es in ein winziges Zimmerchen gezwängt war, in das nicht einmal mehr ein Schrank passte. Er legte sich immer früher hin als ich, und so schlief er bereits tief und fest, als ich an diesem Abend zu ihm stieß. Ich blieb noch eine ganze Weile wach, in diesem angenehmen Zustand begleiteten Alleinseins, in dem beruhigenden Licht, das als Streifen unter der Tür einfiel. Es machte mir Spaß, mich an meinem Groll zu weiden und als Opfer zu stilisieren: Cándida war gar nicht so hübsch, redete ich mir ein, und deshalb war es ein echter Verrat, dass mein Vater sie und nicht mich in Öl malen wollte. Plötzlich fiel mir ein, dass wir den Regenschirm bei den Besteiros vergessen hatten, im Stall von Estrela; und dieser nebensächliche Akt der Vergesslichkeit nahm in der Hitze der Laken, in der Phantasie befeuernden Intimität des Halbschlafs immer größere Dimensionen an und wurde schließlich zu einem Delikt, mit dem ich das Ansehen des Verräters untergraben konnte.

Am nächsten Tag jedoch erinnerte ich mich nicht mehr an meinen Racheplan, sondern willigte freudig und überschäumend vor Dankbarkeit ein, als mein Vater mir vorschlug, ihn zum Fluss hinunterzubegleiten: als Förstergehilfe, der sein altes Jagdgewehr trug, ein Privileg, das meinen Schultern bislang verwehrt geblieben war.

Schon immer hat mich die Verheißung von Leben und Taten berauscht, die von der Morgensonne ausgeht, wenn sie mit einem einzigen Strahl die schwärzesten, in den ungewissen Stunden der Nacht phantasierten Gespenster vertreibt.

Und dies war solch ein Tag, heiter und sonnig, ein Geschenk der Natur an diesem grauen regnerischen Frühlingsbeginn. Erst als ich abends erschöpft im Bett lag, erinnerte ich mich wieder an den Albtraum der vergangenen Nacht. Die Bilder kehrten mit überraschender Deutlichkeit zurück, heraufbeschworen von der gleichen Dunkelheit, der gleichen Stille und der gleichen Körperhaltung zwischen den heißen Laken wie vierundzwanzig Stunden zuvor.

Mein Vater und ich gingen den Weg nach El Sollado hinunter, in einem Höllentempo, sodass ich kaum Schritt halten konnte. Weil es so dunkel war und ich den Kontakt nicht verlieren wollte, streckte ich von Zeit zu Zeit die Hand nach ihm aus, bis ich seinen Rücken berührte. Bei einer dieser Bewegungen stieß ich auf etwas, das nicht mein Vater sein konnte, auf etwas, das sich äußerst merkwürdig anfühlte. Ich überlegte, ob ich ihm nicht eine Frage stellen sollte, dann könnte ich an seiner Stimme erkennen, ob er es war oder nicht; schließlich hatten wir bis dahin kein einziges Wort miteinander gewechselt. Am merkwürdigsten war, dass ich keinerlei Angst hatte, sondern nur neugierig war und eine gewisse Ungeduld verspürte, das Geheimnis zu lüften. «Wie kommt es, dass du im Dunkeln sehen kannst?», fragte ich. Aber in diesem Moment war der Weg bereits zu erkennen, wenn auch vage, nur von Sternen beleuchtet; und mein Vater setzte sich endgültig von mir ab, mit einem flachen, fast kriechenden Sprung, verdeckt von den hohen Gräsern um uns herum. Doch es war gar nicht mein Vater. Er konnte es nicht sein, weil er an einem Baumstamm am Wegrand lehnte und woandershin sah, damit ich nicht merkte, dass er Zeuge meiner lächerlichen Verwirrung geworden war. Cándida hingegen sah mich sehr wohl an, unverhohlen, fast spöttisch – denn Cándida war bei ihm, hatte einen Arm um seine Schultern gelegt wie einem guten Kameraden. Und ich hatte mich zum Narren gemacht, weil ich im Dunkeln einem Tier gefolgt war.

In diesem Moment begann sie zu lachen, und mich befiel eine tiefe Angst.

Die beiden Cándidas

Die Tage, an denen mein Vater Cándida malte, erwiesen sich als wahre Festtage, geprägt von einer vagen Zuversicht und einer angenehmen Veränderung der Gewohnheiten.

Cándida kam am frühen Vormittag, nachdem sie ihre Pflichten bei den Besteiros erfüllt hatte, und saß meinem Vater bis zu Mittag Modell. Die Schulbänke und der Vorplatz waren leer, weil Osterferien waren; morgens schien fröhlich die frühe Aprilsonne durch die grauweißen Wolken, eine Sonne, die bereits zu stechen begann und das frische Grün der feuchten Blätter zum Leuchten brachte.

Es war, als zöge Cándida die Sonne mit ihren Haaren an, denn kaum war sie weg, schoben sich Wolken vor die Himmelsdecke, als gäbe es nichts Interessantes mehr zu sehen, und es stellte sich wieder das eintönige Grau des Nieselregens ein. Nur an den beiden letzten Tagen war es vormittags wie nachmittags bewölkt, aber da hatte mein Vater das eigentliche Porträt bereits gemalt und arbeitete am Hintergrund, setzte letzte Pinselstriche, die nichts Wesentliches mehr am Licht oder Gesicht veränderten.

Mich beeindruckte die Entstehung eines echten Ölgemäldes, das so perfekt, detailgetreu und erhaben war wie die Werke, die man in Museen oder in dem «dicken Buch im Büro» sehen konnte, einem voluminösen Kunstband, der aus der Zeit vor meiner Geburt stammte und meinen einzigen Zugang zu den alten Meistern darstellte.

Mein Vater malte für einen Amateur gut, insbesondere Porträts; aber ein solch ehrgeiziges Projekt hatte ich ihn noch nie ausführen sehen, sodass ich den Prozess mit großer Neugier verfolgte. Es war verblüffend, wie das Bild langsam, aber immer deutlicher, mit immer größerer Tiefe, aus der Leinwand hervortrat, einem simplen, in einen Rahmen gespannten Stoff, der bei jedem Pinselstrich leicht nachgab.

Dieser magische Prozess verlief nicht stetig wie das Entwickeln einer Fotografie, sondern hatte seinen eigenen, besonderen Rhythmus.

Ich war allerdings nicht immer mit dabei. Manchmal besuchte ich meinen Vater, ohne dass sich auf dem Gemälde merklich etwas verändert hatte; manchmal war es aber auch so, dass er innerhalb von Minuten ein neues Element hinzufügte, dessen Entstehung nur der unermüdliche Norberto – in die Schulbank gedrückt, die der Staffelei am nächsten stand – beigewohnt hatte.

Vor allem in der ersten Phase schien der Prozess manchmal auch rückwärts zu verlaufen; schmerzlich rückwärts, wie ein unbegreiflich mühseliges Verneinen und Suchen. Wenn mein Vater zum Beispiel mit groben Pinselstrichen und hässlichen Farben die eleganten, mit Kohlekreide gezeichneten Linien übermalte, ja geradezu zukleisterte, obwohl in ihnen bereits Modell und Perspektive zu erkennen gewesen waren. Aber jedes Mal fand dieses scheinbare Geschmiere wie durch ein Wunder ein glückliches Ende, und die hässliche Sandfarbe des Gesichts oder der Hände entpuppte sich als Grundlage für eine ungeheuerliche Plastizität und Nuanciertheit; und das Gemälde hielt noch weitere dieser schier unfassbaren Wunder bereit.

Ich hatte nicht so viel Geduld wie mein Bruder, um

wirklich jeden Pinselstrich verfolgen zu wollen, aber ich wurde trotzdem Zeuge, wie allmählich eine zweite Cándida entstand; eine Zwillingsschwester der Cándida aus Fleisch und Blut, die allenfalls ein wenig schlanker war, ein wenig feierlicher, und die ein Bündel Haselnusszweige in den Händen hielt, vor dem Hintergrund einer steilen Wiese, über der das Blau des Himmels und das Grau der Wolken leuchtete. Welche Landschaft – wenn auch nur angedeutet – zum Vorbild gedient hatte, war offensichtlich; der Himmel war der Himmel, den man von der Schule aus sah; und der Blick war der durchsichtige, verletzliche Blick unserer Cándida.

Dafür musste sie stundenlang still sitzen, was sie beharrlich und geduldig tat; mit der Entschlossenheit einer Erwachsenen erfüllte sie peinlich genau alle Anforderungen, die eine Tätigkeit, die sie noch nie ausgeübt hatte, an sie stellte, wozu auch gehörte, dass sie ständig unter Beobachtung war. Ich fand es lustig, wie ernst sie zu Beginn war, wie eifrig darauf bedacht, möglichst feierlich zu wirken, gerade sie, die so gern lachte, in deren Augen so oft etwas Kindliches aufblitzte.

«Schau nicht so ernst, Cándida! Sei einfach natürlich», sagte ich dann, als hätte ich mehr Erfahrung in dem, was ihr so großen Respekt einflößte.

«Keine Angst. Du wirst dich schon entspannen», beruhigte sie mein Vater. «Wir haben ja noch einige Tage vor uns, um uns an die Situation zu gewöhnen.»

Vielleicht war Cándida am Anfang deshalb etwas steif, weil sie dem Maler direkt in die Augen sehen musste, zumindest in den Momenten, in denen er an ihrem Gesicht und dessen Ausdruck arbeitete. Mein Vater hatte sich für eine Frontalansicht entschieden, denn seiner Meinung nach lag in Cándidas Blick schon die Hälfte dessen, was er mit seinem Bild ausdrücken wollte. Wenn es ihm gelang, diesen Blick einzufangen, würde er erreicht haben, was er zu erreichen hoffte.

Cándida konnte kaum glauben, dass ihr Porträt am Ende ebenfalls Augen haben würde, die zu sehen schienen, als wären sie lebendig, noch dazu von jedem Blickwinkel aus und nicht nur, wenn man genau vor dem Bild stand.

«Warte ab, bis es erst fertig ist», sagte ich zu ihr.

Jedenfalls gewöhnte sich Cándida schnell daran, dass mein Vater sie ständig ansah, ja, sie fühlte sich sogar wohl und war stolz darauf, sein Modell zu sein; sie plauderte lebhaft mit ihm und erzählte ihm von Leid und Freud ihres Lebens in El Sollado und von der wehmütigen Erinnerung an ihre letzten Schuljahre.

Mein notorisch zurückhaltender Vater zeigte sich gesprächiger als gewöhnlich. Offenbar fühlte auch er sich wohl und arbeitete gern mit Cándida, war inspiriert von ihr.

Mir ging dieses Geplauder gehörig gegen den Strich. So viel Vertrautheit tut dem Bild nicht gut, sagte ich zu meinem Vater.

«Ein guter Porträtmaler muss dafür sorgen, dass sein Modell sich wohlfühlt und sich gibt, wie es ist», erwiderte er.

Das ist also der Grund, warum er so gesprächig ist, dachte ich. Es würde noch Jahre dauern, bis ich begriff, dass mein Vater extrem schüchtern, ja fast menschenscheu war; und dass er sich nur wohl und selbstsicher fühlte, wenn er malte, weil das künstlerische Tun wie ein Puffer zwischen ihm und den Menschen wirkte; und dass Cándidas Unschuld, ihre arglose Ehrlichkeit wie Balsam für ihn waren.

Mein Vater konnte zwar nicht verhindern, dass Norberto und ich das Bild in all seinen Entstehungsphasen verfolgten, aber dass Cándida es sah, bevor es fertig war, das ließ er nicht zu; was mir eine weitere Möglichkeit gab, um mich gegenüber der vor Neugier fast platzenden Cándida aufzuspielen.

«Tja, Cándida», sagte ich geheimnistuerisch, wenn ich neben meinem Vater stand und das betrachtete, was für sie nur ein grauer, von den Leisten der Staffelei gekreuzter Stoff war, «ich denke schon, dass dir das Ergebnis gefallen wird.»

Tatsächlich war ich tief beeindruckt von dem, was da vor meinen Augen entstand: ein überzeugendes, in sich stimmiges Porträt, das ich – aus heutiger Sicht betrachtet – als eine merkwürdige Mischung zwischen Botticelli und Zuloaga definieren würde. Zweifellos war es das Beste, was mein Vater je gemalt hatte.

Meine Mutter schien ebenfalls dieser Meinung zu sein, jedenfalls erweckte sie diesen Anschein, wenn sie gelegentlich in die Schule kam und einen Blick auf die Leinwand warf.

«Schön! Wirklich wunderschön!», rief sie, als das Bild fast fertig war, mit ehrlicher Begeisterung aus. «Du wirst ganz baff sein, wenn du es siehst, Cándida!»

Sogar der Maler selbst, der normalerweise bescheiden und zurückhaltend war, sehr kritisch seiner eigenen Arbeit gegenüber, legte zunehmend eine für ihn ungewöhnliche Zuversicht an den Tag.

«So sind sie, die Künstler!», bemerkte meine Mutter. «Wenn es gut läuft, sind sie glücklich, und die Welt ist in Ordnung. Aber wehe, es läuft nicht gut, dann halten sie sich für Versager.»

Eines Tages saßen wir am Tisch und aßen Forellen, die man uns vorbeigebracht hatte, und Pellkartoffeln; mein Vater war ausnehmend gut gelaunt nach seinem Tagwerk, sodass er ein Liedchen aus einer Zarzuela zu pfeifen begann, die er sehr mochte.

«Enrique, bitte!», unterbrach ihn meine Mutter.

Allein schon, dass sie ihn beim Vornamen nannte und nicht wie üblich «Papa», machte Norberto und mir klar, dass jetzt ein Thema kommen würde, das nicht von dieser Welt war.

«Heute ist Karfreitag!»

«Stimmt! Entschuldige», antwortete mein Vater beschämt. «Ich bin so sehr mit dem Porträt beschäftigt, dass ich das ganz vergessen habe.»

Wie bereits erwähnt, waren meine Eltern nicht sehr religiös. Sie hatten uns im Wesentlichen laizistisch erzogen. Aber meine Mutter hatte sich einige Marotten bewahrt, Überreste ihrer religiösen Erziehung in einer kleinen Provinzstadt im finstersten Nachbürgerkriegsspanien, die sich ihr eingebrannt hatten. Nur so war zu erklären, dass sie sich über einen so unschuldigen Verstoß gegen die katholische Lehre empörte.

Die merkwürdigste Reaktion auf das Werk meines Vaters zeigte jedoch mein Bruder Norberto.

Er hatte seine Entstehung mit methodischer Konstanz und hartnäckigem Interesse verfolgt; aber zu keinem Zeitpunkt stimmte er in die allgemeine Begeisterung ein, sondern schien die Arbeit meines Vaters mit einer gewissen Distanz zu betrachten. Einige technische Aspekte hingegen lagen ihm sehr am Herzen, und einmal machte er meinem Vater sogar einen Vorschlag zur Farbwahl, der von diesem mit staunendem Wohlwollen angenommen wurde. Wenn man ihn aufforderte, seine Meinung zur Qualität des Porträts kundzutun, antwortete er mit einem rätselhaften «Nicht schlecht», was in der Atmosphäre einhelliger Begeisterung geradezu unhöflich wirkte.

Was man ihm nicht absprechen konnte, waren die Engelsgeduld und die unbändige Neugier, die er dem Schaffensprozess vom ersten Pinselstrich an entgegenbrachte. Trotzdem war ich regelrecht schockiert über das, was er an jenem Tag – dem vorletzten der Woche –, während mein Vater seine Siesta hielt, sagte.

«Papa und Cándida sind ein Paar», sagte er ruhig und spielte mit den Brotkrumen herum, die noch auf dem Tisch lagen.

«Wie kommst du denn darauf?», fragte meine Mutter, während sie mit einem feuchten Lappen das Wachstuch abwischte. «Wieso glaubst du, dass die beiden ein Paar sind?»

«Weil sie sich in die Augen schauen. Und so viel reden», antwortete er bockig, weil ihn die Gleichgültigkeit meiner Mutter ärgerte.

«So, so, sie schauen sich in die Augen?»

«Ja! Und sie reden die ganze Zeit!»

Meine Mutter war mit den Krümeln in der Hand bereits auf dem Weg zurück in die Küche.

«Wann denn?», fragte sie bereits außer Sichtweite.

«Beim Malen.»

«Aha! Beim Malen. So, so», hörten wir sie im Flur sagen.

Ich wurde immer wütend, wenn meine Mutter in diesem Ton sprach; wenn sie einem recht gab, als wäre man ein kleines Kind und würde nicht bemerken, dass sie einen nicht ernst nahm und bereits an ihre nächste Aufgabe dachte.

Diesmal aber freute ich mich darüber, dass sie Norberto mit dieser versteckten Form der Verachtung strafte. Ich fühlte mich sogar dazu bemüßigt, selber einzugreifen.

«Er schaut ihr in die Augen, damit das Porträt realistischer wird, du Trottel!»

«Orlando!», schallte es aus der Küche.

«Wozu guckst du dir die ganze Zeit das Bild an, wenn du überhaupt nichts kapierst?»

«Ich kapier doch alles ...»

«Das haben wir ja gehört, du Blödmann!»

«Selber Blödmann, du Orlando furioso!»

Noch während er es sagte, wich er zurück. Seit dem Tag, an dem mein Vater das Werk Ariosts erwähnt hatte, war es sein letztes Mittel, um mich zu reizen. Aber ich konterte mit einer Finte.

«Halt den Mund!», rief ich aufgebracht und packte ihn am Nacken.

An jenem Tag handelten wir uns beide eine Ohrfeige unserer Mutter ein; und am nächsten Tag war das Porträt fertig. Cándida war entspannt, weil sie nicht mehr gebraucht wurde, während mein Vater sich wie besessen den letzten Korrekturen widmete und das Bild schließlich mit einer energischen Geste für beendet erklärte.

«Schluss! ‹Rühr sie nicht mehr an!›», zitierte er Juan Ramón Jiménez. «Keine Korrekturen mehr, sonst mache ich noch alles kaputt.»

Er erhob sich von seinem Stuhl und sagte mit einer gewissen Feierlichkeit und ohne die Augen von der Leinwand zu wenden: «Jetzt darfst du es dir ansehen, Cándida.»

Weil wir das Bild schon so oft gesehen hatten, richtete sich unsere ganze Aufmerksamkeit nun auf Cándida, die echte Cándida, voller Neugier, wie sie reagieren würde. Und tatsächlich wurden wir nicht enttäuscht: Ihr Gesicht sprach Bände.

Vorsichtig, ja sogar etwas befangen ging sie um die Staffelei herum; als sie die letzten Schritte tat – die Leinwand bereits im Blick – und schließlich vor dem Bild stehen blieb, erschlafften ihre Züge, als hätte sie statt des Erwarteten ein Fahrrad gesehen oder einen kosmischen Nebel; danach weiteten sich ihre Augen vor grenzenloser Überraschung, öffnete sich ihr Mund; schließlich erstarrte sie, während sich in ihrem Gesicht Angst oder Beklemmung breitmachte.

«Aber … Aber …», stammelte sie.

Mein Vater legte seine Hand, in der er noch immer den Pinsel hielt, auf ihre Schulter.

«Doch, Cándida», sagte er. «Das bist du.»

«Nein, das bin ich nicht», erwiderte sie, und aus ihrer Kehle schien ein Schluchzen aufzusteigen, das ihre Augen trübte. «Ich bin nicht … Ich bin nicht so hübsch.»

Ob sie nun hübsch war oder nicht: Die Ähnlichkeit war unbestritten; das Werk hatte etwas Zartes und gleichzeitig Tiefes, eine Würde, die mit Händen zu greifen war.

Als meine Mutter das Bild sah, fehlten ihr die Worte, um ihre spontane Begeisterung auszudrücken, ihre verzückte Bewunderung.

«Mein Gott, wie hübsch sie ist! Sie sieht aus wie … wie … Und dann dieses Kleid, so schlicht, so …!»

Mein Vater hatte darauf bestanden, dass Cándida ihm in dem bescheidenen Kleid Modell saß, das sie am Tag des Vorfalls mit der Milch getragen hatte, und sie hatte ohne Widerrede eingewilligt, allerdings nicht, ohne es vorher noch einmal zu waschen.

Es war wirklich erstaunlich, wie ihre Schönheit auf dem Bild erstrahlte, ohne dass mein Vater auf ihre blonden Haare zurückgegriffen hatte – sie waren unter einem Kopftuch versteckt – und ohne dass er die Hände geschönt hatte, die die Spuren ihrer täglichen Arbeit auf dem Bauernhof aufwiesen. Vielleicht lag darin der Zauber des Porträts, in diesen kleinen Details, doch vor allem in Cándidas Blick, der den Eindruck vermittelte, sie sei sich ihrer Schönheit überhaupt nicht bewusst. Außerdem hatte der Maler einen Lichteinfall und eine Haltung gewählt, die davon ablenkten – ohne es ganz zu verbergen –, dass Cándida schon damals einen auffällig großen Busen hatte.

«Sie sieht aus wie eine Prinzessin! Eine Königin!», «Wie die Heilige Jungfrau mit blauen Augen!», «Wie Maria Magdalena», «Ein Himmelsstern», so lauteten einige Kommentare der Bewohner Brañagandas, die zur Schule pilgerten, um – als handelte es sich um ein Wunder – das berühmte «handgemachte» Bild zu sehen, das der Mann der Lehrerin von Delfinas Tochter Cándida gemalt hatte.

Noch zwei Monate später klopfte gelegentlich jemand, der das Porträt der kleinen Besteiro noch nicht gesehen hatte, scheu an unsere Tür.

Der wichtigste Besuch aber, der Besuch, der die größten Auswirkungen haben sollte, stellte sich eine Woche nach dem letzten Pinselstrich ein.

Doña Isabel Freire

Nachdem das Porträt fertig war, kehrte in der Schule der Alltag ein. Am Montag ging der Unterricht wieder los; und mein Vater nahm nach seiner Hingabe an die Malerei freudig seine symbolische Arbeit als Förster wieder auf. Für ihn war es ein wunderbarer Vorwand, um die Nähe zur Natur zu suchen – die im Grunde immer gegenwärtig war –, seine Droge, die er lediglich eine Weile durch etwas anderes ersetzt hatte. Cándida wiederum benötigte offenbar Zeit, um den Eindruck zu verdauen, sich auf die Leinwand gebannt zu sehen, denn sie ließ sich nicht mehr bei uns blicken.

Am Sonntag, als es schon den Anschein hatte, dass die Woche ereignislos verstreichen würde, stellte sich überraschend Besuch ein: Doña Isabel, die Señora de Freire, die Frau, die meinem Vater die Arbeit als Förster verschafft hatte.

Sie kam nach dem Mittagessen, zur Zeit der Siesta, die wir sowieso selten hielten: wir Kinder nicht, weil wir zu unruhig waren, meine Mutter nicht, weil sie zu fleißig war. Mein Vater hingegen musste den Schlaf nachholen, den ihm zwei schwer miteinander zu vereinbarende Gewohnheiten raubten: bis spät in die Nacht aufzubleiben und in aller Herrgottsfrühe aufzustehen.

Meine Mutter war in der Küche und wusch das Geschirr; Norberto lag vor dem Sofa auf dem Boden und blätterte in Büchern; und ich kickte draußen im Hof mit einem platten

Ball herum. Deshalb war ich auch der Erste, der die Señora de Freire und ihr Dienstmädchen die Rampe heraufkommen sah. Wie immer waren sie angezogen wie aus einer anderen Epoche: lange, dunkle, so elegante wie strenge Kleider, was mein Vater, dessen Familie aus der Welt der Bühne stammte, als «Requisitenstil» bezeichnete.

Ich hatte Doña Isabel noch nie ohne Begleitung ihres Dienstmädchens gesehen – jedenfalls nahmen wir an, dass es ihr Dienstmädchen war, denn Beweise dafür hatten wir nicht –, einer jungen, hochgewachsenen, durch ihre steife, betont aufrechte Haltung noch größer wirkenden Frau, die sehr ernst war und wenig sprach. Doña Isabel hinkte ein wenig, was man kaum bemerkte, was aber vielleicht der Grund war, warum sie stets am Arm dieses Dienstmädchens ging. Auf diese treue und diskrete Stütze konnte sie sich immer verlassen.

Die Besitzerin des Freire'schen Gutshauses war eine geheimnisumwitterte Person, die eine vornehme Ausstrahlung besaß – zumindest für mich, der ich von meinem Vater einiges über sie wusste. Sie pflegte wenig Umgang mit ihren Nachbarn und noch viel weniger mit der Welt jenseits ihres kleinen Grundstücks. Daher war es ein regelrechtes Ereignis, dass sie uns einen Besuch abstattete. Natürlich! Sie will das Bild sehen! Das muss es sein!, dachte ich und rannte zum Eingang, um ja nichts von dieser Begegnung zu verpassen.

Als ich ankam, hatten die beiden bereits geklopft.

«Hallo!», sagte ich wenig höflich. Von drinnen rief meine Mutter vergeblich, ich solle aufmachen.

Doña Isabel und ich sahen uns schweigend an und horchten. Ihr Blick verriet Intelligenz und einen Sinn für Humor.

Wie ich schien sie sich darüber zu amüsieren, dass meine Mutter nicht wusste, wo ich war. «Kann denn von euch beiden keiner aufmachen!», schimpfte sie lautstark und riss die Tür auf.

Als sie die beiden Frauen sah, veränderte sich ihr Gesichtsausdruck.

«Ah … Hallo. Guten Tag», grüßte sie kühl.

Sie warf mir einen kurzen Blick zu, als passte ihr meine Anwesenheit ganz und gar nicht.

«Guten Tag, Doña Marta», sagte die Señora de Freire. «Entschuldigen Sie, dass wir einfach so hereinplatzen.» Und nach einem kurzen Schweigen: «Wir waren spazieren und dachten, wir könnten Enrique und seine Familie besuchen.»

Daraufhin blickte meine Mutter zu Doña Isabels Begleiterin, die jedoch stumm blieb und mit ausdruckslosem Blick auf einen unbestimmten Punkt zwischen dem Kopf meiner Mutter und dem Türrahmen starrte, als hätte das, was gerade vor sich ging, nichts mit ihr zu tun.

«Mein Mann schläft.»

«Ah … So, so … Ach, lassen wir das höfliche Getue!», rief die Señora de Freire plötzlich in vollkommen anderem Tonfall. «Mich treibt die Neugier hierher. Angeblich hat Enrique, Ihr Mann, ein ziemlich … bemerkenswertes Bild gemalt.»

Ich wusste es!, dachte ich. Sie wird baff sein, wenn sie es sieht!

«Wenn es um das Bild geht, das kann auch ich Ihnen zeigen», sagte meine Mutter und sah verwundert zu, wie Doña Isabel sich auf den Arm ihres Dienstmädchens stützte. «Das Bild befindet sich in der Schule.»

«Da wäre ich Ihnen sehr verbunden.»

«Einen Moment.»

Meine Mutter drehte sich um und wollte schon hineingehen, vielleicht um sich die Schürze auszuziehen, da stand plötzlich mein Vater in der Tür. Man merkte ihm nicht an, dass er geschlafen hatte, er war sauber und gepflegt wie immer.

«Guten Tag, Doña Isabel», sagte er herzlich. «Was für eine Überraschung! Kommen Sie doch rein und trinken Sie etwas. Sie sind sicherlich müde.»

«Danke, lieber nicht. Wir sind ein wenig in Eile. Außerdem platze ich vor Neugier. Eben habe ich zu Ihrer Frau gesagt, dass ich es kaum erwarten kann, das berühmte Porträt zu sehen.»

«So, so», bemerkte mein Vater bescheiden, «dann ist es Ihnen also zu Ohren gekommen.»

«Kümmerst du dich darum?», unterbrach ihn meine Mutter. «Ich habe zu tun.»

«Also …», stammelte mein Vater.

«Dann lasse ich euch allein. Señora …»

Doña Isabel deutete ein Nicken an und sah meiner Mutter lächelnd nach.

«Dann wollen wir mal», meinte mein Vater beschwichtigend, «das Bild steht in der Schule.»

Ich schlich den dreien ins Klassenzimmer hinterher. Wir waren noch nicht um das Haus herum, als die Señora bei einer Steinbank überraschend haltmachte.

«Warte hier auf mich», sagte sie leise zu ihrem Dienstmädchen. «Ich brauche nicht lang.»

Die Frau setzte sich hin, nicht überhastet, sondern mit dieser ausdruckslosen Würde, die all ihre Bewegungen auszeichnete. Sie saß steif da und starrte vor sich hin. Dass sie ausgeschlossen worden war, schien ihr nicht das Mindeste auszumachen. Ich betrachtete sie, dann rannte ich los, um meinen Vater und Doña Isabel einzuholen, die die Schule betraten.

Ich bekam gerade noch einen Teil mit von dem, was mein Vater sagte.

«… müssen Sie entschuldigen, sie ist etwas durcheinander. Was soll ich sagen, wir hatten nicht damit gerechnet, dass wir noch einmal Nachwuchs bekommen würden …»

So erfuhr ich also nebenbei, dass der Familienzuwachs nicht geplant gewesen war. Ich würde, wenn sich eine gute Gelegenheit ergäbe, meine Eltern fragen, was es damit auf sich hatte. In diesem Augenblick schien mir mein Vater vor allem damit beschäftigt, die Señora zuvorkommend zu behandeln. Ich verstand ihn sehr gut: Schließlich hatte Doña Isabel ihm schon einige Bilder abgekauft, sie war so etwas wie seine Mäzenin.

«Einen Moment. Das Bild ist hinten im Abstellraum», sagte er und öffnete eine kleine Tür am anderen Ende des Klassenzimmers.

«Das haben Sie aber schnell verschwinden lassen.»

«Ich musste es vor der Feuchtigkeit schützen. Im Haus kann ich es nicht aufhängen, ich wüsste auch gar nicht, wo. Anfangs hing es hier an der Wand, aber es hat die Kinder zu sehr abgelenkt.»

«Franco und Cándida», bemerkte die Señora de Freire, «die Schöne und das Biest. Die beiden nebeneinander aufzuhängen, das kann man auch nur in einer abgelegenen Gegend wie hier. Schade, dass Sie sie wieder getrennt haben!»

Mein Vater hob das Gemälde an, das zur Wand hin stand, sodass wir es nicht sehen konnten.

«Bitte drehen Sie sich kurz um. Orlando, mach die Jalousie hoch. Wer hat die überhaupt runtergelassen?», schimpfte er. «Als nähmen die Wolken nicht schon genug Licht weg!»

Während mein Vater nach dem Haken an der Wand tastete, zog ich die Jalousie hoch. Doña Isabel war der Aufforderung meines Vaters gefolgt und hatte ihm den Rücken zugewandt. Im Gegensatz zu ihrem Dienstmädchen sah sie einem immer direkt in die Augen.

«Sie können sich jetzt …», sagte mein Vater.

Doña Isabel drehte sich um, und es war, als würde Cándida sie von dort aus ihrerseits ansehen. Stille trat ein. Weil ich die Jalousie befestigen musste, sah ich nur den Rücken der Señora, den Dutt, mit dem ihre Haare so streng hochgesteckt waren, dass auf ihrem langen Nacken kein einziges Härchen mehr zu sehen war; vollkommen unbeweglich stand sie da. Die macht bestimmt Augen, dachte ich.

Ich ging zu meinem Vater, sodass ich jetzt auch das Gesicht der Señora sehen konnte. Sie schwieg, versuchte, gelassen und konzentriert zu wirken. Aber das rhythmische Heben und Senken ihrer Brust verriet, dass sie innerlich aufgewühlt war.

«Sie hatten mich gar nicht darüber informiert», sagte sie nach einer kleinen Ewigkeit, «dass Sie ein solch ambitioniertes Werk in Angriff nehmen wollten.»

«Ich dachte, es wäre nicht nötig», rechtfertigte sich mein Vater. «Wir sind Ihnen wirklich sehr dankbar für das, was Sie für mich tun, aber als Künstler brauche ich meine Freiheit, kann ich mich nicht abhängig machen von …»

«Natürlich. Verstehen Sie mich bitte nicht falsch. Zumal Sie von dieser Freiheit ja keinen schlechten Gebrauch gemacht haben.»

«In aller Bescheidenheit …»

«Das Bild gefällt mir», unterbrach sie ihn. «Sehr sogar. Wie Sie die Unschuld eingefangen haben. Das hat etwas Kultisches. Sie huldigen der Schönheit und zeigen gleichzeitig, wie soll ich sagen, großen Respekt und Edelmut. Wobei das Modell», fügte sie hinzu und sah dabei zum ersten Mal meinen Vater an, «auch andere Interpretationen zugelassen hätte.»

«Genau das hat mir vorgeschwebt. Sollte es mir gelungen sein, wäre das wunderbar. Ich hasse nämlich diese zweideutige Sentimentalität, dieses einschmeichelnd Verführerische eines Jean-Baptiste Greuze, Sie wissen schon, *Der zerbrochene Krug* und solche Sachen … Ganz zu schweigen von der schmierigen Erotik eines Romero de Torres. Das wollte ich unbedingt vermeiden.»

«Ja, man sieht es am energischen, wie soll ich sagen, ehrlichen Pinselstrich.» Dann kniff sie die Augen zusammen und fügte hinzu: «Simoneta Vespucci, gemalt von … Zuloaga?»

«Beide Bezüge liegen auf der Hand.»

«Wo auch immer Sie Ihre Inspiration herhaben: Ihnen ist ein großes Bild gelungen. Ein phantastisches Porträt.»

«Sie wissen gar nicht, wie …»

«Trotzdem», fiel sie ihm ins Wort, «konnten Sie der Versuchung nicht widerstehen, das Modell ein wenig zu idealisieren.»

«Ich habe das Beste aus ihr herausgeholt. Wie Wasser aus einem Brunnen. Es war ein bewusster Akt, es war das, was ein Künstler tun muss.»

«Ich habe dieses Mädchen auch schon ganz anders gesehen, mit Ohren, die so dreckig waren wie die der Schweine, die es füttert. Ganz zu schweigen von …»

«Das Bild, das Sie da von ihr zeichnen, ist nicht sehr objektiv», schnitt mein Vater ihr nun seinerseits beleidigt das Wort ab. «Und wieso auf einmal so kritisch? Wie ich gehört habe, wollen Sie sie doch als Dienstmädchen einstellen und haben deswegen bei ihrer Mutter angefragt.»

«Nicht als Dienstmädchen», erwiderte die Señora de Freire, plötzlich unsicher geworden, «sondern … Sie würde gut dafür bezahlt. Ich brauche jemanden, der mein Bein pflegt. Außerdem würde ich dafür sorgen, dass sie auf eine höhere Schule gehen kann.»

«Das hat meine Frau auch schon versucht. Natürlich mit anderen Mitteln, schließlich haben wir kein Geld. Sie hat sich dafür eingesetzt, das Mädchen aufs Gymnasium zu schicken, nach Ribadauga. Himmel und Hölle hat sie dafür in Bewegung gesetzt, ihr ein Stipendium besorgt. Aber Cándidas Mutter ist ein … harter Knochen.»

«Wem sagen Sie das? Immerhin haben Sie ja erreicht, dass sie Ihnen Modell sitzen durfte.»

«Das ist etwas anderes.»

«Ja, natürlich. Aber … Lassen wir das Thema. Reden wir übers Geschäft», sagte sie und legte eine theatralische Pause sein. «Ich kaufe Ihnen das Bild ab.»

Mein Vater wurde ernst und antwortete, ohne zu zögern:

«Das Bild ist nicht verkäuflich.»

«Ich bezahle gut dafür. Mir ist schon klar, dass es einiges wert ist.»

«Darum geht es nicht. Ich danke Ihnen für Ihr Angebot. Aber dieses Bild kann ich Ihnen nicht verkaufen.»

Sie verstummten und schienen ihre Positionen zu überdenken. Die Señora zeigte erste Anzeichen von Nervosität. Und beide taten so, als wäre ich nicht da.

«Was wollen Sie überhaupt mit dem Bild?», fragte die Señora de Freire plötzlich schroff. «Es hier verstecken? Sie wissen ja nicht einmal, wo Sie es aufhängen sollen.»

«Und Sie? Was wollen Sie damit? Das ist schließlich ein Porträt. Also etwas sehr Persönliches.»

Ich war beeindruckt, wie standhaft sich mein Vater zeigte. Und die Señora schien nicht beleidigt zu sein, im Gegenteil, es war ein Ringen auf Augenhöhe.

«Warum?», fragte sie schließlich. «Es ist das Beste, was Sie je gemalt haben. Vielleicht werden Sie nie wieder etwas so Gutes malen.»

Mein Vater seufzte, gab sich aber nicht geschlagen.

«Ich kann Ihnen das Bild nicht überlassen», sagte er schließlich und hielt kurz inne, um neue Kraft zu schöpfen, «weil es Cándida gehört. Ich bewahre es für sie auf, bis sie volljährig ist. Das mache ich immer so. Ich schenke allen, die mir Modell sitzen, hinterher das Bild. Und in diesem Fall kommt noch hinzu, dass es nicht Delfina in die Hände fallen soll.»

«Es wird ihr so oder so in die Hände fallen.»

«Das wissen wir nicht. In sechs Jahren kann viel passieren.»

Die Señora de Freire unternahm einen letzten Versuch, ließ dafür sogar von ihrer Position der Stärke ab und schlug einen flehentlicheren Ton an. Plötzlich fand ich sie wunderschön.

«Bitte! Verkaufen Sie es mir! Oder wenn Sie es schon nicht verkaufen wollen, dann leihen Sie es mir wenigstens. Bei mir wäre es besser aufgehoben als bei Ihnen. Und wenn es so weit ist, werde ich es der rechtmäßigen Besitzerin höchstpersönlich übergeben.»

«Señora», erwiderte mein Vater, der sich sichtlich unbehaglich fühlte. «Bitte bedrängen Sie mich nicht. Zwingen Sie mich nicht, unhöflich zu sein. Ich … Ich schätze Sie nämlich sehr.»

«Nichts für ungut», erwiderte Doña Isabel, die offenbar blitzschnell die Kontrolle über sich zurückgewonnen hatte. «Sagen wir, ich musste es versuchen. Jedenfalls beglückwünsche ich Sie. Ich bewundere Künstler und ihre Wahrheitsliebe. Und der Respekt vor geistigem Eigentum ist mir heilig.»

«Es ist alles, was ich habe.»

«Ich weiß. Wie gesagt, ich respektiere es.»

«Und ich danke Ihnen dafür.»

«Trotzdem sind Sie mir einen Ausgleich schuldig.»

«Sagen Sie mir, was ich tun soll, und ich tue es», erwiderte mein Vater etwas entspannter. «Es sei denn, es geht … Wie hieß es früher? ‹Gegen Gott oder die Ehre.›»

«Nicht, dass ich wüsste. Ich will, dass Sie auch mich porträtieren. Vielleicht küsst Sie die Muse erneut, und Sie bescheren uns ein weiteres Meisterwerk. Wobei mir eine innere Stimme sagt», fügte sie mit müdem Spott hinzu, «dass es nicht das Gleiche sein wird. Natürlich zahle ich, was Sie verlangen.»

«Tja, Geld war noch nie Ihr Problem», entgegnete mein Vater.

«Jetzt hören Sie schon auf! Dieses absurde Klassendenken habe ich noch nie verstanden. Wieso ist Geld so wichtig für euch? Offensichtlich kann ich mit Geld auch nicht alles kriegen, was ich will. Sie hingegen …»

Mein Vater konnte sich ihrer Bitte schlecht verweigern, aber es war ihm anzusehen, wie überrascht er war, ja fast ein bisschen durcheinander. Er führte erst logistische Probleme ins Feld – dass das Porträt bei ihr zu Hause angefertigt werden müsste –, gestand dann aber ein, ihm bereite vor allem Sorgen, wie meine Mutter reagieren würde, die er nicht so leicht von dieser neuen «Arbeit» überzeugen könne.

«Das kriegen Sie schon hin», sagte die Señora de Freire. «Wenn Sie etwas wollen, können Sie sehr überzeugend sein, sonst hätten Sie es nicht geschafft, dass Cándida Ihnen mit dieser Natürlichkeit Modell saß.»

«Ach was, das war nicht so schwer. Sie war schlicht ein gutes Modell.»

«Allerdings», bemerkte die Señora ironisch. «Eine Perle unter Säuen. Ein Rohdiamant.»

Schließlich wurde verabredet, dass mein Vater am nächsten Tag zu ihr kommen sollte, um das Terrain zu sondieren und vielleicht schon eine erste Skizze anzufertigen. Dann verabschiedeten sie sich ohne jegliche Höflichkeitsfloskeln. Mein Vater trug mir auf, Doña Isabel bis zum Weg zu begleiten, er selbst müsse das Bild wieder verstauen.

Ich wunderte mich über diesen abrupten Abbruch des Gesprächs, gehorchte aber, ohne mir weitere Gedanken zu machen.

Draußen unterhielt sich mein Bruder Norberto mit dem Dienstmädchen von Doña Isabel. Er stand, während sie nach wie vor auf der Bank saß, in derselben Haltung wie zuvor. Als wir näher kamen, bemerkten wir, dass Norberto eifrig auf sie einredete, sie ihn aber keines Blickes würdigte. Als sie jedoch die Señora kommen sah, erhob sie sich sofort und bot ihr mit schlafwandlerischer Präzision den Arm.

«Kann dein Dienstmädchen nicht sprechen?», fragte mein Bruder die Señora de Freire mit berechtigter Neugier.

«Sie ist nicht mein Dienstmädchen, sie ist meine Zofe.»

«Und warum spricht sie nicht? Ist sie stumm?»

Doña Isabel blieb stehen und beugte sich zu meinem Bruder hinunter, bis sie mit ihrem Gesicht auf seiner Höhe war.

«Nein, sie ist nicht stumm», erklärte sie und schob ihren Kopf noch näher an ihn heran. «Eine Katze hat ihre Zunge gefressen!»

Instinktiv – aus Abscheu oder aus Angst – wich Norberto einen Schritt zurück. Der bekannte Spruch, den Kinder so oft zu hören bekamen, hatte aus dem Mund der Señora, durch den Ton und durch den Glanz in ihren Augen, eine beunruhigende Bedeutung erhalten, die meinen Bruder erschreckte. Selbst mich, der ich mich gerade ein wenig in Doña Isabel verliebt hatte, schauderte es, als wäre an dem, was sie gesagt hatte – so absurd es auch war –, auf eine unheimliche Art etwas Wahres dran.

An jenem Abend lag ich noch lange wach, sodass ich mitbekam, wie meine Eltern immer hitziger miteinander sprachen. Mal war kaum zu hören, was sie sagten, mal redeten sie im Eifer des Gefechts so laut, dass ich alles verstehen konnte. Durch den Lichtspalt unter der Tür sah ich Schatten vorbeihuschen, in einem Rhythmus, der den knarrenden Schritten auf dem Holzboden entsprach. Es musste mein Vater sein, der in solchen Fällen, wenn er mit einem reglosen, darum aber nicht minder gefährlichen Gegner einen intellektuellen Fechtkampf focht, im Wohnzimmer hin und her ging wie ein Raubtier in seinem Käfig.

«Ich mag diese Frau nicht, Enrique! Egal, was du sagst, ich mag sie einfach nicht!»

«…»

«Du hättest nein sagen können! Sie kann dich nicht dazu zwingen.»

«Aber, Frau. Ich kann es ihr nicht verweigern. Es ist kein Zwang, es ist eine moralische Verpflichtung. Sie hat uns sehr geholfen. Meine Arbeit …»

«Wenn es nach mir gegangen wäre, hättest du sie nicht anzunehmen brauchen, das weißt du ganz genau.»

«Ja, das weiß ich. Aber ich weiß auch, dass wir das Geld bitter nötig haben!»

«Ich mag sie nicht, Enrique! Und was man sich alles über sie erzählt …»

«Du gibst doch sonst nichts auf solchen Tratsch!»

«Es heißt, die beiden seien Lesben. Sie und diese Bohnenstange von Dienstmädchen.»

«Die Leute sind dumm und böswillig! Wenn zwei Frauen allein leben und keinen Mann brauchen, sind sie gleich lesbisch. Unglaublich, dass du dich von dieser Intoleranz anstecken lässt!»

«Enrique, ich bitte dich, geh nicht hin! Noch kannst du einen Rückzieher machen. Sag ihr, du hättest es dir anders überlegt!»

«Marta, bitte, es reicht! Es geht nicht, das habe ich dir doch schon gesagt! Es sind nur vier Tage, vier läppische Tage. Und gut bezahlt ist es auch.»

«Genau. Sie kauft dich, sie bezahlt dich dafür, dass du ihr Gesellschaft leistest!»

«Was redest du denn da!»

«Pst! Schrei nicht so. Sonst hören uns noch die Kinder. Bestimmt ist Orlando längst aufgewacht.»

Der Schatten, der in diesem Augenblick unter der Tür einfiel, erstarrte, und im ganzen Haus machte sich eine gespannte Stille breit, in der noch der Streit nachhallte und nur das Ticken der alten Wanduhr und das sanfte Zischen der Karbidlampe zu hören waren. Ich rührte mich nicht, tat so, als würde ich schlafen. Weil ich mich ertappt fühlte, hatte ich den Kopf seitlich ins Kissen gedrückt, sodass ich meinen Bruder sah. Überrascht bemerkte ich in dem schummrigen Licht, das durch den Türspalt einfiel, dass Norberto die Augen geöffnet hatte und mich ansah, dass er so wach war wie ich selbst. Nach einer Weile nahmen meine Eltern ihr Gespräch wieder auf, aber so leise, dass ich nicht mehr verstand, was sie sagten. Vielleicht hatten sie sich durch die Unterbrechung etwas beruhigt. Ich hingegen hatte eines der beiden Wörter, die ich soeben entdeckt hatte, schon wieder vergessen, obwohl ich mir fest vorgenommen hatte, mir beide bis zum nächsten Tag zu merken. Ich war überzeugt, dass an ihnen etwas Verbotenes war.

Das andere Wort, das Wort, das ich nicht vergessen hatte, wollte ich gleich nach dem Aufstehen nachschlagen. Über diesem Gedanken schlief ich ein.

Der Jagdpavillon

Señora de Freire lebte in einem zwischen Bäumen versteckten Jagdhaus am äußersten Ende des Waldes, der ihrer Familie schon seit Menschengedenken gehörte. Es war ein dichter, naturbelassener Wald. Er erstreckte sich den Hang hinunter bis zum Fluss. Das Haus war einmal ein Lustpavillon gewesen, in den sich Doña Isabels Großeltern, die Gutshäuser in Vegadauga und Semellade besaßen, gelegentlich zurückgezogen hatten, um zu jagen und zu angeln; zwei Aktivitäten, für die kein besserer Ort denkbar war.

Als meine Eltern nach Brañaganda zogen, war der Pavillon seit Jahrzehnten verschlossen; seit dem Bürgerkrieg hatte ihn kein Mensch mehr betreten; aber dann war die Señora aufgetaucht, hatte das Gebäude renovieren lassen und zog ein. Im Dorf stieß die neue Bewohnerin auf Argwohn und Misstrauen. Viele erinnerten sich noch an ihre Familie, aber keiner hatte je von dieser letzten Nachfahrin gehört. Sie wiederum zeigte nicht die geringste Neigung, die Neugier der Einwohner zu befriedigen. Und wie so oft wurde das, was nicht herauszufinden war – und das war einiges –, durch Gerüchte ersetzt. Zu den Spekulationen über ihr Alter, das sich in der diffusen Grauzone zwischen vierzig und fünfzig bewegte, gesellte sich der Tratsch über sie und ihr Dienstmädchen – wie wir bereits hörten –, darunter einiges, was jeglicher Grundlage entbehrte: Es hieß, sie sei morphiumsüchtig, habe als Geliebte eines berühmten

Dichters in Paris gelebt, verstecke einen Teil des im Bürgerkrieg nach Moskau geschafften Staatsgoldes und habe eine schreckliche Missbildung am Bein.

Mein Vater – der von allen im Tal den meisten Umgang mit ihr pflegte – reagierte stets verächtlich, wenn bei Gesprächen mit den Einheimischen ein solches Gerücht aufkam, und versuchte reflexartig, mit einer rationalen Erklärung dagegenzuhalten. «Die Señora ist eine sehr intelligente und gebildete Frau», sagte er dann. «Ihr Problem ist nur, dass sie sich weigert, die Rolle anzunehmen, die ihr die Gesellschaft zuweist, und das weckt eben Abneigung und Misstrauen. Bestimmt hat sie in jungen Jahren ein wildes, vielleicht auch sehr wildes Leben geführt, aber jetzt ist sie zu einer Art Misanthropin geworden, die die Einsamkeit sucht und nur noch eines will, dass man sie in Ruhe lässt.»

An dem Tag, an dem mein Vater zu ihr ging, um ihr Porträt zu malen, begleitete ich ihn. Mit Staffelei, Leinwand und Farbkasten bepackt, stiegen wir den beschwerlichen Weg hinab zu ihrem Haus. Nach einer Viertelstunde machten wir zwischen den Baumwipfeln ein Giebeldach aus. Vom Pfad aus, der weiter zum Fluss hinunterführte, konnte man meinen, es handle sich um eine Märchen- oder Holzfällerhütte; wenn man aber näher kam, entdeckte man, dass dieses schlichte Giebeldach nur der Ausläufer eines Gebäudeflügels war und es noch weitere Flügel und Anbauten gab, die in die entgegengesetzte Richtung ausgerichtet waren, hin zu einem flacheren, freien Gelände. Ich hatte das Haus schon oft von dieser Stelle aus gesehen oder von den Bergen auf der anderen Seite des Tals, von wo es wie eine Ansammlung baumumsäumter Felsen wirkte. Betreten hatte ich es noch nie, und genau darin lag für mich der Reiz dieses Ausflugs; und natürlich in der Chance, noch einmal diesen Blick zu erhaschen, der mich so sehr verwirrt hatte.

Doña Isabel empfing uns mit der nüchternen, ungekünstelten Freundlichkeit, die sie auszeichnete, und führte uns über düstere Flure und durch mehrere mit Vorhängen und antiken Möbeln bestückte Zimmer zu dem Ort, den sie für das Porträt ausgewählt hatte: eine gläserne Veranda, die zu einem kleinen Garten mit einer nicht mehr genutzten Laube ging. Einen besseren Ort konnte man sich wahrlich kaum vorstellen. Merkwürdig fand ich allerdings, dass nicht das Dienstmädchen uns geöffnet hatte und dass wir ihm auch bei unserem Gang durch das Haus nicht begegnet waren. An diesem Vormittag ließ sie sich nicht blicken, und auch am nächsten nicht; erst am letzten Tag – als ich mir schon die schaurigsten Geschichten zurechtgelegt hatte – war sie plötzlich wieder da, als wäre nichts, und begleitete uns – stumm wie immer – zur Tür.

Wir betraten die Glasveranda. Mein Vater legte sich mit der für ihn typischen Gelassenheit die Arbeitsutensilien zurecht und ließ sich auch nicht von der Señora aus der Ruhe bringen, die sich gleich zu Beginn an ihren Platz gesetzt hatte und ihre Ungeduld kaum verhehlte. Mein Vater erteilte ihr Anweisungen, wie genau sie zu posieren hatte, als er sich plötzlich, als hätte er mich jetzt erst bemerkt, zu mir umdrehte.

«Was ist mit dir?», fragte er. «Ich dachte, du wolltest mir nur helfen, die Sachen herzubringen.»

«Mama hat gesagt, ich soll die ganze Zeit bleiben», antwortete ich.

Die Señora lächelte, während mein Vater das resignierte

Gesicht machte, das ich so gut an ihm kannte. Ich hatte mich zwar nicht eben diplomatisch gezeigt, aber das Argument, mit dem ich mein Bleiben rechtfertigte, war unschlagbar.

«Na gut. Wenn deine Mutter dich darum gebeten hat, dann musst du ihr auch gehorchen. Aber nicht, dass du dich langweilst. Malen erfordert Zeit, und ich kenne dich.»

Ich wollte mich schon darüber beschweren, dass er mir nicht vertraute, aber die Señora kam mir zuvor.

«Lassen Sie ihn nur, Don Enrique, er wird bestimmt brav sein. Du kannst dir ja ein Buch nehmen, wenn dir langweilig wird», fügte sie an mich gewandt hinzu. «Manche haben schöne Illustrationen. Und Licht zum Lesen hast du hier ja reichlich.»

Ich ließ mir Zeit, bis ich ihrem Rat folgte. Dabei wusste ich, dass es in dem Haus eine richtige Bibliothek gab, ein Zimmer, dessen Wände bis zur Decke mit Bücherregalen bestückt waren. Auch in dem Raum, in dem wir uns befanden, stand ein massives Holzregal mit den Bänden einer Enzyklopädie und botanischen und naturwissenschaftlichen Werken. Ich begann in einem Band über Anatomie zu stöbern. Leicht aufgeregt blätterte ich darin, in dem sicheren Gefühl, dass mir meine Ecke Schutz bot und der Maler und sein Modell zu konzentriert waren, um mich zu beachten. Aber je weiter ich blätterte, desto abstoßender wurden die Bilder: Eingeweide und Missbildungen, sezierte Rümpfe und Glieder – Muskeln, Sehnen, Fettschicht –, sichtbar gemacht dadurch, dass die Haut erbarmungslos mit Haken angehoben war, als wäre sie ein Vorhang aus Schmerz und Ekel.

Ich verließ meine Ecke, um meinen Vater bei der Arbeit zu beobachten. Die Señora trug ein elegantes, aber schlichtes Kleid; sie saß auf einem prächtigen Lehnstuhl und hielt ein Buch in der Hand, zwischen dessen Seiten ihr Zeigefinger lag, als hätte sie ihre Lektüre unterbrochen, um nach draußen in die Landschaft zu schauen oder um einem unsichtbaren Gesprächspartner zu antworten.

Mein Vater hatte den Kohlestift noch keine fünfzehn Minuten geführt, als die Señora ihn zum ersten Mal unterbrach.

«Haben Sie schon mit dem Kleid begonnen?», fragte sie wie aus heiterem Himmel.

«Also, ich …»

«Warten Sie einen Moment. Ich habe etwas vergessen.»

Doña Isabel erhob sich und ging zu einem Tisch in der Nähe, neigte den Kopf zur Seite und begann, mit beiden Händen an ihrem Ohr zu hantieren.

«Ich will auf dem Bild keinen Schmuck tragen», sagte sie und legte den ersten Ohrring auf den Tisch.

«Wie Cándida?», fragte ich.

«Ja», sagte sie bedächtig, ohne mich anzusehen. «Wie Cándida.»

«Ach, Orlando», wies mein Vater mich zurecht, «die Bücher, die du gleich wieder weggelegt hast, sind garantiert interessanter als diese Phase meiner Arbeit.»

Ich verstand die Anspielung. Trotzdem sah ich weiterhin fasziniert der Señora zu, die mit vornehmen Bewegungen noch die Halskette, mehrere Ringe und schließlich ihren Armreif ablegte.

«So ist es besser», sagte sie schließlich zufrieden, kehrte zum Lehnstuhl zurück und nahm wieder ihre Pose ein.

«Aber Sie tragen ja immer noch einen Ring», rutschte es

mir heraus, als mein Blick auf ihre linke Hand fiel. «Wieso haben Sie den nicht abgezogen?»

«Orlando!», schimpfte mein Vater.

«Keine Sorge. Ist doch normal, dass er fragt. Diesen Ring», erklärte sie und sah mir zum ersten Mal in die Augen, «lege ich nie ab. Ich könnte ihn auch gar nicht ablegen, selbst wenn ich es wollte, weil er mir nämlich zu klein geworden ist und man ihn aufschneiden und hinterher wieder zusammenfügen müsste. Und das will ich nicht. Weil er eine besondere Bedeutung für mich hat. Ich hoffe, ich konnte deine Neugier befriedigen.»

Ihr Tonfall stellte unmissverständlich klar, dass weitere Fragen nicht erwünscht waren, also beschränkte ich mich auf das nicht geringe Privileg, weiterhin zusehen zu dürfen.

Mein Vater hatte die Kohlezeichnung schnell beendet und machte sich nun daran, mit sicherem Pinselstrich die Grundfarben aufzutragen. Es war ihm anzusehen, dass er diese eher mechanische und entspannte Phase, die das Endergebnis in keiner Weise beeinträchtigte, sehr genoss.

Die Señora, die in Gesprächen so gelassen und beherrscht war, entpuppte sich als unruhiges, außerordentlich nervöses Modell. Ständig unterbrach sie die Arbeit und bat um eine Erholungspause, weil ihr angeblich ein Bein oder ein Arm taub geworden war; dann ging sie im Zimmer hin und her und wechselte mit meinem Vater nur aus Höflichkeit einige Worte. Bei der dritten oder vierten Unterbrechung entdeckten wir schließlich den Grund für ihre Nervosität: Doña Isabel rauchte. Sie bat um Entschuldigung und holte eine Zigarette aus einer kleinen Holzkiste, die bis dahin unschuldig auf dem Tisch gestanden hatte. Mein Vater war kein bisschen verwundert, oder wenn, dann überspielte er es geschickt. Ich hingegen war schockiert, denn ich hatte noch nie eine Frau rauchen sehen. Außerdem rauchte mein Vater nicht und hatte auch nie geraucht, wodurch das Laster der Señora etwas noch Exotischeres, ja fast Verbotenes bekam.

Als sie ihre erste Zigarette anzündete, lustvoll daran zog und den weißen Rauch durch Mund und Nase entweichen ließ, muss ich sie angestarrt haben wie ein Trottel, der ich zu dieser Zeit ja auch war; jedenfalls reagierte sie mit einem verächtlichen und vage gereizten Lächeln und blickte sich nervös um. Mit dem Genuss, den ihr die erste Zigarette bereitet hatte, war es schnell vorbei; von da an rauchte sie gehetzt, fast zwanghaft; sobald sie sich aus dem Lehnstuhl ihrer Qualen erhob, stürzte sie sich auf das Holzkistchen. Manchmal zündete sie sich eine Zigarette an, nur um sie Sekunden später im Aschenbecher wieder auszudrücken, Platz zu nehmen und «Weiter geht's» zu rufen, während aus ihrem Mund noch der letzte Rauch entwich.

Zu allem Unglück – oder vielleicht auch, weil er unter dieser Atmosphäre aus Rauch und Zwanghaftigkeit litt, die sich in der Glasveranda breitmachte – sah sich mein Vater mit Schwierigkeiten konfrontiert, mit denen er im Vertrauen auf seine Technik und sein unbestreitbares Talent als Porträtist nicht gerechnet hatte. Wenn er sich auf etwas verlassen konnte, dann auf seine Fähigkeit, jemanden lebensecht auf die Leinwand zu bannen. Nun aber wurde immer offensichtlicher, dass an dem Gesicht der Señora etwas war, das sich einfach nicht einfangen ließ; eine nicht greifbare Essenz, die nur der lebenden Materie innewohnt.

Dass mein Vater Schwierigkeiten hatte, machte sich bereits am ersten Tag bemerkbar, aber weil er ein gelassener

Mensch war, wenn er malte, verlor er nicht gleich die Nerven. Er wandte sich erst einmal dem Hintergrund zu und erklärte dann die schier endlos dauernde Sitzung vorzeitig für beendet. Am zweiten Tag stieß er jedoch gegen die gleiche Wand. Von da an begann er sich ernsthaft Sorgen zu machen. Etwas an Doña Isabels Gesicht entzog sich ihm, sosehr er sich auch einredete, es wäre reine Einbildung. Obwohl gut zu erkennen war, dass es sich um Doña Isabel handelte, hatte die Frau auf der Leinwand etwas Ungenaues; etwas, das mein Vater nicht gutheißen konnte, das ihm aber umso mehr entglitt, je eifriger er es einzufangen versuchte.

Seine Bemühungen, das sinkende Schiff zu retten, wurden immer verzweifelter. Er versuchte alles, änderte seinen Blickwinkel, bat um einen Spiegel, damit er beide Gesichter – das gemalte und das reale – aus dieser neuen, noch unverdorbenen Perspektive sehen konnte und entdecken, was nicht stimmte. Aber nichts half ihm, dem Fluch des Porträtisten zu entkommen, den er noch nie am eigenen Leib erfahren hatte.

Am dritten und letzten Tag öffneten wir die Fenster, um das Zimmer zu lüften; die Señora musste sich ihre Zigaretten inzwischen jedes Mal drehen, weil die – ebenfalls handgedrehten – Zigaretten im Kistchen längst aufgeraucht waren. Mein Vater versuchte es nun damit, dass er sie bat, beim Modellsitzen zu sprechen. Er wischte das Gesicht noch einmal weg und begann von vorn, veränderte die Position des Lehnstuhls, um besseres Licht zu haben. Trotzdem schnaubte, seufzte und fluchte er innerlich, weil er erneut ins Stocken geriet, weil das, was sowieso schon ein Albtraum war, ein Albtraum, so bedrückend wie die Atmosphäre in jenem Zimmer und in diesem ganzen düsteren, alten Haus, nur immer schlimmer wurde.

Aber mein Vater war willensstark und zäh. Wie jemand, der einen Toten wiederzubeleben versucht, zog er die letzte Sitzung immer weiter hinaus, weiter jedenfalls, als es vernünftig gewesen wäre, nur um am Ende doch noch zu kapitulieren und seine Niederlage einzugestehen.

«Es tut mir leid», sagte er bitter wie jemand, der in seinem Stolz gekränkt war. «Ich verstehe auch nicht, wie … Das ist mir noch nie passiert … Verzeihen Sie …»

«Machen Sie sich keine Gedanken. Es liegt an mir. Sie müssen sich nicht entschuldigen.»

Doña Isabel zeigte Verständnis, aber es war nicht zu übersehen, dass die Sache auch ihr zusetzte. Damals war ich ein Kind und bemerkte nicht, wie frustrierend dieses Scheitern war. Heute hingegen ist mir klar, dass die beiden sich gefühlt haben müssen wie nach einem nicht vollendeten Liebesakt; und dass auch der gegenseitige Respekt, den sie sich erwiesen, dieses unangenehme Gefühl, auf halber Strecke stehen geblieben zu sein, nicht auslöschen konnte. Und auch der Vergleich mit Cándida muss ihnen damals im Kopf herumgespukt haben, selbst wenn niemand – zum Glück auch ich nicht – auf sie zu sprechen kam.

Die Geschichte des gescheiterten Porträts hatte zur Folge, dass sich meine Verliebtheit in Doña Isabel so schnell verflüchtigte, wie sie entstanden war. Ich mochte ihre gierige Art zu rauchen nicht; ich mochte nicht, dass sich der Rauch aus ihrer Nase wand wie eine Schlange; und ich mochte schon gar nicht, dass sie mich nie wieder so angesehen hatte wie in der Schule. Ich mochte sie nicht mehr, weil alles an ihr so war wie das Anatomiebuch in ihrem Regal, wie der Streich, den sie Norberto mit ihrem Dienstmädchen gespielt hatte, etwas, das verheißungsvoll begann und mit einem Schauder endete, der sich anfühlte wie Angst.

Zweiter Teil

IN DER HAND VON BESTEIRO

Wissenschaft und Aberglaube

Cándidas Porträt entstand vierzehn Monate nach dem Tag, an dem Sara de Couceiro tot in der Schlucht aufgefunden worden war; und fünf Monate bevor man an der gleichen Stelle die ebenso schlimm zugerichtete Leiche von Cosmes Schwägerin Rosalía de La Veiga entdeckte. Den Grund für diese Lücke von anderthalb Jahren zwischen dem ersten und dem zweiten Opfer werden wir wohl nie erfahren. Er verblasst auch angesichts dessen, was danach geschah. Denn ab dem zweiten Opfer schlug der Werwolf pünktlich bei jedem Vollmond zu und löste damit eine Welle aus Furcht und Argwohn aus, die das ganze Tal und seine Bewohner erfasste, in diesem nicht enden wollenden Herbst des Aberglaubens. Aber auch vorher schon, als bekannt wurde, dass beide Frauen unter ähnlichen Umständen zu Tode gekommen waren, und schauerliche Details über den Zustand der Leichen die Runde machten, begann man offen von der Möglichkeit zu sprechen, dass der Täter ein Wolfsmensch sein könnte, jemand, der ein normales Leben führte – vielleicht sogar ein Bewohner der Schlucht –, der sich aber unter dem Einfluss des Vollmonds in einen Werwolf verwandelte und draußen umherstreifte, um seine Gier nach Menschenfleisch zu befriedigen.

Diese Theorie gewann rasch Anhänger und verbreitete sich im Tal, weil das Wundersame und Morbide bei einfachen Leuten oft einen guten Nährboden findet. Gelegentlich vertrat jemand vorsichtig die offizielle Version des Richters, dass nämlich der Täter ein unberechenbarer Wolf oder ein verwilderter Hund war. Aber die meisten Bewohner misstrauten den Dorfoberen und hielten sich an das, was die mündliche Überlieferung besagte; zu groß waren für sie die Übereinstimmungen, als dass sie es für Zufall hätten halten können. «Von wegen ein Hund! Das war der Werwolf!», hielt man jedem Verfechter der offiziellen Meinung entgegen. «Hast du nicht gehört, was er ihnen antut? Kein Tier hat einen so feinen Gaumen!»

Die sexuelle Komponente, die die Verbrechen zweifelsohne besaßen, nährte den Aberglauben, der genau in ihr eines der Wesensmerkmale der Bestie erkannte; und führte in den Runden, zu denen sich die Männer zusammenfanden, zu böswilligen, die Opfer denunzierenden Kommentaren, obwohl es sich um Frauen handelte, die alle gekannt hatten. Zu allem Überfluss ergaben die Ermittlungen im Fall von Rosalía, dass sie tatsächlich einen schändlichen Ehebruch begangen hatte, von dem nur wenige gewusst hatten und der auch der Grund gewesen war, warum sie sich in jener Nacht, als meine Mutter, mein Bruder und ich zum Arzt unterwegs gewesen waren, allein auf der Wiese von Coudelo herumgetrieben hatte.

Zwei Opfer hatte es gegeben, und schon wurde in den beiden letzten Sommerwochen in Brañaganda von nichts anderem mehr geredet. Wenn man sich an der Mühle oder an einem der Brunnen begegnete, war der Tod der beiden Frauen das beherrschende Gesprächsthema, wurden die schaurigsten Details zum Besten gegeben, verstieg man sich in alle möglichen Prognosen und Spekulationen über den Wolfsmenschen: den Werwolf, der längst nicht mehr nur eine Gestalt der kollektiven Phantasie war, sondern ein lebendiger Zeitgenosse, ein Wesen aus Fleisch und Blut, was ihn nur noch schrecklicher machte.

Die Folge von alldem war Angst. Angst, nach Einbruch der Dämmerung das Haus zu verlassen, argwöhnische Blicke in alle Richtungen, wenn die Nacht einen Bewohner in den Bergen überraschte, fernab von seinem sicheren Zuhause. Und Misstrauen – wie könnte es anders sein –, Verdächtigungen, verdeckte Ablehnung und Heuchelei, die vor allem die Eigenbrötler trafen, die zurückgezogen lebten oder schlicht nicht sonderlich gut gelitten waren. Sie alle gerieten in den Verdacht, dass in ihren Adern Wolfsblut floss. Es gab unter den Bewohnern aber auch Skeptiker, die sich von der vorherrschenden Meinung nicht beeinflussen ließen und ihr Leben weiterführten wie gehabt; die mit eiserner Logik argumentierten: «Wenn es sich wirklich um einen Werwolf handelt, wie alle sagen, braucht man sich bis zum nächsten Vollmond ja keine Sorgen zu machen.»

Auch mich erreichte der Widerhall der Ängste, die sich wie ein Schatten immer weiter im Tal ausbreiteten, allerdings in abgeschwächter Form, als wäre der Platz vor dem Haus und der Schule ein geschützter Strand, an dem der Sturm des Aberglaubens, der über den ins enge Tal gezwängten Bauernhöfen tobte, nur noch als harmloses Lüftchen ankam.

Das hatte hauptsächlich zwei Gründe. Einmal musste der Familienzuwachs integriert werden, die beiden Zwillinge, die eine Quelle der Freude, aber auch der Arbeit und Sorge waren; und ein unerwartetes Spielzeug für mich, der ich schon von jeher den Status eines größeren Bruders innehatte, aber auch für Norberto, der jetzt ebenfalls in diese

Kategorie aufgestiegen war. Und zum anderen hatte ich einen Filter, um nicht zu sagen: einen Schutzschild – den unerschütterlichen Glauben meines Vaters an die Vernunft, seine Skepsis, seine Wissenschaftlichkeit, seine Art, stets die Meinung der Mehrheit in Frage zu stellen. In dieser Hinsicht stand meine Mutter ohne Wenn und Aber an seiner Seite, pflichtete ihm in allem bei, weil er diese Weltsicht mit seiner Bildung und gutgewählten Argumenten zu untermauern wusste. Ich war schon immer einer seiner treuesten Anhänger gewesen und fand seine genauen Formulierungen und sein schier unerschöpfliches Wissen so überzeugend, dass ich seine Ideen auch bei Leuten verfocht, die sich nicht so leicht von irgendwelchen Begriffen beeindrucken ließen.

Als aber das Thema der Verbrechen zu Hause aufkam, wurde ich zum ersten Mal zum dialektischen Gegner meines Vaters. Vielleicht spukten mir noch die vielen Geschichten im Kopf herum, die sich die Männer an der Mühle oder meine Freunde beim täglichen Spielen erzählt hatten; vielleicht wollte ich ihn dafür bestrafen, dass er an dem Tag unserer Odyssee, die mit der Geburt der Zwillinge geendet hatte, nicht da gewesen war; vielleicht begehrte ich auch nur auf, weil ich dreizehneinhalb Jahre alt war und mich mit ihm messen wollte.

Es war Ende August. Fast jeden Morgen ging ich mit Freunden im Fluss schwimmen. Ich musste allerdings immer auf meinen Bruder Norberto aufpassen – noch eine Folge der neu hinzugekommenen Zwillinge – und dafür sorgen, dass er sich schön im Flachen aufhielt. Trotzdem waren diese Sommervormittage das reine Glück: der blaue Himmel, der so hell und strahlend war wie nie, diese angenehme Mischung aus Hunger und Schlaffheit, wenn wir nach dem Baden den Heimweg antraten, die noch angenehmer wurde durch die Aussicht auf das köstliche Essen, das meine Mutter in den Ferien kochte – frei vom Druck der Unterrichtszeiten, Norberto und ich mit nacktem Oberkörper im kühlen Wohnzimmer bei geöffneten Fenstern und Türen, umweht von einer sinnlichen Brise, die meinen Achselflaum streichelte.

Aber an jenem Tag – warum, weiß ich nicht mehr – kamen wir beim Mittagessen auf das Thema Werwolf.

«Famarelo sagt», erzählte ich bei Salat und gebratener Chorizo – Famarelo war einer der Freunde, mit denen ich schwimmen ging –, «dass man neben der Toten Spuren gefunden hat wie von einem Hund, nur größer und länger, aber der Richter hat sie sofort verwischt, damit niemand davon erfährt.»

«Na klar!», platzte es regelrecht aus meinem Vater heraus, in einem Ton, den wir nur allzu gut kannten. «Denen kannst du auch sagen, die Erde ist rund, und sie schauen dich skeptisch an von wegen: ‹Denk, was du willst, aber ich ...› Wenn man ihnen hingegen mit etwas Übernatürlichem kommt, glauben sie sofort daran. Schließlich hat man es ihnen jahrhundertelang eingetrichtert, damit sie so arm und ignorant bleiben wie eh und je.»

«Aber es stimmt!», ließ ich mich nicht beirren. «Totos Vater hat es selbst gesehen, er war als Erster am Fundort, er hat den Richter und die Polizisten hingeführt.»

«Du tust gerade so, als hättest du selber mit den Ermittlern gesprochen», entgegnete mein Vater, «dabei hat es dir nur Pepín Famarelo erzählt, der es wiederum von Toto hat, und der von seinem Vater. Wenn nicht noch mehr Personen dazwischen waren.»

Mich ärgerte der Ton meines Vaters. Für mich war eine versteckte Anspielung darauf herauszuhören, dass Famarelo ein sozialer Außenseiter war. Er war tatsächlich arm und hatte einen verschrobenen Vater, aber damals war er mein bester Freund. Ich bewunderte ihn dafür, dass er so viel über das Angeln und die Natur im Allgemeinen wusste.

«Das sagt nicht nur Pepín, das sagen alle!», nahm ich nach einem kurzen Schweigen das Thema wieder auf. «Beide Opfer wurden bei Vollmond getötet, beide wurden am selben Ort gefunden. Du bist der Einzige, der … Außerdem habe ich ihn selbst gesehen.»

«Gar nichts hast du gesehen!», schrie mein Vater nun.

Seine Reaktion war unerwartet aggressiv und so überzogen, dass es uns die Sprache verschlug. Sogar er selbst schien überrascht: Reglos stand er da und sah mich verblüfft an, als hätte ich ihn angeschrien. Kurz darauf seufzte er müde und fasste sich an die Stirn, ein Zeichen dafür, dass sein Denken wieder eingesetzt hatte und er den Vorfall bedauerte.

«Tut mir leid, mein Junge. Ich hätte dich nicht anschreien dürfen. Aber ich … ich konnte nicht anders; wenn jemand so denkt oder vielmehr eben nicht denkt, macht mich das ganz nervös. Ich … Wie soll ich das erklären? Die Leute dürfen denken, was sie wollen, aber du … du solltest eigentlich wissen, dass man die Dinge auch anders sehen kann. Hör zu …»

Ich begriff, dass mein Vater zu einer seiner Reden ansetzte. Wie immer reagierte ich zunächst gelangweilt, wusste aber auch, dass er mich am Ende mit seiner Wortgewandtheit in den Bann ziehen würde. Ich machte ein demonstrativ aufmerksames Gesicht und zwang mich dazu, ihm zuzuhören.

Mein Blick schweifte immer wieder zu meinem Bruder, der gedankenverloren mit einem Serviettenhalter herumspielte. Ich wusste allerdings, dass Norberto viel mehr mitbekam, als es den Anschein hatte, dass er viel von dem verstand, was zu Hause gesprochen wurde – oder es zumindest hinterher wiedergeben konnte.

«Diese Leute», begann mein Vater, «die meisten im Dorf, wenn nicht alle, greifen doch nur auf diese Erklärung zurück, weil sie es nicht besser wissen. Ihnen fehlt es an Bildung, an wahrer Bildung, die die Welt voranbringt. Stattdessen klammern sie sich an Traditionen, an Legenden, an Aberglauben: Nicht brillante Wissenschaftler oder Künstler formen ihr Denken, brillante Denker, sondern gewöhnliche Menschen wie Famarelo oder Damián de Boral oder der Müller, Menschen mit begrenztem Horizont, die nie aus diesen Tälern herausgekommen sind, die noch nie ein Buch gelesen haben. Das ist der reinste Mystizismus: eine primitive, infantile Welterklärung.» Als er mein erstauntes Gesicht sah, fügte er noch hinzu: «Damit wir uns nicht missverstehen: An sich ist das nichts Böses, aber es führt eben dazu, dass wir rückständig und arm bleiben. Natürlich hat es auch seinen Reiz. Zumal die Wissenschaft eher langweilig ist und der Phantasie wenig Spielraum lässt. Eine Welt voller Werwölfe, Hexen und Geister ist wesentlich interessanter, ja, ich würde fast sagen: schöner. Ich liebe zum Beispiel die phantastische Literatur, und im Grunde würde ich auch gern daran glauben, weil das Leben dann wesentlich aufregender wäre.»

«Warum hast du dann eine so große Abneigung dagegen?», unterbrach ich ihn.

«Weil ich nicht mehr an so etwas glauben kann. Dafür

habe ich zu viele Bücher gelesen. Mir will einfach nicht einleuchten, warum man auf übernatürliche Kräfte zurückgreifen muss, wo es doch logische Erklärungen gibt, naheliegende Erklärungen, die mit dieser Gegend zu tun haben. Glaub mir, mein Junge, am Ende wird sich diese natürliche Erklärung als richtig erweisen. Wahrscheinlich hat irgendein wildes Tier die armen Frauen getötet. Aus dieser so schlichten wie schrecklichen Wahrheit, zu der sich dann noch der eine oder andere Zufall gesellt, spinnen die Leute eine Geschichte, die mit tiefverwurzelten Ängsten zu tun hat und sich in Luft auflösen wird, sobald es keine weiteren Opfer mehr gibt und das Leben so mühselig weitergeht wie eh und je.»

Was mein Vater da sagte, hatte Hand und Fuß; aber etwas in mir begehrte gegen diesen oberlehrerhaften Ton auf, gegen diese herablassende Überlegenheit. Unwillkürlich regte sich weiterer Protest in mir, und so kam ich erbarmungslos auf den Punkt zu sprechen, der alles ausgelöst hatte.

«Und was ist mit dem, was ich in jener Nacht mit eigenen Augen gesehen habe?», fragte ich frech.

Ungeduld, ja Zorn huschte über sein Gesicht, aber er riss sich zusammen und blieb ruhig.

«Dann wollen wir das jetzt ein für alle Mal klären. Du bist ja schon groß, also kann man ganz offen mit dir reden. Ruf dir die Ereignisse jener Nacht noch einmal ins Gedächtnis, so, wie sie waren, ohne dich von dem beeinflussen zu lassen, was du später gehört hast. Also, was hast du gesehen?»

Ich zögerte, hatte Angst, in eine Falle zu tappen.

«Dann sage ich dir, was du gesehen hast», fuhr mein Vater fort, ohne mir Zeit zu geben. «Du hast gesehen, was deine Mutter gesehen hat, und das war nicht gerade viel. Du hast etwas gesehen, das weit entfernt war, das sich bewegt hat und das du nicht genau erkennen konntest; etwas, das du trotzdem vom ersten Moment an als ein Tier identifiziert hast. Das sind die Tatsachen. Der Rest ist Gefühl – die Nacht, die Dunkelheit, der Wind, die Angst.»

«Ich hatte keine ...»

«Lass mich ausreden! Du hattest vielleicht keine Angst, aber du warst nervös; in jedem Fall aufgeregt, weil es deiner Mutter nicht gutging. Und dann kam eins zum anderen, der schreckliche Vorfall in jener Nacht, das Gerede der Leute, die Legende vom Werwolf. Fertig war der Mythos. Was ich damit sagen will», ergänzte mein Vater, als er bemerkte, dass ich angestrengt nachdachte: «Das ist die Realität. Wenn du das, was du gesehen hast, mit dem barbarischen Mord in Verbindung bringst oder gar mit dem Vorfall vor einem Jahr, nur weil er am gleichen Ort stattgefunden hat, und wenn du das Ganze auch noch einem Werwolf zuschreibst und davon ausgehst, dass es weitere Opfer geben wird, ausschließlich Frauen, dann biegst du dir die Tatsachen zurecht, damit die Legende wahr wird. Du hast garantiert kein Wesen gesehen, das halb Mensch, halb Wolf ist», schloss er entschieden, «und das Frauen tötet und verschlingt.»

«Enrique!», rief meine Mutter empört.

«Nein, jetzt wird Tacheles geredet. Schauergeschichten kriegt er noch genug zu hören, wenn er mit seinen Freunden unterwegs ist.»

«Warum dann beide Male bei Vollmond?», fragte ich störrisch nach. «Warum hatten beide Opfer ... Also ...»

«... Verletzungen wie nach einer Vergewaltigung?», kam mir mein Vater zu Hilfe. «Du solltest eigentlich wissen, wie Raubtiere vorgehen: Sie fangen immer mit den Weichteilen an. Wenn ihr Hunger nach einem Biss gestillt ist oder wenn sie gestört werden, dann haben wir das, was die Phantasie der Dorfbewohner so … anregt. Wie dem auch sei. Ach so, dann ist da noch der Vollmond. Ein interessantes Thema. Ich will nicht den Besserwisser spielen, aber es ist wissenschaftlich erwiesen, dass der Mond einen großen Einfluss auf Menschen und Tiere hat und auf Naturphänomene wie die Gezeiten und Ernten. Offenbar ist es so, dass die meisten Tiere bei Vollmond nervöser sind als normal, aggressiver, was erklären würde, warum sie oft in dieser Nacht angreifen. Bei Menschen ist es auch nicht anders. Der Wolfsmensch ist nichts anderes als eine Übertreibung pathologischer Zustände, an denen manche Menschen bei Vollmond leiden, wie leichte Erregbarkeit und ausgeprägte Nervosität. Wenn jemand geistig verwirrt und aggressiv ist, dann kann es schon mal sein, dass er jemanden umbringt.»

Fasziniert hörten meine Mutter und ich meinem Vater zu. Er bemerkte, dass er den Aufstand erstickt hatte; vielleicht ließ er deshalb die Deckung fallen, weil er sich seinem geschlagenen Gegner gegenüber als großzügig erweisen wollte.

«Aber keine Angst», fuhr er fort, «ich glaube trotzdem nicht, dass Brañaganda zum Schauplatz eines neuen Jack the Ripper geworden ist. Serienmörder sind ein Großstadtphänomen. Aber noch viel weniger glaube ich an die Theorie vom Werwolf. Sollten nicht Tiere hinter diesen Gewaltakten stecken, würde ich am ehesten auf die aggressive Natur des Menschen tippen. Denn eines versichere ich dir, Orlando: Der Mensch ist zu den schrecklichsten Grausamkeiten fähig, dazu müssen ihm keine Haare, Nägel und Reißzähne wachsen. Im Gegenteil, bei manchem Mörder wäre es gut, wenn er einen tierischen Instinkt besäße, dann wäre er weniger grausam. Frag doch mal die Eltern und Großeltern deiner Klassenkameraden oder der Freunde, mit denen du immer schwimmen gehst. Frag sie, wie das war, als im Bürgerkrieg die Falangisten hier ihr Unwesen trieben.»

«Enrique!», mischte sich meine Mutter ein. «Muss das sein?»

«Ja, Marta, das muss sein. Orlando wird allmählich erwachsen. Wenn er schon so weit ist, dass er seinem Vater Widerrede geben kann, dann soll er auch wissen, wie es in seinem Land zugeht, in der Welt, in der er lebt. Die Details werde ich ihm ersparen.» Dann wandte er sich direkt an mich: «Nur so viel: Der berühmte Werwolf ist eine barmherzige Betschwester verglichen mit dem Modus Operandi der Männer, die dieses Tal wochenlang besetzt hielten. Sara und Rosalía war wenigstens ein schneller Tod vergönnt, ein kräftiger Biss in den Hals, und das war's; verschlungen wurden sie post mortem. Was diese Männer damals taten, war schlimmer, viel schlimmer. Und am traurigsten war», sagte er abschließend wie zu sich selbst, «dass es Leute von hier waren, aus dem Tal, die die Schergen zu den Häusern ihrer Opfer fuhrten.»

Mein Vater verstummte; und auch wir trauten uns nicht, etwas zu sagen, standen noch ganz im Bann des Entsetzens, das die Worte meines Vaters heraufbeschworen hatten.

Nur Norberto hob den Blick und sagte in heiterem Ton: «Wie gut du reden kannst, Papa! Wenn ich der Werwolf wäre, hätte ich dich gern als Anwalt.»

Die Lumpenweiber

In den höheren Regionen des Tals, von wo aus man den Fluss nur noch undeutlich erkennen konnte und die Berggipfel nahe waren, stand ein einsames Gebäude, ein längliches, halbverfallenes Haus, dessen Dach in der Mitte gefährlich durchhing wie das von einem schweren Keulenhieb getroffene Rückgrat eines Drachen. Ja, genauso wirkte das Haus von weitem: wie eine braune Echse, die mit einem gezielten Schlag für immer in eine kriechende Haltung gebannt worden war.

Durch das wahllose Abholzen des umliegenden Waldes lag das mit gräulichem Gestrüpp umgebene Gebäude nun frei. Gelbliche, kaum noch zu erkennende Rechtecke, so verfallen wie der Rest des Anwesens, deuteten darauf hin, dass dort einmal Landwirtschaft betrieben worden war.

In diesem Haus, das auf den ersten Blick einen unbewohnten Eindruck machte, lebten drei seltsame Frauen, die im ganzen Tal als die *Carrachentas* bekannt waren, die Lumpenweiber. In Brañaganda lebten viele Familien an der unscharfen Grenze zwischen bescheiden und arm. Doch die *Carrachentas* waren – zusammen mit Suso Famarelo, der allerdings aus anderen Gründen – als Einzige wirklich arm. Weder bei der Kleidung noch bei der Ernährung konnten oder wollten sie auch nur die geringste Würde wahren.

Nach dem Krieg hatten viele Frauen allein leben müssen. Aber mit der Zeit hatte sich diese Lage in den meisten

Familien normalisiert. Nur bei diesen dreien war es anders: Selbst in den Zeiten, in denen ihr Stück Land ihnen einen gewissen Wohlstand garantiert hatte, hatten sie am Rand der Gesellschaft gelebt, weil ihr Anwesen so abgeschieden lag und weil sie so rau und verschlossen waren. Dann war der Krieg gekommen und hatte ihnen die Männer geraubt, die den Hof bewirtschaftet hatten. Zurückgeblieben waren vom Unglück gezeichnete Frauen, die kaum noch eigene Initiative entwickelten, und das Haus verfiel immer mehr.

In den Tagen des Werwolfs waren die *Carrachentas* Frauen unbestimmten Alters und Aussehens – zwei Schwestern, sagten die einen, Mutter und Tochter die anderen, wieder andere meinten, sie seien gar nicht verwandt. Die Dritte war jünger, offenbar im Krieg geboren. Trotz ihres Altersunterschieds sahen alle drei gleich aus, weil sie weite, sackartige Kleider trugen, fettige Haare hatten, unter denen das schwarz verfärbte Gesicht fast verschwand, und weil sie streng nach der Armut und Enge rochen, in der sie lebten.

Es war allerdings eine zornige, übellaunige Armut, die man auch für Stolz halten konnte. Ihre mürrische Verschlossenheit verlieh ihnen etwas von Hexen, die ständig irgendein Gift zusammenbrauten. Sie redeten mit niemandem. Wenn ein Dorfbewohner, der in den Bergen unterwegs war, sie aus Gewohnheit oder Höflichkeit ansprach, antworteten sie einsilbig oder brabbelten unverständliches Zeug. Ausdrücklichen Kontakt suchten sie nur drei- oder viermal im Jahr, wenn eine von ihnen zur Mühle hinunterging – die gleichzeitig der Marktplatz von Brañaganda war – und ein Dutzend Eier gegen eine Flasche Öl oder ein Kilo Zucker eintauschte, was nicht gerade ein fairer Tausch war, denn er begünstigte eindeutig die Bedürftigen. Aber

Milagros, die Frau des Müllers, betrachtete diesen Handel als ein wohltätiges Werk und akzeptierte kommentarlos die Bezahlung, die jene Frauen vor vielen Jahren schweigend und stur durchgesetzt hatten.

Im Tal hieß es, dass die *Carrachentas* sich ausschließlich von Kohl und Eiern ernährten. Und tatsächlich waren auf ihrem heruntergekommenen Hof die einzigen Flächen, auf denen so etwas wie Landwirtschaft zu erahnen war, ein kleiner Stall mit ein paar Hühnern und ein Garten, in dem nur Kohl wuchs, dieser allerdings – vielleicht um den Mangel an Vielfalt auszugleichen – kräftig und üppig, mit langen, festen Stängeln, was dem Garten etwas merkwürdig Exotisches verlieh.

Ansonsten sprach man in Brañaganda selten von den *Carrachentas*, dafür waren sie aufgrund ihrer freiwilligen Einsiedelei zu unwichtig; und wenn doch einmal von ihnen die Rede war, dann eher abwertend und unfein. Es hieß – wie konnte es anders sein –, sie seien Hexen und prostituierten sich – was allerdings nur schwer vorstellbar war. Und ihre auf Kohl basierende Kost sei der Grund für ihren unangenehmen Geruch, weil sie den ganzen Tag lang Fürze ließen.

Ich hatte sie ein paarmal gesehen. Oder besser gesagt, ich hatte die eine oder andere schon mal von weitem gesehen, wie einen schwarzen Fleck, wenn sie inmitten der blassgrünen Kohlköpfe ihre Arbeit verrichtet hatten; denn der Garten war der einzige Bereich, der außerhalb der Umzäunung lag. Wir Kinder hielten uns auf dem Weg zur Schule lieber fern von diesen Frauen, die im Ruf standen, schnell aus der Haut zu fahren, wenn jemand zu neugierig wurde. Aber in jenem Jahr – dem Jahr des Werwolfs – ergab es sich, dass ich eine von ihnen aus der Nähe sah, wenige

Tage nachdem mein Vater seine Rede gegen den Aberglauben gehalten hatte.

Meine Mutter schickte mich zur Mühle, um Mehl zu besorgen, und dort traf ich auf eine der *Carrachentas*, die ihren vierteljährlichen Einkauf erledigte. Als ich eintrat, beendete die Frau soeben ihr Tauschgeschäft, bedient vom Müller und beobachtet von zwei Männern, die offenbar zum Plaudern vorbeigekommen waren. Jedenfalls schlug mir beim Eintreten ein süßsäuerlicher Geruch entgegen, der den nach Mehl und allen anderen Waren, die Felipe del Couso feilbot, verdrängte. Ich war überrascht, dass sie die gleichen Lumpen trug wie immer, mehrere Schichten, obwohl es Anfang September war und trotz des frühen Vormittags alles andere als kühl, sodass man in kurzen Ärmeln gehen konnte.

Außerhalb ihres Territoriums hatte die Frau überhaupt nichts Bedrohliches. Eher kam sie mir gehemmt vor, als wollte sie so schnell wie möglich wieder verschwinden. Und das tat sie dann auch, still und leise, kaum hatte sie ihr übliches Paket unterm Arm. In diesem Moment warf der Müller den beiden anderen Männern, die die Szene schweigend verfolgt hatten, einen komplizenhaften Blick zu, einen Blick, der besagte: «Wir werden uns gleich prächtig amüsieren.»

«Ihr müsst euch vor dem Werwolf hüten!», sagte er mit lauter Stimme. «Bald ist wieder Vollmond!»

Die Frau war schon fast an der Tür, da blieb sie stehen und sah den Müller scheel an.

«Wisst ihr denn nicht, dass sich in der Schlucht ein Werwolf herumtreibt?», fuhr Felipe del Couso mit übertriebenem Ernst fort. «Ihr müsst gut auf euch aufpassen, er hat nämlich eine Vorliebe für mollige Weiber!»

Die Männer brachen in Gelächter aus, während die Frau

ihren Weg fortsetzte. Und ihr Gelächter wurde lauter, als Felipe del Couso noch eine spöttische Bemerkung hinterherschickte: «Wobei die da nicht in Gefahr ist … Der Werwolf müsste schon ziemlich verzweifelt sein, um sich an so einer zu vergreifen!»

Was mochte diesen Frauen durch den Kopf gegangen sein? Ob die, die ich beim Müller sah, ihm geglaubt und es den anderen weitererzählt hatte? Später stellte sich heraus, dass sie von der Gefahr gewusst haben mussten, denn es hatte ihnen noch jemand anders – jemand, der nicht so spöttisch war wie der Müller – von den Vorfällen erzählt und sie gewarnt. Wahrscheinlich fühlten sie sich trotzdem nicht betroffen; hielten es für ein Problem der Gemeinde, der sie sich nicht zugehörig fühlten; für ein Problem, das Leute betraf, die Kühe und Schweine besaßen, Geld und stacheldrahtumzäunte Felder; etwas, das ihnen so fremd war wie die Versammlungen des Gemeinderats oder die Inspektionen des Katasteramts. Es blieb im Unklaren, ob die *Carrachentas* noch anderen Impulsen gehorchten als der reinen Nahrungsbeschaffung und der Befriedigung der elementarsten Bedürfnisse.

Dann kam die Vollmondnacht im September; die Nacht, in der der Mond sein perfektes Rund zeigen würde. Dies dachten zumindest alle, aber es hatte den ganzen Tag geregnet, zwar nur leicht, doch durchgängig; und auch als der Regen bei Einbruch der Nacht aufhörte, blieb der Himmel bedeckt.

Das Wetter lud nicht gerade zu einem Spaziergang ein. Es gab aber noch einen anderen Grund, der die Bewohner der Schlucht in der Sicherheit ihrer Häuser hielt: eine angespannte Erwartung, eine Ungewissheit, die bewirkte, dass jene Nacht sich für viele endlos in die Länge zog; sie achteten krankhaft auf jedes Geräusch von draußen. Denn sie waren sich gewiss, dass sich ein unheimlicher Fluch über das Tal gelegt hatte, dass der Werwolf erneut zuschlagen würde, erbarmungsloser denn je, weil er die erste Partie gewonnen hatte, die Partie der Angst, und weil ihn das noch stärker und verwegener gemacht hatte.

Es gab im Tal keinen Bauernhof, kein Haus und keine Hütte, in der man sich der Vollmondnacht nicht bewusst war. Nicht einmal der gedankenverlorene Famarelo bildete eine Ausnahme. Vielleicht waren die *Carrachentas* die Einzigen, die nicht daran dachten.

Auch uns sollte diese Nacht in Erinnerung bleiben, wenn auch aus anderen Gründen. Mein Vater bestand darauf, nach dem Abendessen wie üblich seinen Spaziergang zu machen; er schlug mir sogar vor, ihn zu begleiten. Tatsächlich hielt er selbst im härtesten Winter an dieser Gewohnheit fest, die er als hygienische Maßnahme betrachtete; im Sommer war sie sowieso sein tägliches Ritual; meistens begleiteten ihn Norberto und ich und vor der Geburt der Zwillinge oft auch meine Mutter. An diesem Abend aber bat sie ihn, nicht aus dem Haus zu gehen.

«Bitte, Enrique, muss das wirklich sein? Die Wege sind doch so schlammig. Außerdem bleiben heute alle zu Hause.»

«Jetzt glaubst du auch noch an diesen Quatsch», antwortete er sichtlich verärgert.

«Nein, glaube ich nicht! Aber man muss es ja nicht auf die Spitze treiben. Was werden die Leute sagen?»

«Das ist ja wieder mal typisch. Ich muss raus! Gerade heute. Alles andere wäre … wäre das Eingeständnis einer Niederlage.»

«Na gut», gab sie missmutig nach, «aber Orlando bleibt hier. Ein Exzentriker im Haus ist mehr als genug.»

«Dein Vater ist kein schlechter Mensch», sagte meine Mutter zu mir, als er gegangen war, «aber seine Sturheit ist kaum zu überbieten. Oder, sag du mir, ob das unbedingt nötig war?»

Kurz darauf ging Norberto ins Bett. Meine Mutter und ich überspielten unsere Nervosität, indem wir uns ganz den Zwillingen zuwandten, die, kaum war ihr Vater weg, zu weinen begannen. In solchen Situationen half nur eins: sie auf den Arm zu nehmen und sie getrennt voneinander zu wiegen. Zu keinem Zeitpunkt sprachen wir über das, was in der Luft lag; über das, was sogar meine Mutter in Unruhe versetzte, sosehr sie es auch bestritt; über das, was bewirkt hatte, dass ich über ihr Veto froh gewesen war, obwohl ich anfangs eingewilligt hatte, meinen Vater auf seinem Spaziergang zu begleiten.

Mein Vater kehrte früher als erwartet zurück und gab sich gleichgültig, was uns beruhigte.

«Da bin ich wieder», sagte er und zog den Mantel aus. «Wie ihr seht, habe ich überlebt.»

Wie nicht anders zu erwarten, waren seine Stiefel mit Schlamm überzogen; außerdem war er klitschnass, weil es wieder zu regnen begonnen hatte.

«Bei diesem Sauwetter», sprach meine Mutter das Thema schließlich doch noch an, «hat nicht einmal der Werwolf Lust, sich die Pfoten dreckig zu machen.»

Am nächsten Tag wachte ich gegen elf Uhr auf. Ich war froh, dass Samstag war, denn in jener Woche hatte die Schule wieder begonnen. Norberto lag nicht mehr neben mir; offenbar trieb er sich schon eine Weile draußen herum, wie fast immer an schulfreien Tagen. Im Haus herrschte Ruhe. Als ich das Zimmer verließ, traf mich ein Sonnenstrahl, der gleich wieder erstarb, weil eine Wolke aufzog. Ich öffnete die Tür zum Hof und sah erst zur Schule und dann über das Gebäude hinweg zu den baumbewachsenen Bergen. Verwundert stellte ich fest, dass ich die Frauen gar nicht hörte, die sich immer am Brunnen hinter der Schule versammelten und miteinander plauderten. Auch die üblichen Geräusche der Mühle ertönten nicht, die an einem Samstag normalerweise noch lauter waren als unter der Woche: keine Stimmen, keine Schreie, kein Schlagen von Holz. Es war totenstill im Tal.

Plötzlich, ohne dass ich ihn kommen sah, stand Norberto vor mir. Ich hatte nicht mit ihm gerechnet und erschrak.

«Papa und Mama sind in der Küche», sagte er grußlos.

Na und?, dachte ich und ging wortlos wieder hinein. Allerdings fand ich es schon etwas merkwürdig, dass Papa und Mama um diese Uhrzeit in der Küche waren.

«Ah, Orlando», sagte meine Mutter, als sie mich in der Tür stehen sah. «Komm, setz dich, ich mache Milch warm.»

Sie forderte mich nicht auf, mir vorher das Gesicht zu waschen, was an sich schon seltsam war. Aber ich hätte auch so bemerkt, schon allein an ihrem Gesicht, dass etwas Schlimmes passiert sein musste.

Wie sich herausstellte, war das ganze Tal in Aufruhr. Eine morbide Neugier hatte alle Bewohner aus dem Haus getrieben, hinauf in die Berge, dorthin, wo die Gipfel in die Höhe ragten. Meine Mutter hatte um acht Uhr morgens, als sie die Veranda fegte, Fermín de la Trolla vorbeireiten sehen; und Fermín hatte ihr erklärt, er sei auf dem Weg nach Semellade, um den Herrn Richter zu holen, weil Famarelo junior in aller Herrgottsfrühe jagen gegangen sei und eine der *Carrachentas* tot in ihrem Garten aufgefunden hatte, inmitten der Kohlköpfe, halb aufgefressen wie Rosalía und die Tochter von Couceiro.

Später würde das Gerücht die Runde machen, dass es seltsame Ungereimtheiten gab, vor allem, was das Verhalten der *Carrachentas* betraf. Offenbar hatten die beiden anderen Frauen überhaupt nicht mitbekommen, dass die Dritte im Bunde tot war. Der Richter und sein Gefolge hatten sie erst wecken müssen. Es stellte sich heraus, dass es sich bei der Toten um die Jüngste handelte, dass sie Anuncia hieß und allem Anschein nach die Tochter der Ältesten, Remedios, war. Die Frauen hatten große Mühe, die an sie gestellten Fragen zu beantworten, und brabbelten zusammenhangloses Zeug, als verstünden sie nicht, was man zu ihnen sagte. Sie wirkten verwirrt, überfordert von all den Leuten um sie herum, denen sie aber Rede und Antwort standen, weil sie in ihnen die Obrigkeit erkannten, die vage, nicht fassbare, aber stets zu fürchtende Macht des Gesetzes. Wie sie dem Tod begegneten, war ebenfalls seltsam: Die Überreste derer, die bis vor kurzem eine der Ihren gewesen war, betrachteten sie mehr mit der verblüfften Neugier von Herdentieren, die dem Beutejäger entronnen sind, als mit dem Schmerz einer Freundin oder Mutter, deren Tochter eben brutal ermordet worden war. «Die sind wie Tiere», bemerkte einer der Schaulustigen, «nicht eine Träne haben sie vergossen.» Schließlich brachte man aus den beiden Frauen doch noch heraus, dass die Jüngste abends, bevor sie schlafen ging, immer die Suppe für den nächsten Tag aufsetzen musste; und dass sie vielleicht noch mal nach draußen gegangen war, was sie aber nicht gehört hatten, weil sie schon geschlafen hatten.

Niemandem entging, dass dies eine obskure Geschichte war: Wieso hatten sie spät am Morgen noch geschlafen? Wie konnte es sein, dass sie die Abwesenheit der Jüngsten nicht bemerkt hatten, wo sie doch zu dritt auf einer wackligen Pritsche schliefen? Die Spekulationen schossen ins Kraut. Manche glaubten, dass sie schon viel früher bemerkt hatten, was passiert war, es vielleicht sogar gesehen, aber aus Angst oder Ignoranz nichts unternommen hatten. Einige deuteten sogar an – ohne jede Grundlage allerdings –, dass die beiden die Jüngste schon länger hatten loswerden wollen und sie absichtlich in den Garten geschickt hatten, wohl wissend, welcher Gefahr sie dort ausgesetzt sein würde.

Was wirklich geschehen war, fand man nie heraus. Da die Lumpenweiber so abstoßend waren und sich von allen anderen fernhielten, der Richter erneut ein kategorisches «Tod durch Angriff eines wilden Tiers» verlautbaren ließ und das Verhalten der beiden Überlebenden nicht eben ihren Ruf verbesserte, hinterließ der Verlust an sich keinen größeren Eindruck bei den Dorfbewohnern. Sehr wohl aber hatten sich mit diesem Vorfall ihre schlimmsten Befürchtungen bestätigt: Eine Bedrohung lag über dem Tal.

Einiges davon – nicht viel – erfuhr ich von meinen Eltern an jenem Morgen bei einer Tasse heißer Milch und Keksen. Alles andere reimte ich mir aus dem zusammen, was ich da und dort aufschnappte. Was nicht sehr schwer war, denn schließlich wurde in ganz Brañaganda wochenlang von nichts anderem gesprochen. Aber meine Eltern sagten mir noch etwas, das für sie wichtig war und den eigentlichen Grund für diese merkwürdige Versammlung in der Küche darstellte.

«Sag bloß keinem, dass Papa gestern Abend spazieren war», schärfte mir meine Mutter mit einem Ernst ein, den ich an ihr nicht kannte. «Hast du verstanden? Das ist äußerst wichtig, hörst du? Die Leute hier verstehen deinen Vater nicht. Du könntest ihm großen Schaden zufügen, wenn du anderen davon erzählst. Du bist groß genug, um das zu verstehen.»

Meine Mutter verstummte kurz und sah zum Fenster, als suchte sie etwas.

«Norberto weiß nichts davon», fuhr sie mit leiser Stimme fort. «Und er darf auch nichts davon wissen.»

Zum ersten Mal in all jenen Wochen der Gerüchte und Spekulationen wurde mir klar, dass mein Vater in Verdacht geraten könnte. Ich sah ihn an. Er überließ das Zepter ganz seiner Frau und sagte kaum etwas. Offensichtlich hatte er im Laufe weniger Stunden die arrogante Selbstsicherheit verloren, die er noch am Vorabend zur Schau gestellt hatte.

Lacklederriemen

In den Tagen bis zum Vollmond im Oktober waren alle nachdenklich, wie betäubt, in gespannter Erwartung. Der dritte Mord des Werwolfs hatte einige beunruhigende Tatsachen ans Licht gebracht, unter denen die Untätigkeit der Behörden nicht einmal die schlimmste war. Wesentlich schlimmer war die Einsicht, dass man nirgendwo mehr sicher war, nicht einmal an den abgelegensten Orten. Der Werwolf konnte überall zuschlagen, nicht nur auf dem offenen Feld wie bei seinen ersten beiden Opfern. Und nachdem die näheren Umstände des letzten Mordes bekannt geworden waren, konnte man sich auch nicht mehr der Einsicht verwehren, dass der Mörder jemand aus der Schlucht sein musste oder zumindest jemand, der die täglichen Gewohnheiten der Bewohner gut kannte. Denn nur so war es zu erklären, dass er zur richtigen Zeit am richtigen Ort gewesen war, in einer Nacht, in der keine andere Frau das Haus verlassen hatte.

Selbst die tragikomische Seite des Falls nahm jemand auf und merkte an – mit anderen Worten, aber mit der gleichen spöttischen Absicht –, dass die letzte Tat den Wolfsmenschen als jemanden auswies, der bei dem, was er verspeiste, nicht wählerisch war.

Es war jedoch auch klargeworden – was allerdings nur Zyniker als Hoffnungsschimmer erachteten –, dass die Mordlust der Bestie Grenzen hatte und man daher Vorsichtsmaßnahmen treffen konnte, zumindest bis zum Beweis des Gegenteils. Der Werwolf schlug nur bei Vollmond zu; und er hatte eindeutig eine Vorliebe für das weibliche Geschlecht.

So treffend diese Schlussfolgerungen auch sein mochten, so wenig nützlich waren sie. Solange die Behörden nichts unternahmen, solange es keine echten polizeilichen Ermittlungen gab, solange niemand Gegenmaßnahmen ergriff oder wenigstens vorschlug, verfielen die Einwohner Brañagandas in eine stoische Resignation, die etwas Egoistisches hatte. Man lehnte sich zurück und wartete auf das nächste Opfer, in der Hoffnung, das Schicksal möge möglichst weit entfernt von einem selbst zuschlagen, und in dem Wunsch, der Albtraum möge ein Ende finden oder wenigstens etwas Neues zutage fördern, das ihn erträglicher machte.

Meine Eltern hingegen beschlossen just in diesem Moment, in dem die Menschen um sie herum in Pessimismus und lähmende Angst zu verfallen schienen, zu handeln.

Sie hatten begriffen, dass man das Offenkundige nicht länger leugnen und die tödlichen Attacken keiner natürlichen Ursache zuschreiben konnte. Daher begannen sie nach Gründen zu forschen, die in der menschlichen Natur zu finden waren. Die kleine, weitverstreute Gemeinde, der auch wir angehörten – und die, wie gesagt, aus eher armen Familien bestand –, war zur Zielscheibe systematischer Angriffe von großer Grausamkeit geworden. Dafür konnte es nur zwei Gründe geben: Entweder trieb ein Psychopath sein Unwesen, ein Gestörter, der Vergnügen am Töten hatte; oder es handelte sich um eine kaltblütige Rache. In beiden Fällen waren die übernatürlichen Aspekte ein Randphänomen: Sie dienten dazu – ob bewusst oder unbewusst –, die wahre Absicht hinter den Attacken zu verschleiern.

In einem waren sich meine Mutter und mein Vater einig: Die Einwohner Brañagandas hatten ein Recht darauf, in Sicherheit leben zu können. Man musste den Urheber der Morde entlarven, statt ihn wie einen göttlichen – oder vielleicht auch teuflischen – Fluch hinzunehmen, gegen den man nichts ausrichten konnte.

Meine Mutter war eine kämpferische, sozial engagierte Person. Selbst wenn wir ihre rebellische Jugendzeit beiseitelassen – so rebellisch sie im dunklen, katholisch geprägten Nachbürgerkriegsspanien sein konnte –, hatte sie auch in den Jahren, die sie in Brañaganda lebte, oft genug gezeigt, wie sehr Ungleichheit und Ungerechtigkeit sie empörten. Sie besaß eine unerschöpfliche Energie, wenn es galt, dem Nächsten zu helfen. Dazu kam ein merkwürdiges Vertrauen in Institutionen, das sie des Öfteren dazu angespornt hatte, talentierten Schülern ein Stipendium oder einer armen Frau, die nicht einmal wusste, dass sie ein Anrecht darauf besaß, eine Witwenpension zu verschaffen.

Meine Mutter war weniger eine Aktivistin, die aus Solidarität mit den einfachen Leuten handelte, als eine Missionarin, die Körper und Seelen retten wollte. Bei ihrer ersten Stelle als Lehrerin hatte sie eine Frau aus den Fängen der Prostitution befreit und ihr eine anständige Arbeit und ein Dach über dem Kopf besorgt; und in Brañaganda hatte sie einem Kind mit einer Spritze – ihrer ersten Spritze überhaupt – das Leben gerettet; außerdem hatte sie Schweine mit Aspirin kuriert, was ihr bei den Dorfbewohnern Respekt eingebracht hatte.

Es war also nicht verwunderlich, dass sie sich angesichts der kaum noch mit Zufall zu erklärenden Todesfälle im Tal und der Passivität, die alle erfasst zu haben schien, in der

Pflicht fühlte, die Initiative zu ergreifen und dieser Geißel ein Ende zu setzen.

Es war am Samstag nach dem Tod der *Carrachenta*. Meine Mutter hatte ihre Entscheidung die ganze Woche reifen lassen, das Für und Wider abgewogen und war schließlich zu dem Schluss gelangt, dass ihre Idee nicht nur vernünftig war, sondern das Einzige, was sie im Augenblick tun konnte und musste. Sie überließ die Zwillinge meinem Vater und mir und brach in aller Frühe zu Fuß nach Semellade auf. Dort würde sie den alten Bus nach Vegadauga nehmen, der jeden Samstag um neun abfuhr; nachmittags wollte sie zurück sein, wann genau, konnte sie nicht sagen.

In Semellade gab es einen kleinen Vorposten der Guardia Civil, in dem vier Polizisten ihre Langeweile mit Milchkaffees und Kartenspielen bekämpften; und die Kälte und den Regen auf ihren Streifengängen mit Zigaretten und Orujo. Meine Mutter wusste, dass diese Polizisten immer erst dann auftauchten, wenn es schon zu spät war, dass sie nur den Herrn Richter begleiteten und mit müder Gleichgültigkeit sein längst feststehendes Urteil abnickten. In Vegadauga hingegen gab es eine echte Kaserne; einen quadratischen Bau, in dem militärische Disziplin herrschte und in dem man von einem höheren Offizier, einem Hauptmann, in Empfang genommen wurde, in einem richtigen Büro mit Fahnen und Schreibmaschine; von einem Mann mit guter Ausbildung und guten Manieren, in dessen Verantwortung es lag, die Dörfer und Wege der Gegend zu überwachen, auch die, die in die abseitigeren Täler führten; die Wege, auf denen der Werwolf sich seine Opfer suchte.

Meine Mutter brach also in aller Frühe nach Vegadauga auf, das schon damals eine kleine Stadt war, während mein

Vater und ich in der Einsamkeit der Berge zurückblieben und auf die Zwillinge aufpassten.

Als sie zurückkehrte, dämmerte es bereits. Auf dem letzten Stück von Semellade nach Brañaganda, das man zu Fuß zurücklegen musste, hatte eine Nachbarin sie begleitet. Doch auch diese unverhoffte Gesellschaft hatte ihre Laune nicht bessern können, eine Laune – wie wir ihr sofort anmerkten –, die etwas Schwermütiges hatte, um nicht zu sagen: Düsteres. Meine Mutter war müde und erschöpft. Staub klebte ihr auf Haut und Kleidung, und die Locken, für die sie die ganze Nacht Wickler getragen hatte, waren platt gedrückt und unter ein Tuch gestopft, das sie sich wie eine Bäuerin umgebunden hatte.

«Man hat mich beleidigt!», sagte sie zu meinem Vater und ließ sich auf einen Stuhl sinken. «Diese … Diese Kerle haben mich schikaniert und erniedrigt. Der Chef, der war der Schlimmste! Dieser Hauptmann. Und am Anfang hat er so feinfühlig getan.»

So, wie sie aussah – es waren lediglich die Spuren der langen Fahrt zu erkennen –, und so, wie sie sprach – mehr empört als klagend –, musste man sich zum Glück keine großen Sorgen machen.

«Was ist passiert?», fragte mein Vater.

Meine Mutter bat um ein Glas Wasser und trank es begierig aus. Dann stand sie eine Weile mit verlorenem Blick da und atmete schwer. Offenbar setzte ihr die Erinnerung zu, hinderten die Müdigkeit und die Empörung sie daran, die richtigen Worte zu finden.

Es hatte sie große Mühe gekostet, bis zum Hauptmann vorzudringen. Sie hatte zunächst zwei einfachen Polizisten den Grund für ihren Besuch erläutern müssen, die sie dann stundenlang in einem ungemütlichen Raum hatten warten lassen. Während sie dort gesessen hatte, waren Polizisten ein und aus gegangen, die sie grob und verächtlich behandelt hatten. Das Büro des Hauptmanns war ihr wie eine Rettung vorgekommen, weil er höflich mit ihr umgegangen war und sich sogar für das Verhalten seiner Untergebenen entschuldigt hatte. Aber als sie ihm erklärte, warum sie gekommen war, ihn bat, alle Mittel einzusetzen, um den Verbrechen in Brañaganda ein Ende zu setzen, und andeutete, seine Männer und sogar der Richter seien faul und bestechlich, hatte er plötzlich absurde Argumente vorgebracht: dass sie in Begleitung hätte kommen müssen, dass er ohne die Einwilligung ihres Mannes nichts unternehmen könne. Meine Mutter hatte ihn noch einmal darauf hingewiesen, dass in Brañaganda Frauen starben, die schutzlos einem Irren oder Sadisten ausgeliefert waren, der zuschlug, wo und wann er wollte, ohne eine Strafe fürchten zu müssen. Daraufhin behandelte sie der Hauptmann noch gröber, als es seine Untergebenen getan hatten, und fing an, sie laut zu beschimpfen, mit Ausdrücken, die sie lieber nicht wiedergeben wollte. Wenn die Männer des Tals den Mumm gehabt hätten, sich beim berühmten Minenstreik gegen ihren Brötchengeber aufzulehnen, dann dürfte es doch eine Kleinigkeit sein, sich gegen einen läppischen Wolf zusammenzutun; ob es im Tal keine echten Männer mehr gäbe, dass sie jetzt schon eine Frau vorschicken müssten, um Hilfe zu erbetteln. Wenn es im Tal keine echten Männer mehr gebe, war es aus meiner Mutter herausgebrochen, dann doch wohl deshalb, weil man sie alle abgeschlachtet hat! Daraufhin hatte sich der Hauptmann aufgeführt wie ein Berserker und sie aus dem Büro geworfen, ihr sogar gedroht, sie einsperren zu lassen.

«Bis dahin hatte ich keine Angst», erinnerte sie sich mit Schauder, «aber in dem Moment wurde mir klar, in welcher Gefahr ich schwebte. Ihr könnt euch nicht vorstellen, wie dieser Mann geschrien hat, wie sich sein Gesicht verzerrte. Sogar nach seiner Pistole hat er gegriffen!»

Meine Mutter war mit leeren Händen nach Brañaganda zurückgekehrt, erniedrigt, frustriert und hungrig. Weil man sie so lange hatte warten lassen, hatte sie nicht einmal Zeit gehabt, etwas zu essen. Den Schutz, den sie sich für die Bewohner der Schlucht erhofft hatte, hatte sie nicht erhalten. Stattdessen hatte sie ein Unrecht erlitten, das ihr nicht mehr aus dem Kopf wollte, das all ihre Gedanken in Beschlag nahm, als sie sich zum Bus begab, und später, auf dem Weg in die Schlucht, auf dem sie die arme Matilde, die neben ihr ging und redete wie ein Wasserfall, überhaupt nicht beachtete.

«Es muss doch ein Mittel gegen diese Ungerechtigkeit geben», fasste sie ihre Überlegungen zusammen. «Hier in Spanien, wo alles ein einziger Sumpf ist, natürlich nicht. Aber vielleicht könnte man an eine internationale Institution schreiben, was weiß ich, da kennst du dich besser aus als ich.»

«Marta, Marta!», rief mein Vater sie zur Vernunft. «Wir sollten uns nicht unnötig das Leben schwermachen. Wenn wir das hier zu einem politischen Problem erheben, dann können wir nur verlieren. Und selbst wenn du Beachtung finden würdest, heißt das nicht, dass die Wege besser überwacht oder echte Ermittlungen geführt würden. Ich fürchte, wir sind bei diesem Problem ganz auf uns allein gestellt.»

Mein Vater war schon immer skeptisch gewesen, was Hilfe von außen betraf. Tatsächlich hatte er von Anfang an meiner Mutter offen ins Gesicht gesagt, dass er ihre Fahrt nach Vegadauga für nutzlos hielt. Er ahnte, dass die Morde eine innere Angelegenheit waren, der Ausdruck einer zähen, alten Fäulnis, etwas, das schon seit langer Zeit im Tal moderte. Auch er beschloss zu handeln, aber in eine ganz andere Richtung, als meine Mutter gedacht hatte.

Er benötigte Informationen. Er wollte allen Geschichten auf den Grund gehen, allem Klatsch in unserer kleinen Gemeinde, auch wenn er sich bis dahin noch nie dafür interessiert hatte. Er war bereit, Nachforschungen anzustellen, seine natürliche Scheu zu überwinden und Leute zu befragen. Er suchte eine Verbindung zwischen den Opfern, einen Vorfall aus der jüngeren oder älteren Vergangenheit, der Rachegelüste hervorgerufen haben könnte, etwas, das ein wenig Licht in das bringen könnte, was auf den ersten Blick keinen Sinn ergab.

Wie so oft bei schüchternen oder stolzen Menschen fiel meinem Vater der Umgang mit Dorfoberen und Außenseitern eher leicht, während er mit der ländlichen Mittelschicht seine Schwierigkeiten hatte. Vielleicht sprach er deshalb zuerst mit Marcelino, dem Alten, der in einer Hütte in der Nähe der Schule hauste. Marcelino sah meinen Vater skeptisch an, als dieser ihm den Grund für seine Neugier nannte und ihm verriet, was er sich von seinen Nachforschungen erhoffte. Es sei vergebliche Liebesmüh, meinte Marcelino nur und erzählte von Wolfsmenschen und Hexen, an die man sich hier in den Bergen noch gut erinnere, und von einem Werwolf, der in Zeiten der Königin María Cristina, in seiner Kindheit also, die Wege und Bauernhöfe unsicher gemacht habe.

Aber sein Status als Außenseiter machte Marcelino trotzdem zum idealen Zeugen dafür, was die Dorfbewohner, die in den Ställen und auf den steilen Feldern Brañagandas ihr Tagwerk verrichteten, in ihrem Leben trieben. Meinem Vater enthüllte er jedenfalls einige interessante Details.

Marcelino kannte Geschichten aus der Zeit des Bürgerkriegs, wusste von dem stummen, unversöhnlichen Hass zu berichten, der in jenen Tagen der Gewalt und des Chaos entstanden war. Ein Hass, der in der anschließenden Friedenszeit nur von einer dünnen Schicht Normalität übertüncht worden war.

Mein Vater hatte die Gräuel des Krieges bereits als eine mögliche Richtung für seine Ermittlungen ins Auge gefasst; aber Marcelino verhalf ihm zu dem, was ihn, dem abstraktes Wissen genügte, früher nie interessiert hatte. Er nannte ihm die Namen der drei Männer, die mit den Falangisten kollaboriert hatten. Einer von ihnen – der sich am unrühmlichsten hervorgetan hatte – war zwei Jahre zuvor eines natürlichen Todes gestorben. Aber die anderen beiden lebten nach wie vor in Brañaganda, bestellten ihre Felder, grüßten höflich oder blieben stehen, wenn sie anderen Dorfbewohnern begegneten, um mit ihnen zu plaudern.

Der Krieg bringt das Schlechte im Menschen an die Oberfläche. Erstaunt vernahm mein Vater, dass einer der Helfershelfer, die für Folter und Mord mit verantwortlich waren, einer der wenigen Bewohner der Schlucht war, in dessen Gegenwart er sich einigermaßen wohlfühlte, mit dem er öfter sprach und den er für einen zurückhaltenden, intelligenten Menschen hielt.

Mein Vater wusste jetzt, welche Strategie er zu verfolgen hatte: Er musste mehr über die Herkunft und Vorgeschichte der Opfer in Erfahrung bringen, über ihre Lebensumstände, um dann nach Verbindungen zu den zwei am meisten gehassten Personen im Tal zu suchen.

Er horchte auf, als er entdeckte, dass einer der beiden mit Rosalía ein Verhältnis gehabt hatte, nämlich der, mit dem er näheren Umgang gepflegt hatte. Mein Vater wähnte sich auf einem guten Weg, musste aber schnell feststellen, dass diese Spur nicht weiterführte, dass alles, was er danach noch herausfand, widersprüchlich oder irrelevant war und nur Verwirrung stiftete. Sara Couceiro, das erste Opfer, stammte aus bescheidenen Verhältnissen. Ihr Vater war sein ganzes Leben lang Bauer gewesen, und ihr Großvater, ein Bergmann, war wie alle, die den Streik von 1935 unterstützt hatten, von Schergen erschossen worden. Was die *Carrachentas* betraf, so war der Mikrokosmos ihres Bauernhofs von allem so abgeschnitten gewesen, dass sie keiner der beiden Parteien zugeordnet werden konnten.

Der Geschmack von Pilzen

Eines Tages, als mein Vater und ich zum Fluss hinuntergingen, sahen wir zwischen den Bäumen die Señora de Freire mit ihrem Stock im Gestrüpp herumfuchteln. Wie immer war sie in Begleitung ihres Dienstmädchens. Man traf Doña Isabel nur selten außerhalb ihres Hauses an, vielleicht ging mein Vater deshalb zu den beiden hin und begann ein Gespräch. Doña Isabel erklärte, sie und ihre Begleiterin suchten Pilze, woraufhin ihr Dienstmädchen, als folgte es einem nicht ausgesprochenen Befehl, den Inhalt des Korbes vorzeigte, den es am Arm trug. Tatsächlich lagen Pilze darin, einige schillerten in verschiedenen Farben. Mit einem Hauch Verächtlichkeit bemerkte Doña Isabel, dass in diesen feuchten Wäldern die Pilze nur so aus dem Boden schössen, aber nach nichts schmeckten, ganz im Gegensatz zu denen, die in mediterranen Pinienwäldern gediehen.

«Wir essen auch gern Pilze», sagte mein Vater, «aber ich sammle nur eine einzige Sorte, die ich aus meiner Kindheit in der Meseta kenne. So viele verschiedene Sorten wie Sie, das würde ich mich nicht trauen. Haben Sie keine Angst, sich zu vertun?»

«Ich besitze gute Botanikbücher. Außerdem habe ich sie selber schon gekostet, an zivilisierteren Orten als diesem. Sie wissen gar nicht, wie viel man dort für solch ein Exemplar bezahlen würde», erklärte sie und holte einen kleinen graubraunen Pilz von schlankem Wuchs aus dem Korb.

Ich erinnerte mich daran, dass mir die Señora schon einmal einen Pilz gezeigt hatte. Die Umstände waren ähnlich gewesen, und gesagt hatte sie mir damals auch mehr oder minder das Gleiche. Ich war mit Pepín Famarelo unterwegs gewesen, und der hatte die Señora mit offenem Mund angestarrt, wie es seine Art war. Vielleicht hatte die Señora de Freire den armen Pepín beeindrucken wollen und deshalb zu ihm gesagt, diese Pilze seien so gut, dass man sie roh essen könne. Sie hatte, um es ihm zu beweisen, dreimal herzhaft von einem besonders merkwürdig geformten Exemplar abgebissen. Wie die meisten im Tal mochte Pepín keine Pilze; er bezeichnete sie als Schlangenfraß und zertrat sie voller Verachtung, als wären sie schädlich. Deshalb hatte es mich nicht gewundert, die Abscheu – fast Angst – in seinem Gesicht zu sehen, als die Señora mit sichtlichem Genuss den Pilz gekaut hatte. Und ich glaubte ihm auch nicht, als er hinterher behauptete, das Exemplar, das die Señora gegessen habe, sei von Würmern zerfressen gewesen.

Mein Vater war jedoch nicht am Geschmack der Pilze interessiert. Es war mir schon merkwürdig vorgekommen, dass wir überhaupt zu der Señora hingegangen waren, denn mein Vater war zwar ein Mensch, der höflich grüßte, aber lieber von weitem; selten begann er von sich aus ein Gespräch. Außerdem war sein Umgang mit der Señora de Freire nicht so vertraut, wie meine Mutter sich dies irrtümlich vorstellte, und nach dem gescheiterten Porträt umso weniger. Es sprang ins Auge, dass Doña Isabel ihn seither distanzierter behandelte, spöttischer oder sarkastischer. Mein Vater bemerkte es nicht oder tat so, als bemerkte er es nicht, oder er respektierte diese Haltung einfach, weil sie von ihr kam oder weil er sich nie grob oder verächtlich verhielt. Aus all diesen Gründen wunderte es mich, wie gesagt, dass wir den Pfad verlassen hatten, um mit den beiden Frauen ein Gespräch zu beginnen.

Erst als das Thema Pilze erschöpft war, begriff ich, warum mein Vater sich so gesprächig zeigte. Er hegte die Hoffnung, die Señora könne etwas Neues beitragen zu dem, was ihn in jenen Tagen beschäftigte, ja, was sein ganzes Denken und Tun in Beschlag genommen hatte. Er glaubte, die Señora, die das Tal schon als kleines Mädchen besucht hatte, könne ihm etwas über die drei Frauen berichten, die ermordet worden waren, und folglich über das mögliche Motiv.

Deshalb überwand er seine natürliche Scheu und die Distanz, die sich zwischen ihm und der Señora eingestellt hatte, und schnitt das Thema an, das ihn wirklich interessierte, bevor das Gespräch wieder erstarb. Meine Anwesenheit schien ihn nicht zu stören, wobei ich erwähnen sollte, dass er mich zu jener Zeit immer häufiger bei wichtigen Fragen hinzuzog. So wurde bei uns zu Hause inzwischen auch das Thema Werwolf offen behandelt, als wollten meine Eltern auf diese Weise ihre Unvoreingenommenheit demonstrieren oder sicherstellen, dass ihr ältester Sohn, und auch Norberto, mit der Art, wie dieses Thema erörtert wurde, einverstanden waren. In meiner Anwesenheit lenkte mein Vater also das Gespräch auf die Ereignisse von damals.

Als Doña Isabel begriff, was mein Vater von ihr wollte, blitzte Spott in ihren Augen auf.

«Ich glaube nicht», sagte sie und sah erst mich und dann meinen Vater an, «dass ich die richtige Ansprechpartnerin bin. Sie kennen die Dorfbewohner doch viel besser als ich, schließlich leben Sie schon seit Jahr und Tag hier. Es stimmt zwar, dass meine Familie aus dem Tal stammt, aber Klatsch und Tratsch sind nun mal nicht genetisch vererbbar. Ich wurde zu Hause erzogen, von Hauslehrern und Gouvernanten. Mit meinen Eltern habe ich kaum gesprochen.»

«Aber … Vielleicht fällt Ihnen ja doch etwas ein.»

«Wieso, wo mich die Angelegenheit doch nicht im Geringsten interessiert? Ich halte mich lieber abseits von allem. Das sollte Ihnen eigentlich klar sein. Die Chronik dieser Ereignisse lässt mich kalt, während Sie hier zum Sherlock Holmes werden wollen.»

«Ich will dazu beitragen, dass …»

«Ach, hören Sie schon auf!», fiel ihm die Señora de Freire ungeduldig, ja gereizt ins Wort. «Wer soll Ihnen den Menschenfreund denn abkaufen? Sie treibt nicht die Sicherheit der Dorfbewohner um, Sie müssen etwas beweisen, Sie müssen sich selbst beweisen, dass diese Todesfälle eine rationale Erklärung haben; denn andernfalls müssten Sie eine Wirklichkeit akzeptieren, die Ihren Verstand übersteigt, den schwindelerregenden Gedanken, dass …»

«Das stimmt nicht!», unterbrach sie mein sichtlich verärgerter Vater, «jedenfalls nicht ganz. Schließlich besteht eine echte Gefahr. Es könnte auch meine Familie treffen.»

«Glauben Sie wirklich, was Sie da sagen?», fragte die Señora. «Das kann ich mir nicht vorstellen. Meiner Meinung nach sind Sie zutiefst davon überzeugt, dass Sie und Ihre Familie nichts zu befürchten haben; dass nur die einfachen Leute aus dem Dorf sterben müssen, weil sie nach wie vor abergläubisch sind.»

«Ich versuche nur, Vernunft und Ruhe zu bewahren, während alle den Kopf verlieren. Meiner Ansicht nach gibt es für die Morde nur zwei mögliche Erklärungen: Entweder sind sie das Werk eines Psychopathen; oder es handelt sich um eine ausgeklügelte Rache in einer Angelegenheit, von der ich nichts weiß. Und weil mir nicht bekannt ist, dass in Brañaganda ein Irrer herumläuft, suche ich eben in letztere Richtung.»

Doña Isabel wartete belustigt ab, bis mein Vater mit seiner langen Erklärung fertig war.

«Warum machen Sie sich das Leben so schwer?», sagte sie schließlich. «Warum glauben Sie nicht einfach, was alle glauben? Das Volk besitzt eine natürliche Weisheit. Was die Leute behaupten, basiert auf Erfahrung, nicht auf Reflexion. Also ist es doch am wahrscheinlichsten», fügte sie nach einer kurzen Pause hinzu, in der mein Vater über ihre Bemerkung nachzusinnen schien, «dass der Bösewicht tatsächlich ein Wolfsmensch ist; ein echter galicischer Werwolf. Und wenn es so ist, dann können wir nichts ausrichten, weder Sie noch ich, noch die Guardia Civil. Ein Wolfsmensch ist praktisch unverwundbar.»

«Das aus Ihrem Mund?», antwortete mein Vater erstaunt. «Das kann nicht Ihr Ernst sein!»

«Wundern Sie sich nicht, Don Enrique. Das Leben hält viele Überraschungen bereit, vielleicht werden Sie ja eines Tages auch so denken wie ich. Aber sagen Sie mir eins: Ist Ihnen noch nie der Gedanke gekommen, der Werwolf könnte jemand sein, der nicht weiß, dass er ein Werwolf ist? Das würde die Ermittlungen um einiges erschweren, nicht wahr?»

Mein Vater fand keine Worte, um etwas auf diese giftige Vermutung zu erwidern. Nachdenklich starrte er auf den Korb, während die Señora de Freire und ihr Dienstmädchen ihn mit kaum verhohlener Selbstgefälligkeit ansahen.

In jenem Moment schenkte ich ihrer Bemerkung wenig Beachtung. Später jedoch dachte ich viel darüber nach, und als ich sie mit einigen Details in Verbindung brachte, die mir noch in Erinnerung geblieben waren, quälte sie mich regelrecht. Zumindest wenn ich abends, wenn alles um mich herum dunkel und still war, im Bett lag und nicht schlafen konnte.

Mein Vater hingegen verscheuchte seinen aufkeimenden Zweifel und stellte alles in Abrede, was von der strikt rationalen Linie seines Denkens abwich.

«Du darfst nicht ernst nehmen, was die Señora gesagt hat», erklärte er mir, als wir wieder allein waren. «Enttäuschung und Verbitterung haben aus ihr eine Nihilistin gemacht, die an gar nichts mehr glaubt. Deshalb erlaubt sie sich, über alles ihre Scherze zu machen, auch über die ernstesten Dinge. Mit ihrer Ironie und ihrem Sarkasmus überspielt sie, wie zerbrechlich und bedürftig sie in Wahrheit ist.»

Wir setzten unseren Weg durch den Wald fort und gelangten bald an den Fluss. Man hatte meinen Vater informiert, dass in den frühen Morgenstunden die typischen Explosionen der «Karbid-Angler» zu hören gewesen waren. In seiner Funktion als Förster hatte er die Pflicht, den Tatort wenigstens aufzusuchen, und sei es nur, um festzustellen, dass diese brutale Fangmethode tatsächlich wieder einmal eingesetzt worden war, oder um das Verbotsschild, das er selbst angefertigt hatte, frisch zu streichen. An jenem Vormittag aber suchten wir das Ufer und den Fluss vergeblich ab, fanden nicht wie sonst tote Fische, die beim eiligen Einsammeln an weniger sichtbaren Stellen zurückgeblieben waren; weder war der Grund des Flusses aufgewühlt, noch lagen zerfetzte Dosen herum, die eine Karbidexplosion bestätigt hätten.

«Falscher Alarm», sagte mein Vater und beendete die Suche. «Vielleicht hat sich Lino geirrt, und es waren Gewehrschüsse. Famarelo war am Wochenende hier oder Besteiro. Das sind die Einzigen, denen zuzutrauen ist, dass sie in aller Herrgottsfrühe jagen. Lass uns nach Hause gehen.»

Aber der Señor de Besteiro war in diesen Tagen nicht in der Schlucht gewesen. Er würde erst eine Woche später auftauchen, nachdem er sich lange, länger als üblich, nicht in Brañaganda hatte blicken lassen. Entgegen seinen Gewohnheiten würde er mitten in der Woche auftauchen und auch nicht wie sonst sofort auf die Jagd gehen; er würde am Tag nach dem hellen Oktobervollmond auftauchen, nach einem Anruf aus Semellade. Denn das nächste Mal schlug der Werwolf in El Sollado zu. Und das Opfer war Delfina, Cándidas Mutter.

Delfina hatte die Angewohnheit, abends, bevor sie schlafen ging, einen Rundgang durch alle Gebäude des Gehöfts zu machen. Der Wohlstand El Sollados weckte Neid und Groll bei manch einem, dem das Glück nicht so hold war, sodass es immer wieder zu kleineren Diebstählen kam, die Delfina weniger echter Not zuschrieb als vielmehr der Lust, sie zu ärgern. Jedenfalls war sie nicht gewillt, es einfach so hinzunehmen. Deshalb legte sie sich, wenn im Haus bereits alle schliefen, einen Schal um die Schultern, ergriff eine Petroleumlampe und ging alle Ställe, Gehege und Scheunen ab.

Sah man von der alten Haushälterin ab, die lediglich einige Stunden vor Tagesanbruch schlief, war Delfina immer die Letzte, die zu Bett ging. Die meisten Bewohner El

Sollados wussten daher gar nichts von diesem abendlichen Kontrollgang. Ihre Schwägerin Milagros, die davon wusste, riet ihr nach Rosalías Tod, ihn vorübergehend auszusetzen, solange die Sache nicht aufgeklärt war, zumindest bei Vollmond.

Delfina aber war eine störrische und eigensinnige Frau. Sie hatte das ungebrochene Selbstvertrauen charakterstarker Menschen, die ihr Schicksal stets selbst in die Hand nahmen. Daher war sie nicht gewillt, auf ihre methodische Überwachung zu verzichten. Außerdem hatte sie ihre eigenen Ansichten zum Thema Werwolf: Ihr eingefleischter Materialismus stärkte sie in der Überzeugung, dass dunkle – und keineswegs übernatürliche – Interessen bei diesen Todesfällen im Spiel und die Begleitumstände lediglich Inszenierungen waren, um von den wahren Gründen abzulenken.

Trotz dieses unerschütterlichen Vertrauens in sich selbst und der tiefen Überzeugung, dass sie nicht angefallen werden würde, war sie keine Hasardeurin, sondern war sich der Gefahr sehr wohl bewusst. Schon bevor die *Carrachenta* getötet wurde, nahm sie deshalb auf ihren Rundgang eine Schrotflinte mit und richtete ihre Aufmerksamkeit auf mehr als nur die Anzahl der Hühner in den Ställen. Vielleicht rettete ihr dies das Leben in jener Vollmondnacht Anfang Oktober, dies und eine glückliche Fügung.

Es geschah blitzschnell, in dem Bereich des Gehöfts, der am weitesten entfernt vom Haupthaus lag. Delfina öffnete die Tür zur Scheune und trat ins Dunkel hinein, als die Lampe, die sie in der Hand hielt, ihr Licht auf eine riesige Gestalt warf, die plötzlich vor ihr stand. Delfina drückte sofort ab und fiel, während der Schuss noch nachhallte, rücklings zu Boden, nicht wegen des Rückstoßes, sondern weil ein gewaltiger Hieb sie getroffen hatte. Lampe und Flinte wurden gegen die Wand geschleudert, und sie selbst sank mit zerschmetterter Schulter in sich zusammen. Aber sie war bei Bewusstsein und sah, wie die Gestalt im Dunkeln auf sie zukam.

In den folgenden Tagen schilderte Delfina die Geschehnisse unzählige Male ausführlich. Und immer endete sie damit, dass sie in jenem Moment keine Angst verspürt habe, sondern vielmehr eine Art Hoffnung, den Wunsch, es möge geschehen, was geschehen müsse, und dass sie die Bestie kaum gesehen habe, sich nur noch an ihre Größe erinnern könne, an das schwarze Fell und an die langen, knochigen Arme.

Sie hatte die Bestie kaum gesehen, weil diese nicht dazu kam, sich auf sie zu stürzen. Als sie dazu ansetzen wollte, ertönte ein weiterer Schuss, und Delfina erkannte im Licht des Mündungsfeuers nur, wie das Tier über sie hinwegsprang, zur Tür hinausrannte und in dem Maisfeld verschwand, das nur wenige Meter entfernt lag.

Delfina stützte sich auf den Arm, der heil geblieben war, und drehte sich um. Vor ihrem Kopf stand ihre Schwägerin Milagros, weiß wie ein Gespenst, in ihrem Nachthemd, die doppelläufige Flinte noch immer in Richtung Scheunentor gerichtet. Delfina hatte mit dieser Fügung des Schicksals, die ihr das Leben rettete, nicht gerechnet. Sie hatte nicht einmal gewusst, dass es im Haus noch ein zweites Gewehr gab.

Diese neuerliche Attacke des Werwolfs machte den Bewohnern der Schlucht etwas Hoffnung. Zum einen hatte sich gezeigt, dass die Bestie nicht unverwundbar war – auch wenn keine der beiden Frauen bestätigen konnte, dass sie tatsächlich getroffen worden war, und sich in der näheren Umgebung auch keine Blutspuren fanden –, jedenfalls hatte die Bestie den Angriff abgebrochen und war lieber geflüchtet.

Zum anderen trat danach jemand in Erscheinung, den viele vermisst hatten, seit die Geschichte ihren Anfang genommen hatte. Jemand, der aufgrund seiner Charaktereigenschaften vielleicht der Einzige war, der sich des Problems wirkungsvoll annehmen konnte; der die Macht und die Mittel besaß, klug genug war und zu führen wusste. Jemand, der weder so gesetzestreu war wie meine Mutter noch so verkopft wie mein Vater, sondern ein Mann der Tat. Dieser Jemand war César, der Señor de Besteiro.

Feuer mit feuchtem Holz

Die Nachricht machte rasch die Runde und erfüllte die Talbewohner mit Hoffnung und Genugtuung. Besteiro sei nun «gereizt», weil es Delfina erwischt habe. Er habe beschlossen, sich der Sache anzunehmen, der Werwolf könne sich auf etwas gefasst machen, denn der Herr von El Sollado mache keine halben Sachen.

In ihrer Boshaftigkeit – oder Weisheit – trafen die Bauern ins Schwarze, was das merkwürdige Verhältnis zwischen César Besteiro und seiner Pächterin anging. Besteiro, der sich Delfina gegenüber sonst kalt und distanziert zeigte, bewies nun, da sie in Schwierigkeiten war, ungewöhnlich große Hilfsbereitschaft. Er stattete ihr einen förmlichen, aber bedeutungsvollen Besuch ab und ließ sogar einen angesehenen Arzt aus der Hauptstadt kommen, der allerdings nur feststellte, dass Doktor Candeira alles richtig gemacht hatte. Candeira hatte in jener Nacht einen Schlüsselbeinbruch diagnostiziert und die Wunde, die von der Schulter bis zum Hals reichte und glücklicherweise einen Zentimeter vor der Halsschlagader endete, gesäubert und genäht.

Die Bewohner der Schlucht wurden in ihrer Annahme bestätigt, dass Besteiro es sich nun zur persönlichen Aufgabe machte, den Werwolf zur Strecke zu bringen. In den vier Tagen, die er in Brañaganda weilte, bevor die Geschäfte wieder seine Anwesenheit in der Hauptstadt verlangten, befragte er alle Bewohner und stellte unmissverständlich klar, wie von jetzt ab vorzugehen war; wie die Verteidigung organisiert und wann zum Angriff übergegangen werden musste.

Besteiros Pläne und seine Sicht der Dinge verbreiteten einen gewissen Optimismus und sprachen sich bis in den letzten Winkel des Tals herum. Man dürfe keine Hilfe von außen erwarten, hatte er gesagt, das wisse er aus höchsten Kreisen. Es gebe Anweisung von ganz oben, die Bergbautäler der Gegend ihrem Schicksal zu überlassen, also müssten die Bewohner von Brañaganda die Angelegenheit selbst in die Hand nehmen, wollten sie nicht abgeschlachtet werden wie Vieh.

Zu hören war auch, dass Besteiro drei oder vier Tage vor dem nächsten Vollmond ins Dorf zurückkehren und für die besagte Nacht eine große Treibjagd organisieren wollte, an der alle Männer des Ortes teilnehmen sollten. Außerdem schickte er die Männer des Tals auf Streife, um bis dahin nachts die Wege zu bewachen. Diese Maßnahme diente nur dazu, die Moral zu stärken, denn er war überzeugt, dass der Werwolf erst wieder bei Vollmond zuschlagen würde.

Doch kaum war Besteiro, ihr natürlicher Anführer, wieder in der fernen Hauptstadt, kamen den Talbewohnern die Sicherheit und das Selbstvertrauen wieder abhanden. Die Männer gingen zwar ab Einbruch der Nacht auf Patrouille, aber oft nur sehr spärlich bewaffnet und vor allem voller Zweifel, ob diese Streifengänge wirklich etwas nützten. Im Grunde warteten sie nur ab, bis Vollmond war und der Señor de Besteiro zurückkehrte mit seinen Mehrfachladern, seiner Fähigkeit, anderen Mut einzuflößen, und dem glücklichen Händchen, das ihm angeboren zu sein schien.

Der Oktober verabschiedete sich mit schlechtem Wetter.

Kalter, von Windböen getriebener Regen peitschte über die Landschaft. Der November begann mild, aber neblig; eine wattige Wolkenschicht lag, wie festgehalten von den spitzen Felsen, über dem Tal. Tagelang waren die Berggipfel nicht zu sehen, weil die niedrighängenden Wolken sich nur träge bewegten, in die Wälder eindrangen, zwischen die Bäume schlüpften und jeden Winkel zwischen Blättern, Zweigen und Stämmen ausfüllten. Schließlich wurde alles, was sich oberhalb einer bestimmten, sich ständig verändernden Höhe befand, von dem Grau verschluckt, das Haus der *Carrachentas*, das tiefer gelegene Gehöft von La Xesta, sogar El Sollado, bis hin zur Hälfte der Braña de Boral.

Die Mühle und die Schule hingegen blieben vom Nebel verschont, weil in der Talsohle stets ein Wind wehte, der den unteren Teil der Wolkenmasse in Bewegung hielt und immer wieder aufriss. Wenn der Wind sich legte, setzte ein sanfter, hartnäckiger Nieselregen ein, der aber nicht die Kraft hatte, das bleierne Wolkendach aufzulösen.

Die Wiesen und Wälder waren wie in der Schwebe, in ihrem Bett aus Nebel. Das Tal wartete – wie seine Bewohner – nur darauf, dass endlich die Stunde der Wahrheit kam; die Erlösung: ein trockener, kräftiger Wind, der die Wolken vertrieb und den Blick freigab auf das strahlende Blau des Himmels.

Auch für uns waren es Tage des Wartens, der Übergang zu etwas anderem. Seit der Angriff auf Delfina bekannt geworden war, hatte sich bei meinen Eltern etwas geändert. Nicht etwa, weil sie den Vorfall als Beweis für die Existenz des Werwolfs nahmen, denn dafür war er zu konfus und ließ auch andere Erklärungen zu; und auch Delfinas Schilderung erschien ihnen mehr wie eine Legendenbildung als eine objektive Erinnerung. Allerdings mussten sie zugeben, dass die Angelegenheit immer verworrener wurde, sodass sie beschlossen, ihre privaten Ermittlungen vorerst auszusetzen. Der Auftritt von César Besteiro hatte auch bei ihnen eine gewisse Erwartung geweckt, dass sich das Problem bald lösen würde. Mein Vater konnte sich nur schwer vorstellen, dass Besteiro, ein kluger, realistischer Mann, tatsächlich an die Existenz eines Wolfsmenschen glaubte; aber er hielt ihn für fähig, den Täter zu stellen, wer immer es war.

Mein Vater stellte seine Ermittlungen ein. Er hörte auf, den Sherlock Holmes zu geben, wie die Señora de Freire es genannt hatte; dadurch beruhigte er sich ein wenig und war nicht mehr so angespannt und reizbar wie in den vergangenen Wochen. Besonders in den Tagen vor dem Novembervollmond, als alles noch unter einer schweren Nebeldecke ruhte, war er gut gelaunt, voller Lebensfreude und unverhohlener Zuversicht, wie er sie uns gegenüber schon seit langem nicht mehr gezeigt hatte, seit damals vor sieben Monaten nicht mehr, als er Cándidas Porträt malte. Meine Mutter schrieb seinen Stimmungswandel der Tatsache zu, dass er wieder zu malen begonnen hatte. Er arbeitete jeden Morgen an einer großen Leinwand, an einer Waldlandschaft, in die er auch – für ihn eher untypisch – eine konventionelle Jagdszene einfügte. Jedenfalls schien er ganz in seiner Arbeit aufzugehen, der er einen Großteil des Vormittags widmete. Er nahm sogar gelassen hin, dass sein Atelier – unser Wohnzimmer – sehr eng war und dass die Zwillinge immer wieder seine Aufmerksamkeit forderten, weil meine Mutter sie nur dann mit in die Schule nahm, wenn niemand zu Hause war, der sich um sie kümmern konnte.

Das größere Vergnügen aber bereitete ihm seine andere

Arbeit, die er am Nachmittag erledigte, wenn er durchs Tal wanderte, über alle Wege und Pfade, steile Hänge hinauf oder hinunter, und seine Muskeln einsetzen konnte. Nicht ohne eine gewisse Verwunderung stellten meine Mutter und ich abends bei seiner Rückkehr fest, dass er ein Liedchen vor sich hin trällerte oder seine nutzlose Flinte in der Luft balancierte. Einmal sagte er, während er seine Jacke an den Kleiderständer hängte, er liebe diese nebligen Tage; eine Bemerkung, die – weil so neu aus dem Mund meines Vaters – dazu führte, dass sogar Norberto den Blick von dem Heft hob, in dem er malte, und mit gerunzelter Stirn diesen nicht wiederzuerkennenden Menschen ansah.

An einem anderen Tag legte er, bevor er sich zum Abendessen an den Tisch setzte, den Arm um die Hüfte meiner Mutter und gab ihr einen Kuss auf die Wange, während sie alle Hände voll zu tun hatte und sich gegen seinen Zärtlichkeitsbeweis, den sie in Gegenwart ihrer Kinder für unschicklich hielt, nicht wehren konnte. Trotz ihrer verärgerten Reaktion hatte jener Kuss für mich etwas rührend Unschuldiges, weil er so natürlich war, als wäre er neben dem Hungerkribbeln im Bauch und der Verheißung der dampfenden Teller auf dem Tisch ein weiterer Beweis für Zuversicht und häusliches Glück.

Einmal blieb meine Mutter nach dem Abendessen reglos neben meinem Vater stehen, mit gesenktem Kopf, als horchte sie nach etwas.

«Du riechst nach Brennholz, nach Kaminfeuer», sagte sie.

«Ich war … Ich war kurz bei Marcelino, in seiner Hütte. Wir haben ein bisschen geplaudert.»

Meine Mutter schien sich mit dieser Erklärung zufriedenzugeben, aber ich war irritiert, weil ich an jenem Nachmittag Marcelino Holz hacken gehört hatte, über Stunden, so wie er es immer tat. Aber vielleicht hatte mein Vater ihn ja kurz vor seiner Rückkehr besucht, als ich schon im Haus gewesen war. Ja, so musste es gewesen sein. Schließlich konnte ich bestätigen, dass mein Vater wie in den vergangenen Tagen von der Anhöhe gekommen war, vom Weg, der den Fluss entlangführte, vorbei am Jagdhaus der Señora de Freire und auch an Marcelinos Hütte.

Trotzdem blieb ein kleiner Stachel des Zweifels in mir zurück. Am nächsten Tag schlich ich mich nach dem Unterricht weg und ging, ohne mir über die Gründe bewusst zu sein, den Weg hinunter. Erst als ich Marcelino sah, der in seinem Gemüsegarten mit einer kleinen Hacke hantierte, wurde mir klar, was mich dorthin geführt hatte. Ich ging zu ihm und gab mir große Mühe, die Begegnung zufällig erscheinen zu lassen. Und auch die Frage, ob mein Vater am Vortag bei ihm gewesen war und sich mit ihm unterhalten hatte, stellte ich wie nebenbei. Der Alte antwortete prompt, noch bevor ich meine Frage zu Ende gestellt hatte. Er stocherte dabei in einigen Blumentöpfen herum und sah nicht einmal auf, während er mir bestätigte, mein Vater sei bei ihm in der Hütte gewesen und habe sich ein wenig am Feuer gewärmt.

All dies wurde jedoch überlagert, ja vollkommen ausgelöscht von dem, was einige Tage später geschah. Der Nebel verzog sich just in dem Moment, als der Señor de Besteiro zurückkehrte, als wäre sich selbst die Natur der Bedeutung dieses Mannes bewusst und bereitete das Terrain, damit er seine Arbeit verrichten konnte: wolkenloses Wetter mit perfekter Sicht für die Jagd.

Am Tag des Vollmonds selbst trafen vom frühen Morgen an die Bauern von Brañaganda in El Sollado ein. Besteiro hatte alle männlichen Bewohner, die älter als fünfzehn, und alle, die noch nicht zu alt waren, aufgefordert, sich an der Treibjagd zu beteiligen. Die Versammlung war in der großen Küche seines Hofs anberaumt, die bereits Schauplatz unzähliger Stammtische gewesen war, hinter verschlossenen Türen, um Spione auszuschließen. Dort würde, wie alle vermuteten, der Señor de Besteiro Waffen verteilen, Anführer benennen und genaue Anweisung zu der Strategie geben, mit der er die Bestie vor die Gewehrläufe zu bekommen gedachte. Brañaganda war ein kleines Tal, und der männliche Teil der Bevölkerung im richtigen Alter belief sich nach Besteiros Berechnungen auf lediglich achtzehn Leute: eine nicht sehr zahlreiche, aber disziplinierte Truppe, die Vertrauen in ihren Anführer hatte. Unter ihnen war natürlich auch mein Vater, der sich ebenso pünktlich in El Sollado einstellte wie alle anderen, wenngleich mit einer gehörigen Dosis Zurückhaltung und Skepsis, die seine Neugier allerdings nicht gänzlich ersticken konnten.

Was jene Männer in dieser Nacht erlebten, gehört längst zur Geschichte dieses Tals. Die Erinnerung daran ist noch lebendig und wird es wohl auch in hundert Jahren noch sein. Und diesmal gab es nicht nur einen Zeugen wie bei der Attacke auf Delfina, sondern unzählige Zeugen.

Ich glaube, ein umfassendes und getreues Bild der Geschehnisse zu zeichnen, weil ich auf das zurückgreifen kann, was mein Vater mir am nächsten Tag erzählte. Ergänzen kann ich es mit dem, was ich von Lino Famarelo weiß, der zur Gruppe der Erwachsenen hinzugezählt wurde, und auch damit, was Cándida mir hinterher geschildert hat, die ebenfalls ihren Anteil an der Geschichte hatte. Damals unterhielt sie sich oft mit mir, weil sie alle Freiheiten hatte und gut gelaunt war, seit ihre Mutter das Bett hüten musste, um die Verletzungen auszukurieren, die der Werwolf ihr zugefügt hatte.

Als die Sonne hinter den Bergen untergegangen war, hatte sich in El Sollado eine ansehnliche Gruppe von Männern versammelt, die sich angeregt unterhielten und höflich beiseitetraten und grüßten, wenn eine der Frauen, die auf dem Gut arbeiteten, den Hof überqueren musste. Mitten in dieses bunte Treiben hinein ging plötzlich die Tür auf, und heraus kam der Señor de Besteiro, mit halbhohen Stiefeln, Jägerweste und Patronentasche. Abrupt verstummten alle Gespräche, und einige Sekunden lang herrschte absolute Stille. Schließlich grüßte Besteiro, woraufhin ihm aus allen Mündern gleichzeitig ein «Guten Abend» entgegenschallte.

Besteiro mischte sich unter die Leute und zählte sie durch. Dann wandte er sich zufrieden in Richtung Tür, die zur Küche führte, öffnete sie und forderte alle Anwesenden auf einzutreten. Die meisten leisteten seiner Einladung scheu Folge. Sie nahmen ihre Baskenmützen ab oder sahen sich überwältigt um, weil sie erst einmal diesen Wohlstand verdauen mussten, von dem diese große Küche geradezu strotzte. Dann wurde die Tür wieder geschlossen, und alle blieben etwas ratlos um den großen Esstisch herum stehen. Felipe del Couso war einer der wenigen, die ein Gewehr dabeihatten. Er stand gleich neben Besteiro und wagte es als Einziger, Platz zu nehmen.

«Mit Verlaub, César», sagte er und ließ sich, auf den Lauf seiner Flinte gestützt, mit vollem Gewicht auf eine Holzbank sinken.

César Besteiro beachtete ihn gar nicht, weil er erneut die Mitglieder seiner Truppe durchzählte, diesmal mit Hilfe einer Liste, die er aus einer Tasche gezogen hatte.

«Einer fehlt», sagte er. «Aber wer? Famarelo: Wo ist dein Vater? Ich habe dich draußen gesehen und bin davon ausgegangen, dass er ...»

«Ich ... Señor Besteiro ...», stammelte Lino Famarelo. «Ich habe mich von ihm getrennt, als ich die Flinte geholt habe. Ich dachte, er würde nachkommen.»

Einige Anwesende mussten lachen, und auch der eine oder andere leise, aber unüberhörbar spöttische Kommentar war zu vernehmen, der vorübergehend dem Moment die Spannung nahm. Famarelo hatte den Ruf eines Spinners, und alle kannten seine ausgefallenen Bemerkungen und seine Geistesabwesenheit. Aber der Señor de Besteiro fand die Abwesenheit eines so merkwürdigen Bewohners, so arm er auch sein mochte, alles andere als komisch und ließ dies die Versammelten auch wissen. Er hob nicht die Stimme, unternahm keinerlei Anstrengung, um das allgemeine Gemurmel zu übertönen, aber als er zu sprechen begann, stellte sich wie durch Zauberhand Stille ein.

«Ich bin nicht zum Scherzen aufgelegt», erklärte er. «Jeder, der sich heute Abend nicht blicken lässt, steht unter Verdacht.»

Diese Bemerkung ließ das Gemurmel wieder anschwellen. Einige riefen spontan: «Na klar! Famarelo könnte ja der Werwolf sein!» Doch sie verstummten sofort wieder, als sie mit einem Ellenbogenstoß daran erinnert wurden, dass sich Famarelos Sohn unter den Anwesenden befand.

«Wir müssen ihn herholen», bestimmte César Besteiro. «Lino, du und Senén ...»

«Wir können ihn doch unterwegs auflesen», schlug Damián de Boral vor.

«Kommt überhaupt nicht in Frage!», fiel ihm Besteiro ins Wort. «Los jetzt, holt ihn her. Bis es dunkel wird, seid ihr längst wieder da.»

«Warum Famarelo wohl nicht gekommen ist?», murmelte Avelino wie zu sich selbst, nachdem Lino und Senén aufgebrochen waren.

Achtzehn plus eins

In der großen Küche auf dem Gehöft des Señor de Besteiro standen die Männer des Trupps, der dem Werwolf den Garaus machen sollte, am Feuer des Kamins und warteten ungeduldig auf die Rückkehr der beiden Mitstreiter, die den verlorengegangenen Vater von Lino Famarelo herbeischaffen sollten. Der Grund für ihre Ungeduld war nicht die Frage, was mit Famarelo geschehen war, was den meisten gleichgültig war, sondern der Wunsch, endlich mit der Jagd zu beginnen und aus diesem Haus herauszukommen. César Besteiro hatte seit dem Aufbruch von Lino und Senén kein Wort gesprochen, und unter seinem Einfluss waren auch die Gespräche der anderen immer verhaltener geworden und hatten schließlich einer bleischweren Stille Platz gemacht, die keiner zu unterbrechen wagte.

César Besteiro schwieg, weil er es gewohnt war, nur dann zu sprechen, wenn er etwas Wichtiges zu sagen hatte. Außerdem bemerkte mein Vater, dass er alle genau beobachtete, ohne seine Neugier zu verhehlen, und dass er vielleicht auch deshalb schwieg, um herauszufinden, wie sie auf diesen Druck reagierten.

Es war also kein Wunder, dass alle erleichtert waren, als es klopfte und Milagros, die zweitwichtigste Frau in El Sollado, in der Tür erschien, die zum restlichen Haus führte. Mit rauer Stimme und gelassenem Blick wandte sie sich noch auf der Schwelle an Besteiro.

«Ihr habt jemanden vergessen», sagte sie. «Er klopft schon seit einer ganzen Weile draußen an die Eingangstür. Klopfen ist vielleicht ein bisschen zu viel gesagt.»

Sie trat beiseite und gab die Sicht frei auf einen kleingewachsenen Mann Anfang dreißig, der scheu in die Runde blickte, ohne jemandem direkt in die Augen zu sehen. Sein gequälter, kaum hörbarer Gruß ging im allgemeinen Aufschrei unter.

«Cosmín!», riefen die meisten der Versammelten im Chor.

Niemand hatte bis dahin daran gedacht, dass der gute Cosmín fehlte, weil er so schüchtern und zurückhaltend war, so sehr darauf bedacht, nicht aufzufallen, dass er fast unsichtbar geworden war und bei einer gemeinsamen Aktion niemand mit ihm rechnete. Trotzdem wussten alle, dass er die Felder seines kleinen Anwesens bestellte, ohne je um Hilfe zu bitten oder sich mit jemandem anzulegen, und dass er sich außerdem um seine alte Mutter kümmerte, die selten einen Fuß vor die Tür setzte. Auch Besteiro musste sich mit Unbehagen eingestehen, dass er vergessen hatte, ihn auf die Liste zu setzen. Zwar hatte er, als er in der Stadt gewesen war, an ihn gedacht, aber dann war er ihm doch wieder entfallen.

Cosmín wurde angesichts eines solchen Empfangs rot und mischte sich schnell unter ein Grüppchen, das in der Ecke stand. Auf dem Weg dorthin schien er noch mehr zusammenzuschrumpfen.

Alle kannten Cosmíns krankhafte Schüchternheit, also wunderte sich auch niemand über diese merkwürdige Art, sich der Versammlung anzuschließen. Nur Felipe del Couso mit seiner boshaften spöttischen Ader tat so, als hätte er keine Ahnung.

«Da bist du ja endlich, Cosmín!», rief er mit geheuchelter Sorge. «Hast du Angst vor dem Werwolf, oder warum schleichst du wie ein Hund mit eingezogenem Schwanz durch die Gegend?»

Einige lachten laut auf, aber auf den meisten Gesichtern deutete sich nur ein verhaltenes Grinsen an.

«Cosmín», ergriff Besteiro nun das Wort. «Wie kommt's, dass du hier bist, wo ich dich doch gar nicht eingeladen habe?»

Sofort trat Stille ein, nur noch vertrauliches Geflüster war zu hören. Der Angesprochene gab Antwort, nahm dabei allerdings jemanden zu Hilfe, der neben ihm stand.

«Er sagt, die Frau von Avelino habe ihm erklärt, dass er kommen müsse, weil alle Männer sich versammeln sollen und keiner fehlen dürfe.»

Der Señor de Besteiro schwieg. Man hätte meinen können, dass er Cosmíns Antwort nicht guthieß; nicht die Antwort selbst, aber die Art, in der er sie gegeben hatte. Aber er kam nicht dazu, sein Missfallen zu äußern, denn in diesem Moment klopfte es erneut an der Tür, diesmal an der zum Hof.

César Besteiro machte selbst auf. In der Tür standen Senén, Lino Famarelo und in ihrer Mitte Famarelos Vater. Hinter ihnen war ein Stück Himmel zu erkennen, der bereits Gold- und Lilatöne angenommen hatte. Es hatte aufgeklart. Famarelo sah die Anwesenden an, als wäre er soeben aufgewacht und wunderte sich darüber, in diesem hell erleuchteten Raum zu stehen, umgeben von all diesen Leuten, was umso skurriler war, weil man vermuten durfte, dass sein Sohn ihm unterwegs alles erklärt hatte.

Während Famarelo seinen Vater zu einem freien Stuhl

führte und ihm unter viel Getuschel alle Blicke folgten, ertönte plötzlich die energische Stimme Besteiros.

«Jetzt, wo wir alle da sind», rief er und schloss die Tür, «wollen wir erst einmal unsere Waffen inspizieren.»

Er verschanzte sich hinter einem breiten Holztisch, den er zwischen sich und die anderen geschoben hatte. Dann rief er alle, die eine Waffe trugen, zu sich und forderte sie auf, diese Waffe an Ort und Stelle zu laden. Er prüfte mit aufmerksamem Blick, wer damit umgehen konnte, und lehnte die Flinten vorsichtig an den Tisch. Offenbar sammelte er sie ein, um sie später zusammen mit den anderen Waffen zu verteilen, die er selbst zur Verfügung stellen würde; zu sehen war bislang allerdings nur das Gewehr, das er selbst um die Schulter trug.

Als Lino an der Reihe war, sah sich Besteiro die Flinte genauer an, die Famarelos Sohn mit unglaublicher Schnelligkeit und Präzision geladen hatte. Er wog sie in seinen Händen und betrachtete mit einer Mischung aus Verwunderung und Ungläubigkeit den angerosteten Lauf und die Drähte, mit denen der rissige Kolben notdürftig zusammengehalten war.

«Hast du keine bessere Waffe?», fragte er mit einer Vertrautheit, in der Respekt mitschwang. «Bevor ich wieder gehe, erinnere mich daran, dass ich dir nächstes Mal eine mitbringe», erklärte er dem Jungen, der nur stumm nickte. «In der Stadt habe ich noch eine, die ich nie benutze. Und wenn du mit der hier schon besser schießt als ich, will ich gar nicht wissen, was du erst mit einem richtigen Gewehr anstellst.»

Als alle ihre Gewehre abgegeben hatten, zählte Besteiro sie durch und betrachtete anschließend zweifelnd die Versammelten, als würde die Rechnung nicht aufgehen.

Schließlich nahm er meinen Vater ins Visier, der sich die ganze Zeit über abseits gehalten hatte, als hätte das alles überhaupt nichts mit ihm zu tun.

«Haben Sie Ihr Gewehr nicht mitgebracht, Don Enrique?», fragte Besteiro.

«Nein, habe ich nicht», erwiderte mein Vater. «Es ist sowieso nur symbolisch, ein unnötiges Attribut. Ehrlich gesagt, benutze ich es nie, ich weiß nicht einmal, ob es funktioniert. Und Munition habe ich auch keine.»

Besteiro sah meinen Vater mit berechnender Neugier an. Offenbar verwirrte ihn dieser merkwürdige Kerl, der bei allen Respekt genoss und gleichzeitig so unsicher wirkte; dieser komische Kauz, der nicht wusste, wie man mit einfachen Leuten redete, und sich lächerlich machte mit seiner gewählten Sprache. César Besteiro war es gewohnt, Menschen mit einem einzigen Blick zu beurteilen und sie in Kategorien einzuordnen. Bei meinem Vater wollte ihm dies offenbar nicht gelingen. Er hielt ihn für integer und prinzipientreu, für einen Mann mit eigenem Urteilsvermögen; gleichzeitig witterte er seinen übermäßigen Stolz, der ihm gefährlich erschien, schwer zu kontrollieren.

«Sie sollten Ihre Waffe immer schussbereit halten», sagte er, «schließlich treiben Sie sich ganz allein in den Bergen herum. Sie wissen ja, dass Delfina nur deshalb mit dem Leben davonkam, weil sie und Milagros Waffen bei sich trugen.»

«Ich weiß aber auch, dass der Teufel sie lädt», entgegnete mein Vater, «und dass sie im Lauf der Geschichte mehr Schaden als Nutzen gebracht haben.»

«Sie scheinen der Einzige im Tal zu sein», sagte Besteiro, «der keine Angst vor dem Werwolf hat. Das gibt mir zu denken.»

«Vielleicht, weil ich nicht an ihn glaube. Der Glaube macht uns zu Sklaven. Nur das Denken macht uns frei.»

Doch César Besteiro war nicht gewillt, sich auf einen philosophischen Diskurs einzulassen. Außerdem galt es, keine weitere Zeit zu verlieren.

«So», schnitt er meinem Vater barsch das Wort ab und wandte sich an die Versammelten. «Es ist so weit. Alle Waffen befinden sich in meiner Gewalt. Und jetzt hört gut zu: Ich habe alle Türen und Fenster schließen lassen. Keiner verlässt dieses Haus. Wir werden alle bis zum Sonnenaufgang hierbleiben.»

Nach einem kurzen Moment ungläubigen Schweigens brach ein Gemurmel los und schwoll immer stärker an. Wer es nicht richtig gehört oder verstanden hatte, fragte bei seinem Nachbarn nach. Die meisten waren sich der Dimension von Besteiros Schachzug nicht bewusst, aber einige begriffen sofort, was er im Schilde führte, und erklärten es den anderen. «Er will wissen, ob einer von uns der Werwolf ist», sagten sie. Besteiro lümmelte bequem auf seinem Stuhl, abgeschirmt von dem massiven Tisch aus Pinienholz, an dem, fast seine Knie berührend, die sechs Gewehre lehnten. Plötzlich übertönte eine empörte Stimme alle anderen. Es war die Stimme meines Vaters.

«Sie haben kein Recht, uns hier festzuhalten! Das ist eine illegale Zwangsmaßnahme, und ich werde nicht dulden …»

«Immer mit der Ruhe, Herr Lehrer», unterbrach ihn Besteiro, der nun einen ganz anderen Ton anschlug als gerade eben noch.

«Ich bin nicht …!», versuchte mein Vater zu protestieren, wie immer, wenn jemand ihn mit dem Beruf seiner Frau identifizierte.

Aber Besteiro ließ ihn nicht ausreden.

«Das interessiert hier keinen!», schrie er laut. «Wir wollen jetzt nicht nervös werden», fügte er hinzu, als er sich wieder im Griff hatte.

Die Männer verstummten und sahen Besteiro oder meinen Vater an, sie fragten sich, wohin dieser Streit führen würde. Einzig Felipe del Couso, der Müller, schien wenig beeindruckt von dem, was vor sich ging; schon als Besteiro meinen Vater «Herr Lehrer» genannt hatte, hatte er sich ins Fäustchen gelacht.

«Ich werde niemanden hier festhalten», hob Besteiro erneut an. «Wer gehen will, soll es sagen. Hier und jetzt! Dann schließe ich ihm auf. Aber dann muss er damit rechnen, dass er der Hauptverdächtige sein wird, wenn heute Nacht da draußen etwas passiert! Dass er der Erste sein wird, den wir uns vorknöpfen werden! Und er wird damit leben müssen, dass er die anderen im Stich gelassen hat, dass er sie alleingelassen hat mit der schwierigen Aufgabe, einen Mörder zu fassen, der womöglich über beträchtliche Kräfte verfügt. Finden Sie nicht, Herr … Förster?»

Alle Anwesenden – auch mein Vater – schwiegen. Cosmín war vollkommen außer sich; er schien nicht zu begreifen, was vor sich ging, und zitterte wie Espenlaub, als würde er gleich in Tränen ausbrechen.

«Ganz ruhig, Cosmín!», sagte Fermín de La Xesta und legte ihm eine Hand auf die Schulter. «Dir wird nichts passieren! Wo wärst du heute Nacht sicherer als hier?»

Cosmín beruhigte sich tatsächlich ein wenig und gab unter einigen Schwierigkeiten zu verstehen, dass er Angst davor hatte, so viele Stunden eingesperrt zu sein. Besteiro redete ihm gut zu.

«Wir werden tatsächlich einige Stunden ausharren müssen», erklärte er. «Aber immerhin haben wir es hier schön bequem und warm. Versucht euch also zu entspannen. Setzt euch. Ich lasse gleich etwas zu essen bringen. Wenn am Ende nichts passiert, umso besser. Dann haben wir uns eben eine Nacht mit Kartenspielen um die Ohren geschlagen. Und ohne unsere Frauen ertragen zu müssen», fügte er schelmisch zwinkernd hinzu.

Seine Worte zeigten bei einigen die gewünschte Wirkung. Lachend und scherzend suchten sie sich einen Platz, stellten sich offenbar schon vor, was Besteiro ihnen auftischen würde. Mein Vater hingegen war in Gedanken versunken. Sosehr es auch den Anschein hatte, dass Besteiro tatsächlich glaubte, einer der Anwesenden könnte sich zwischen einem Happen Essen und einem Schluck Wein in einen Werwolf verwandeln, sowenig nahm mein Vater ihm das ab. Vielmehr vermutete er, dass Besteiro sie zusammengerufen hatte, um zu beobachten, wie sie sich in dieser konfliktträchtigen Situation verhalten würden, wie Hass und Zuneigung sich Bahn brechen würden; wie ein Wissenschaftler, der im kontrastreichen Licht der Vergrößerungslinse den blinden Kampf der Zellen in der Enge des Reagenzglases studiert. Und tatsächlich begann es in einer dieser angesetzten Kulturen, in einer kleinen Gruppe von vier oder fünf Männern, die sich in einer Ecke gebildet hatte, bereits zu brodeln. Es war mit Händen zu greifen, dass sich dort Andersdenkende zusammengefunden hatten, und es war nur eine Frage der Zeit, bis sie sich aus der Deckung wagen würden.

Und so geschah es auch. Martín, der ältere Sohn von Couceiro, der sich bis dahin kaum bemerkbar gemacht, aber eines der besten Gewehre beigesteuert hatte, trat aus der

Konklave heraus und richtete sich deutlich vernehmbar an Besteiro. Man merkte ihm an, dass er sich unbehaglich fühlte, aber seine vorsichtig gewählten Worte verrieten auch eine gewisse Beherztheit.

«César. Ich … Wir … Denn ich spreche nicht nur für mich. Wie du weißt, habe ich ein besonderes Interesse daran, den Werwolf zur Strecke zu bringen, schließlich hat er meine Schwester getötet. Und du weißt auch, dass wir dich sehr respektieren. Trotzdem finden wir, dass wir vorher hätten besprechen müssen, was du vorhast, weil … weil es vielleicht nicht der beste Plan ist, und …»

Je länger Martín redete, desto mehr verlor er an Selbstbewusstsein. Besteiro sah ihn derartig durchdringend an, dass er es mit der Angst zu tun bekam, jedenfalls fiel es ihm schwer, die richtigen Worte zu finden, um das auszudrücken, was ihm gerade eben noch so klar gewesen war. Er hielt kurz inne, riss sich zusammen und fuhr dann mit noch größerer Entschlossenheit fort.

«Wir finden, dass wir unsere Familien in dieser Nacht nicht allein lassen dürfen, dafür ist die Gefahr einfach zu groß; dass wir nicht tatenlos hier herumsitzen dürfen, sondern diese Gelegenheit nutzen sollten, um alle gemeinsam auf die Jagd zu gehen. Außerdem halten wir es für ungerecht, dass einer die Gewalt über alle Waffen hat. Schließlich könnte es jeder von uns sein, niemand ist über den Verdacht erhaben.»

«Ich danke dir für deine Ehrlichkeit», antwortete Besteiro sofort. «Sie ist mir wesentlich lieber, als heuchlerisch zu allem ja und amen zu sagen und hinter vorgehaltener Hand zu kritisieren. Also will ich dir ausführlich darlegen, warum ich diese Entscheidung getroffen habe. Wenn du mir gut zuhörst, wirst du mich verstehen und mir am Ende recht geben, da bin ich mir sicher. Mein Instinkt hat mich nämlich noch nie getrogen. Ich garantiere dir, dass eure Familien heute Nacht sicher sind. Wir sind uns, glaube ich, einig darin, dass der Werwolf jemand von uns sein muss, jemand aus diesem Tal. Hier in dieser Küche sind alle versammelt, die in Frage kommen. Ob sich der Werwolf tatsächlich zu erkennen geben wird, ist eine andere Frage. Aber wenn er sich zu erkennen gibt, dann haben wir alles unter Kontrolle. Und sollte es doch keiner von uns sein, was ich nicht glaube, sondern jemand von außerhalb, dann haben wir es mit einem gerissenen Kerl zu tun, der nicht planlos zuschlägt; dann können wir davon ausgehen, dass er sich heute Nacht nicht rühren wird, weil er genau weiß, dass es morgen zwanzig Verdächtige weniger gibt, und daran hat er offensichtlich kein Interesse. Sollte einem der Euren etwas zustoßen, übernehme ich dafür die volle Verantwortung. Ich bin bereit, eine Entschädigung zu zahlen und zu helfen, so gut ich kann.»

«Das ist die Chance meines Lebens!», rief Senén, der immer frech und zum Scherzen aufgelegt war. «Ich werde meine Frau los und dazu noch Millionär!»

Er erntete großes Gelächter, was der angespannten Stimmung die Spitze nahm. Eine Atempause war nach all den Überlegungen auch dringend nötig. Nur Martín de Couceiro war alles andere als amüsiert über diesen Ausbruch von Heiterkeit; grimmig sah er in alle Richtungen, als wollte er die anderen wieder zur Vernunft bringen, nach dieser frivolen Ablenkung, die dazu geführt hatte, dass alle – sogar einige der Abweichler – Besteiro stillschweigend zustimmten, allein dadurch, dass sie in dieser Situation lachten. Besteiro war sich dessen wohl bewusst. Er hatte die Anwesenden auf seine Seite gezogen, und Couceiros Sohn platzte fast vor Wut. Daher bat er um Ruhe, damit er seine Argumentation zu Ende bringen konnte.

«Was die Waffen betrifft», fuhr er fort, wieder an die ganze Gruppe gewandt, «die habe ich nur in Verwahrung genommen, bis der Werwolf sich zu erkennen gibt. Sobald er sich zeigt, verteile ich sie blitzschnell, darauf könnt ihr euch verlassen. Solange wir aber nicht wissen, wer der Feind ist, wäre es unverantwortlich, wenn alle ihre Waffen behielten, das werdet ihr sicher verstehen. Dass ich derjenige bin, der sie verwahrt, hat einen einfachen Grund. Ich bin der am wenigsten Verdächtige, weil ich das beste Alibi habe. Ich wohne über hundert Kilometer entfernt. Als vergangenen Monat Delfina angefallen wurde, war ich mit meiner Frau auf einem Ball, was zweihundert Personen bezeugen können.»

«Und wie willst du die Gewehre verteilen?», unterbrach ihn Senén, den sein Erfolg von eben mutig gemacht hatte, «wenn einem von uns hier plötzlich der Bart wächst?»

«Ganz einfach», erwiderte Besteiro. «Lino!»

Blitzschnell ergriff Besteiro ein Gewehr und warf es, ohne ihn anzusehen, Lino zu, der es geschickt eine Handbreit vor seinem Gesicht auffing.

«Ziel auf mich, Lino!», schrie Besteiro. «Los! Nimm mich ins Visier! Ich bin der Werwolf!»

Im Bruchteil einer Sekunde schnellte das Gewehr wie von einer Sprungfeder angetrieben von der Senkrechten in die Waagrechte, lag Linos sicherer Zeigefinger am Abzug, folgte sein Blick der imaginären Linie von seiner Pupille zu einem Punkt zwischen den dichten Augenbrauen Besteiros.

«Gut, sehr gut», sagte dieser zufrieden. «Du kannst mir das Gewehr wieder zurückgeben. Wie ihr seht, mangelt es uns in Brañaganda nicht an guten Schützen.»

Der junge Famarelo hob den Lauf. Auf seinem Gesicht spiegelte sich Erstaunen über sich selbst, über diesen verwegenen Akt. Er war einfach nur seinem Jagdinstinkt gefolgt, angestachelt von dem tollkühnen, aber auch gerissenen César Besteiro. Einen Moment lang betrachtete er fassungslos das Gewehr, das er noch nie zuvor in den Händen gehalten hatte, und warf es dann so gekonnt zurück, wie es ihm zugeworfen worden war.

Diese theatralische Demonstration hinterließ großen Eindruck bei den Männern und setzte der Diskussion, die der Sohn von Couceiro zu entfesseln versucht hatte, mit einem Schlag ein Ende. Nur zwei der Anwesenden schlossen sich der allgemeinen Bewunderung nicht an. Einer war mein Vater, der den beiden Protagonisten des Scheingefechts verantwortungsloses Handeln vorwarf und darauf hinwies, dass das Gewehr geladen und die Aktion wirklich riskant war.

Der andere war Famarelo senior. Als die Waffe wieder an ihrem Platz war und alle noch der Kaltblütigkeit und Geschicklichkeit ihren Respekt zollten, erhob er die Stimme:

«Es wird nichts bringen. Gar nichts wird es bringen. Die Bestie wird heute Nacht nicht zuschlagen.»

Doch seine Bemerkung ging unter. Einige hörten sie nicht; andere verstanden sie nicht.

«Was erzählt er da von einem Pferd?», fragte einer, weil er statt Bestie *besta* verstanden hatte, was auf Galicisch Pferd hieß.

«Doch nicht Pferd!», erläuterte ihm jemand, der ein besseres Gehör besaß. «Er meint den Werwolf. Er behauptet, dass er heute nicht angreifen wird.»

Auf der dunklen Scheibe des einzigen Fensterchens spiegelten sich das Feuer des Kamins und das Licht der Petroleumlampen. Draußen war es Nacht geworden. Der Mond war noch nicht zwischen den Bergen hervorgetreten, um am Himmel über Semellade zu leuchten.

Das Gelb des Stechginsters

Die Spannung ließ nach, als die Männer begriffen hatten, dass es beschlossene Sache war und sie sich nur noch fügen und das Beste aus der Situation machen konnten. Die meisten suchten sich einen bequemen Platz und zogen sich die Jacke oder den Mantel aus, die sie anbehalten hatten, weil sie dachten, sie müssten bald wieder in die Kälte hinaus.

Doch der Abend hielt noch weitere Aufregungen für die Männer von Brañaganda bereit, für diese Handvoll Bauern, die der tyrannische César Besteiro für eine Nacht als Geiseln genommen hatte.

«Schschsch! Horcht!», zischte jemand. «Ich glaube, da klopft es.»

Gespannte Stille trat ein. Tatsächlich klopfte es dreimal deutlich an der Tür, die zum Wohnbereich führte. Es war ein vorsichtiges, zurückhaltendes Klopfen, aber für die meisten Anwesenden hatte es wie das heftige Schlagen eines Türklopfers geklungen.

«Keine Angst. Ich weiß, wer das ist», erklärte Besteiro und griff zu seiner Waffe. «Ihr habt hoffentlich nichts dagegen, dass ich trotzdem Vorsichtsmaßnahmen treffe, für alle Fälle. Herein!»

Die Tür ging auf, und auf der Schwelle erschien Cándida in der Kleidung, die sie gewöhnlich trug, wenn sie in El Sollado arbeitete. Sie war blass, sperrte die Augen auf und versuchte, alles im Raum gleichzeitig zu erfassen, alle zwanzig Männer, deren Blicke auf sie gerichtet waren. Vor ihrem Bauch hielt sie ein Silbertablett, dessen Funkeln mit dem Glanz in ihren Augen um Aufmerksamkeit rang. Nachdem sie schier endlos auf der Schwelle verharrt hatte und fast ihr Schlucken zu hören gewesen war, trat sie ein und ging auf die Gruppe von Männern zu, die ihr am nächsten war. Nach ihr kam durch dieselbe Tür ein weiteres Mädchen herein, das ebenfalls auf dem Gutshof arbeitete, und auch sie trug ein Tablett, nur war es größer und mit Speisen beladen. Sie ging direkt zu dem Tisch, an dem Besteiro über allem wachte, stellte das Tablett ab und verschwand genauso schnell und entschlossen, wie sie gekommen war.

Cándidas Aufgabe hingegen ließ nicht zu, dass sie sich rasch zurückzog. Während sie auf Luisín zuging, der ihr am nächsten stand, klirrte etwas auf ihrem Tablett: Es waren die Gläser, die aneinanderschlugen, weil Cándida so heftig zitterte, aus Angst und Scham. Später würde sie mir erzählen, wie es ihr an diesem Abend ergangen war, würde mir erklären, dass ihre Mutter ihr aufgetragen hatte, den Wein zu servieren; dass sie darauf bestanden hatte, dass sie ihr Kopftuch ablegte; und dass sie ihr eingebläut hatte, die ganze Zeit zu lächeln, um den Männern eine Freude zu machen; und dass sie – ohne es sich erklären zu können – Wut und Ekel empfunden hatte. Jedenfalls hatte sie das Kopftuch, kaum hatte sie das Zimmer ihrer Mutter verlassen, wieder angelegt.

Die meisten Männer erwiesen sich jedoch als nobler und gutherziger, als sie befürchtet hatte. Manche waren von ihrer zitternden Ängstlichkeit und ihrer märtyrerhaften Wehrlosigkeit so berührt, dass sie dezent wegsahen, während Cándida ihren peinigenden Gang hinter sich brachte. Andere wiederum – auch dies soll gesagt sein – interessierten sich mehr für das Fleisch und die Wurst, die auf dem Tisch standen.

Cándida wusste, dass alle Männer des Ortes anwesend waren. Sie war eingeweiht in Besteiros Plan, und vielleicht hielt sie deshalb den Blick nicht gesenkt wie sonst in letzter Zeit, sondern sah allen, auf die sie zuging, in die Augen, wenn auch ängstlich, als fürchtete sie, jeden Augenblick könnte etwas Schreckliches geschehen, als flehte sie jeden an, er möge es nicht sein, er möge weiterhin Avelino sein, Cosme, Fermín, der vertraute, sanftmütige Damián, den sie aus ihrer Kindheit kannte, und nicht etwas Unvorstellbares in Menschengestalt. César verfolgte Cándidas Auftritt mit gelassenem Blick, aber immer wachsam, ohne den Finger vom Abzug zu nehmen. Mein Vater hingegen starrte die ganze Zeit auf einen Punkt knapp neben seinem Stuhlbein, wie mir Lino am folgenden Tag berichtete.

Als Cándida um den Tisch herumgegangen war und Besteiro das Tablett hinhielt, trat im Raum eine bedeutungsschwere Stille ein. Mit gespielter Gleichgültigkeit, vielleicht einen Tick zu ernst, sich jedenfalls der Tatsache bewusst, dass alle Blicke auf ihn gerichtet waren, nahm sich Besteiro ein Glas. Im Raum schwebte geradezu mit Händen greifbar das lästige Gespenst seiner nie anerkannten Vaterschaft.

«Danke, Cándida», sagte Besteiro, ohne sie anzusehen, wie jemand, der zur nächsten Angelegenheit übergeht.

Cándida wandte sich schnell der letzten Gruppe zu, die sie noch nicht bedient hatte, gleich neben der Tür.

«He, Cándida!», rief plötzlich Felipe del Couso, der an einem der Tischenden stand. «Willst du dem Herrn Lehr... Verzeihung, Don Enrique kein Gläschen – Gläschen, wohlgemerkt, kein Küsschen – geben?»

Cándida wurde immer langsamer und blieb schließlich stehen wie eine Aufziehpuppe mit Tablett, deren Federwerk abgelaufen ist.

«Ich dachte, ihr wärt euch vertrauter», stichelte der Müller weiter, «jetzt, wo er dich porträtiert hat.»

Cándida erstarrte inmitten all jener Männer, inmitten der Stille, in der nur das Prasseln und Puffen des brennenden Feuerholzes zu hören war. Zum ersten Mal, seit sie den Raum betreten hatte, senkte sie den Blick. Dann aber riss sie sich zusammen, hob den Kopf und sah Felipe del Couso direkt in die Augen, mit einer Entschlossenheit, die im Widerspruch zu ihren glühenden Wangen stand.

«Ich wollte gerade zu ihm», sagte sie heiser.

Sie machte eine Vierteldrehung und ging, den Blick nach wie vor auf Felipe del Couso gerichtet, auf meinen Vater zu.

«Es reicht», mischte sich Besteiro ein, der sich offenbar unbehaglich fühlte. «Stell das Tablett da hin. Wir bedienen uns selbst.»

Cándida setzte das Tablett an einer Ecke des Tisches ab und ging schnell hinaus. Damián de Boral schüttelte den Kopf und brachte auf den Punkt, was viele dachten.

«Dieses Mädchen», sagte er wie zu sich selbst, «weiß, wie man kokettiert.»

«Ja», stimmte Senén ihm mit verträumtem Blick zu, «die ist schon ein bisschen verdorben. Wenn sie sich früher die Strümpfe hochgezogen und von der jüngsten Geburt eines Schweins erzählt hat, war daran noch nichts Verschlagenes.»

«Ein bisschen mehr Schamgefühl sollte sie sich schon bewahren», bemerkte Cosme da Veiga. «Sie ist jetzt eine Frau, und wenn sie weiter so vertrauensselig durch die Welt geht, wird ihr eines Tages irgendein Grobian übel mitspielen.»

Luisín war bekannt für seine scharfe Zunge und immer für eine spöttische Bemerkung gut. An diesem Abend aber hatte er noch kein einziges Mal den Mund aufgetan, vielleicht, weil er so jung war – nach Lino Famarelo der Jüngste – und sich unter all diesen lebenserfahrenen Männern gehemmt fühlte. Aber als er sich endlich entschloss, seinen Wortwitz zu beweisen, vergriff er sich im Ton, machte eine anzügliche, unangebrachte Bemerkung, die den Appetit des Wolfsmenschen mit Cándidas üppigen Formen in Verbindung brachte.

Niemand, nicht einmal Felipe del Couso, lachte über diesen überpfefferten Witz.

Luisín verstummte, und die Männer wandten sich schweigend ihrem Wein zu und warfen begierige Blicke zu dem großen Tablett, auf dem sich – neben einem riesigen Laib Brot – geröstete Schweineschwarten türmten, die so mürbe waren wie ein Stück trockene Muttererde, dazu dicke, grobgeschnittene Scheiben Chorizowurst und ebenso dicke und grobgeschnittene Scheiben eines dunklen, weinroten Schinkens, der von leuchtend weißen Adern durchzogen war. Keiner traute sich zuzugreifen, bis Besteiro es befahl: Es sei genug da, um zwanzig Männer satt zu kriegen.

Mehr um mit gutem Beispiel voranzugehen, als dass er wirklich Hunger gehabt hätte, nahm auch Besteiro sich einige der saftigen und knusprigen Schweineschwarten – die im Galicischen *roxós* hießen –, ein echter Leckerbissen für die Bauern. Anfangs noch zurückhaltend, als bäten sie um Entschuldigung, näherten sie sich mit ihren plumpen, zerfurchten Händen vorsichtig dem Tablett, doch bald schon griffen sie wie selbstverständlich immer wieder zu. Und am Ende aßen alle: die einen mit echtem Hunger, weil sie zu

Hause weniger bekommen hatten, als ihnen lieb gewesen war; andere, weil das Fleisch ihren bereits gestillten Appetit neu entfacht hatte; und wieder andere aus reiner Gefräßigkeit oder weil sie sich die Gelegenheit, wenigstens einmal den Luxus von El Sollado zu genießen, nicht entgehen lassen wollten.

«In El Sollado gibt es jeden Tag *Fleisch*!», sagte einer mit bewunderndem Respekt und meinte – nicht ohne eine gewisse Verzückung – mit «Fleisch» ausschließlich das vom Schwein.

So viel Fleisch und Wurst machten durstig, und so leerten sich die Gläser, die Cándida vor Angst zitternd serviert hatte, Zug um Zug. Es war ein trüber, etwas fader Wein, der aber immerhin die hitzigen Gemüter beruhigte. Nur Cosmín rührte keinen Tropfen an, obwohl auch er nach all dem scharfen, salzigen Essen eine trockene Kehle haben musste. Nach einem Glas Wasser zu fragen, traute er sich nicht, also musste er seinen Durst tapfer ertragen.

Als alles aufgegessen und ausgetrunken war und die Männer es sich bequem gemacht hatten, um den Festschmaus zu verdauen, erhob sich César Besteiro, das Gewehr noch immer in der Hand, öffnete einen Schrank, der sich hinter ihm befand, holte zwei etikettenlose Flaschen heraus und stellte sie auf den Tisch.

«Hier habt ihr Orujo. Schenkt euch ruhig kräftig ein», sagte er zu seinen Bauern. «Die Nacht ist lang, und ein bisschen Wärme von innen wird uns allen guttun.»

Einer der beiden Schnäpse war vollkommen klar. Der andere, der aus Stechginster gemacht war, hatte eine goldene Färbung.

Wieder füllten sich die Gläser, diesmal zu einem Drittel

oder zur Hälfte, wieder wurden die Kehlen befeuchtet; gemächlicher, ohne die gierige Eile von eben, mit Muße, dem wilden Aroma des Destillats nachschmeckend.

Doch nicht alle tranken.

«Sag mal, Cosmín! Willst du denn gar keinen Orujo trinken?», fragte Cosme da Veiga, dem schon aufgefallen war, dass sein Namensvetter auch den Wein nicht angerührt hatte.

Cosmín schüttelte heftig den Kopf, als man ihm ein Glas anbot, was von Felipe del Couso bemerkt wurde, der sich die Gelegenheit nicht entgehen ließ, die Schärfe seiner Zunge erneut unter Beweis zu stellen.

«Cosmín, das hier ist aus *Toxo*!», rief er spöttisch. «Oder hast du zu Hause etwa was Edleres? Trink, mein Guter, das spült, schließlich hast du gerade *roxó* gegessen, und der muss runtergespült werden.»

«Nein, ich … ich kann nicht», stammelte der arme Cosmín, den es sichtlich quälte, dass seine Abstinenz plötzlich im Zentrum des Interesses stand.

«Wenn du nicht trinkst, werde ich böse», sagte Felipe in ernstem Ton. «Willst du es Señor César etwa so danken, dass er uns verköstigt hat?»

Die meisten Anwesenden verfolgten das Gespräch mit amüsierter Neugier, nur einige missbilligten spürbar den Druck, den der Müller ausübte, weil er sich in Cosmín ein allzu leichtes Opfer für seine Boshaftigkeit ausgesucht hatte.

«Felipe», mischte sich Couceiro ein, «lass den armen Jungen in Ruhe.»

«Ich denke gar nicht dran», erwiderte Felipe, entschlossen, die Sache zu Ende zu bringen. «Cosmín wird sein Glas austrinken, bis zum letzten Tropfen! Entweder trinken alle, oder es trinkt keiner!»

Inzwischen sah man in manchen Gesichtern Ärger und Unwillen, in anderen aber Resignation oder Gleichgültigkeit, weil es sich einfach nicht lohnte, sich Cosmíns wegen, der so unbedeutend war und immer nur vor sich hin nuschelte, mit dem Müller anzulegen. Der Einzige, der genügend Autorität gehabt hätte, war Besteiro, aber der besaß den Instinkt eines guten Anführers und mischte sich bei kleinen Reibereien seiner Truppe nicht ein. Mein Vater war drauf und dran, angesichts dieser unnötigen Grausamkeit seine Stimme zu erheben, aber letztlich scheute auch er davor zurück, dem Müller die Stirn zu bieten. Cosmín wirkte nun regelrecht verängstigt. Das Glas in der Hand, blickte er die Anwesenden flehend an, suchte ihren Beistand. Aber alle sahen weg oder senkten den Kopf in der Hoffnung, dass sich die unbehagliche Situation von allein in Luft auflösen würde. Cosmín betrachtete das Glas, als enthielte es nicht Stechginster, sondern giftigen Schierling, schloss die Augen und trank es in einem einzigen langen Zug aus.

«So ist's recht, mein Guter!», rief Felipe mit seinem üblichen Spott. «Siehst du, es ist gar nicht so schwer, gut mit seinen Freunden auszukommen!»

Damit war der Vorfall zwischen Cosmín und dem Müller beendet, und eine eigenartige Trägheit machte sich breit, in der eine leichte Unruhe mitschwang, wegen der Aussicht, die ganze Nacht in diesen vier Wänden verbringen zu müssen. Mit ihren vollgeschlagenen Bäuchen und angeheitert von Wein und Orujo, waren die Bewohner Brañagandas überzeugt, dass in den folgenden Stunden nichts Übernatürliches geschehen würde. Sie kannten sich zu gut, und auch die Atmosphäre war – trotz der geschmacklosen Scherze des Müllers – zu alltäglich und vertraut, als dass sie sich hätten vorstellen können, einer von ihnen könnte sich in einen Werwolf verwandeln.

Doch dann, während alles seinen ruhigen Gang zu gehen schien, geschah es. Einige bemerkten es nicht sofort, weil es leise begann. Aber schon bald begriffen auch die Zerstreutesten – aufgeschreckt durch das verwunderte Gemurmel der anderen –, dass in einem Bereich der Küche eine Art Epizentrum entstanden war, von dem konzentrische Druckwellen ausgingen; eine Stelle, zu der nun alle mit weit aufgerissenen Augen schauten: zu Cosmín, der zusammengekrümmt auf einem Stuhl saß und seltsam stöhnte, ja röchelte, während sein ganzer Körper heftig zuckte.

Alle waren bestürzt, gerieten fast in Panik. Sogar Besteiro erstarrte einen Moment lang, sah wie gebannt auf Cosmíns zuckenden Kopf. Als er schließlich reagierte und zum Gewehr griff, war Cosmín bereits aufgestanden oder vielmehr von seinem Stuhl gestürzt, die Hände verkrampft, die Augen verdreht und Schaum vor dem Mund.

Die anderen Männer wichen weiter zurück, sodass die Mitte des Saales immer leerer wurde. Besteiro – der heftig atmete und in dessen Augen es wild aufblitzte – richtete seine Waffe auf Cosmín, war entschlossen, auf ihn zu schießen, sollten ihn die Zuckungen noch weiter in Richtung Tisch treiben.

«Das ist der Werwolf! César, schieß!», schrie jemand.

Besteiro blinzelte und kämpfte mit dem Schweiß, der ihm in den Augen brannte. Sein Finger strich bereits über den Abzug, als mein Vater auf Cosmín zustürzte und sich vor ihn kniete. Besteiro löste seinen Finger, hob den Kopf und sah einen Augenblick lang verblüfft über das Gewehr hinweg. Aber dann legte er es wieder an, nur dass er diesmal auf den Rücken meines Vaters zielte, weil von Cosmín lediglich die Beine zu sehen waren.

«Weg da, Don Enrique! Sind Sie verrückt geworden? Ich schieße!»

Da geschahen viele Dinge auf einmal. Einige schrien César an, er solle abdrücken, andere meinen Vater, er solle aus dem Weg gehen, während Cosmín weiterhin merkwürdig röchelte. Dann öffnete sich die Tür, und herein kam Cándida, der die Angst regelrecht ins Gesicht geschrieben war. Wie angewurzelt stand sie in der Tür und betrachtete entsetzt das eigenartige Ensemble, bestehend aus dem von schrecklichen Krämpfen geplagten Cosmín und meinem Vater, der ihr das Gesicht zugewandt hatte. Als sie sah, dass Besteiro das Gewehr im Anschlag hatte, wollte sie in den Raum hineinlaufen und hätte es auch getan, wenn nicht Milagros, die in diesem Moment auftauchte, sie an den Schultern gepackt hätte; doch auch Milagros erstarrte angesichts der Geschehnisse, war unfähig zu handeln, konnte nur zusehen.

«Ihr Tiere!», übertönte schließlich mein Vater das Geschrei, holte ein Taschentuch heraus und fuhr damit über Cosmíns Gesicht. «Er hat einen epileptischen Anfall!»

Dann sah er zu Felipe del Couso, der ebenso reglos verharrte wie alle anderen, und fügte hinzu:

«Ihm Alkohol aufzudrängen war verhängnisvoll!»

Noch hatten die Männer Angst und schwiegen, aber die Empörung meines Vaters und sein helfendes Eingreifen – er hatte das Taschentuch zusammengefaltet und versuchte, es Cosmín zwischen die Zähne zu stecken – brachte sie zu der Überzeugung, dass es tatsächlich nicht das war, was sie gedacht hatten. Außerdem hatte Besteiro das Gewehr gesenkt und fuhr sich erleichtert, wenn auch noch schwer atmend, durch die Haare. Er schämte sich, weil er wusste, was Epilepsie war, und nicht daran gedacht hatte.

«Was für ein Wahnsinn, einfach so dazwischenzugehen!», warf er meinem Vater vor. «Ich hatte den Finger schon am Abzug! Ich hätte Sie töten können!»

Jeder versuchte für sich, mit der Situation zurechtzukommen.

«Cosmín ist vom Teufel besessen!», deuteten einige den Vorfall auf ihre Art und Weise.

«Nein, meine Herren, das ist er nicht!», entgegnete mein Vater. «Der Teufel hat damit nichts zu tun. Er leidet an Epilepsie: eine Gehirnkrankheit, an der im Laufe der Geschichte schon viele Menschen gelitten haben, darunter berühmte Persönlichkeiten. Früher glaubte man, die Krankheit sei göttlichen Ursprungs. Sogar Cäsar …»

Einige wandten sich sofort Besteiro zu.

«Nein, nicht César», sagte mein Vater und deutete ein Lächeln an, während Cosmín sich allmählich erholte. «Ich spreche von Julius Cäsar, dem römischen Kaiser. Auch er hatte epileptische Anfälle. Cosmín wusste offenbar, dass er jederzeit einen Anfall haben konnte und keinen Alkohol trinken durfte. Deshalb wurde er auch so nervös, als er hörte, dass wir hier eingeschlossen werden sollten.»

Plötzlich erhob sich Suso Famarelo, der die ganze Zeit ungerührt auf einer Bank gesessen hatte. Mitten in das allgemeine Gemurmel hinein sagte er laut:

«Cäsar hat den Rubikon überschritten!»

«Genau», bestätigte mein Vater spöttisch. «Alea iacta est. Ich bin von lauter Genies umgeben!»

Cosmín erholte sich von seinem Anfall und schlief bis zum nächsten Morgen durch, woran sich niemand störte, zumal er nun eine Vorzugsbehandlung genoss. Cándida ließ sich nicht mehr blicken, obwohl auch sie in dieser Nacht bestimmt kein Auge zutat.

Die Männer von Brañaganda verharrten bis zum Sonnenaufgang in ihrem Gefängnis, wobei die Disziplin im Laufe der Nacht erheblich nachließ, als glaubte keiner mehr, dass nach jenem denkwürdigen Vorfall, der die bis dahin unangefochtene Autorität Besteiros erheblich angekratzt hatte, noch etwas geschehen würde. Mein Vater hatte an Respekt gewonnen, schließlich hatte er die anderen vom Werwolf befreit, hatte die Bestie im Nu in einen einfachen Kranken verwandelt und einen schrecklichen Fehler mit irreparablen Folgen verhindert.

In einem jedoch sollte César Besteiro recht behalten: In jener Nacht gab der Werwolf kein Lebenszeichen von sich. Der Vollmond im November forderte kein weiteres Opfer.

Dieser kleine Triumph machte das, was am folgenden Tag geschah, umso bitterer. Denn in der Nacht, die auf die unfreiwillige Haft folgte, tötete der Werwolf die Tochter von Avelino. Sie war nur kurz zu einem Brunnen gegangen, der in der Nähe ihres Hauses lag. Ihr Vater hatte ihr zwar hundertmal eingebläut, bei Dunkelheit nicht mehr nach draußen zu gehen, aber sie hatte sein Gebot schon mehrmals missachtet, weil sie niemanden stören wollte und zudem glaubte, dass keine Gefahr bestand; oder dass sie rechtzeitig würde reagieren können, sollte sich ihr jemand nähern.

Als man ihre Abwesenheit bemerkte, machte sich Avelino sofort auf die Suche und fand ihre Leiche nur wenige Meter von dem Brunnen entfernt. Sie wies die gleichen Wunden auf wie all die anderen Opfer des Werwolfs zuvor.

Avelino wurde vor Trauer schier wahnsinnig. Mit der verqueren Logik eines verstörten Menschen gab er César Besteiro die Schuld an seinem Unglück und verfluchte ihn bis ans Ende seiner Tage, ihn und alles, was mit El Sollado in Zusammenhang stand. Manchmal, wenn dieser Hass eskalierte, nahm er das Gewehr und begab sich zum Gehöft seines Feindes, um – wozu es allerdings nie kam – eines der Tiere zu töten, die in den Ställen standen oder auf den Feldern weideten. Immer wenn er dort ankam und vor der Kuh oder dem Kalb stand und diese ihn gleichgültig und friedfertig anschauten mit ihren geradezu menschlichen Augen, klammerte er sich an den Lauf seines Gewehrs, sank auf die Knie und schluchzte wieder und wieder: «Mein Mädchen! Warum musste es ausgerechnet mein Mädchen treffen?»

Der Tod Angelitas – so hieß Avelinos Tochter – hatte Folgen für die ganze Gemeinde. Denn Angelita war das erste Opfer, das nicht bei Vollmond getötet wurde. Der Werwolf – oder was immer die Ursache dieser Plage war – konnte also jederzeit zuschlagen, was den Lebensraum der Talbewohner noch mehr einschränkte. Besteiro hatte mit seiner Strategie falschgelegen, wodurch das blinde Vertrauen der Menschen in seine Fähigkeiten erschüttert war. Er hatte es nicht nur nicht geschafft, ein neues Opfer zu verhindern, sondern er war auch mit dem Versuch gescheitert, Namen von der Liste der Verdächtigen zu tilgen. Trotzdem entzog sich César Besteiro nicht seiner Verantwortung. Er gestand ein, dass seine Strategie gescheitert war, und versprach, fortzuführen, was er begonnen hatte, wenn auch mit konventionelleren Mitteln. Er wollte so bald wie möglich nach Brañaganda zurückkehren und die angekündigte Treibjagd nachholen. Was er sich noch nicht vorstellen konnte: In der nächsten Vollmondnacht würde er – eher unfreiwillig – gar nicht in der Gegend sein, in der er aufgewachsen war.

Auch ich war durch Angelitas Tod bis in meine Grundfesten erschüttert. Meine Beklemmung wuchs und erreichte in der folgenden Nacht ihren Höhepunkt. An dem Abend, an dem Avelinos Tochter getötet wurde, kam mein Vater sehr spät nach Hause, später denn je, so spät, dass er nicht mit uns zu Abend aß, was bis dahin noch nie vorgekommen war. Als er schließlich eintraf, wirkte er abwesend und verstört; wir sollten ihn entschuldigen, er habe sich mit Marcelino verplaudert, wie so oft in letzter Zeit.

Dritter Teil

DIE WUT DES WERWOLFS

Unter dem Sahnehimmel

Nach dem Tod von Avelinos Tochter versank ganz Brañaganda in eine winterliche Lethargie. Der Werwolf hatte noch nie bei Tageslicht getötet und auch noch nie in einem Gebäude, sodass sich die Talbewohner in ihre Häuser zurückzogen, sobald die Dämmerung einsetzte, was in dieser Jahreszeit sehr früh geschah, denn es war November und ging auf die Wintersonnenwende zu. Der Himmel war stets bedeckt, und niemand wagte sich mehr nachts nach draußen, egal, in welcher Phase der Mond sich befand. Man fühlte sich den makabren Launen des Werwolfs wehrlos ausgeliefert, und der ohnehin schon kleine Freiraum des täglichen Lebens wurde noch mehr eingeschränkt.

Und es wurde kalt. Die Tage waren kurz, milchige Wolken standen so reglos am Himmel, dass es aussah, als hätte jemand das Gewölbe mit einem matten Weiß bepinselt. Die steilen Wiesen und runden Gipfel von Brañaganda erschauderten im böigen Wind, der so unwirtlich durchs Tal fegte, dass die Schäfer sich fest in ihre Decken hüllten; und der gegen das Vieh peitschte, das ihm mit jahrtausendealter Opferbereitschaft trotzte. «Sobald sich der Wind legt, wird es schneien», sagten die Bauern mit Blick auf den Sahnehimmel. Fast jedes Jahr schneite es einmal, und der Schnee war gut für die Saat.

Seit mehreren Tagen bot sich nun schon dieses eintönige Bild ohne Hoffnung auf Besserung. An einem Samstag brach ich in Richtung Pasadía auf, um mich mit Pepín Famarelo zu treffen, der mir am Vortag erzählt hatte, er wolle den ganzen Vormittag über Patronen für das Gewehr seines Bruders herstellen mit Hilfe einer ausgeklügelten Maschine, die sein Vater gebaut hatte.

Um zum Hof der Famarelos zu gelangen, musste man El Sollado passieren und dem Weg folgen, der in fast gerader Linie den sanft sich aufschwingenden Berghang hinaufführte. Ich war froh, dass mein Ausflug sofort mit dem steilen Anstieg hinter der Schule begann, weil ich dadurch nicht mehr so fror, obwohl ein eisiger Wind gnadenlos durch meine dicke Wollkleidung fuhr. Ich trug keine Handschuhe, und meine Hände wurden ganz taub vor Kälte. Doch als ich eine Weile mit großen Schritten bergauf gegangen war, begann sich eine angenehme Wärme in meinem Körper auszubreiten, von meinem pochenden Herzen bis in meine Arme und Hände.

Plötzlich erregte links am Wegrand etwas meine Aufmerksamkeit. Ich blieb stehen. Der Hang fiel an dieser Stelle steil ab, wodurch sich die kargen Bäume wie dauergrüne Skelette aneinanderreihten. Was ich bemerkt hatte, war ein Fleck, der zwischen den Stämmen hervorschimmerte. Es war eine menschliche Gestalt, die an einem Baum lehnte. Im Grunde wusste ich sofort, dass es Cándida war, aber aus irgendeinem Grund fand ich es beunruhigend und unangenehm, ihr mitten im Wald zu begegnen, sodass ich erst alle anderen Möglichkeiten ausschloss, bis ich mir das Offensichtliche eingestand.

Kein Zweifel, es war Cándida: der marineblaue Rock, der besondere Winkel zwischen Schulter und Hals. Sie schien ihren Rücken gegen den Stamm zu drücken. Langsam ging ich auf sie zu, darauf bedacht, sie auch in den Momenten, in denen ein Baum mir die Sicht zu verdecken drohte, nicht aus den Augen zu verlieren. Da bemerkte ich, dass Cándida nicht allein war. Es war noch jemand da, der vor ihr stand: Er war groß, schwarz oder dunkel angezogen, was durch Cándidas helle Kleidung besonders auffiel. Er ging auf sie zu, gleich würde er bei ihr sein. Wieder blieb ich stehen, vor Angst wie erstarrt. Da wandte Cándida sich um, drehte zuerst den Kopf, dann ihren ganzen Körper, als hätte eine riesige Hand den Baum bewegt und mit ihm Cándida, um sie mir zu zeigen. Wie von Fliehkraft getrieben, löste sie sich von der rauen Rinde und ging los, erst stolpernd, dann in großen, aber langsamen Schritten, den Hang hinauf, der zum Weg führte, auf mich zu.

Auf ihrer Flucht zog Cándida die andere Gestalt wie hinter sich her; sie wand sich ebenfalls um den Baum und stolperte über ein paar Steine, hielt sich immer dicht hinter der verängstigten Cándida, sodass sie nicht richtig zu sehen war. Aber diese Gestalt war langsamer als Cándida oder hatte irgendein Problem, denn wenige Meter von dem Baum entfernt stürzte sie und krümmte sich. In dem Augenblick, in dem Cándida den Blick hob und mich bemerkte, konnte ich erkennen, wer da auf dem Boden lag. Es war die Señora de Freire in einem ihrer altmodischen Kleider aus dem vergangenen Jahrhundert. Dass es so prächtig war, machte die Situation noch lächerlicher. Sie war inmitten von Steinen und stachligem Buschwerk auf die Knie gesunken, sodass der Faltenrock sich um ihre Taille aufblähte. Mir fiel ein, dass sie ja hinkte, und ich stellte mir vor, was sie auf diesem Untergrund wohl zu erleiden hatte.

Weil sie am ganzen Körper zuckte, dachte ich zuerst, sie

würde weinen. Doch als sie den Kopf hob, konnte ich erkennen, dass sie spöttisch und nervös lachte.

«Ist nichts passiert, du Gazelle!», brachte sie mühsam hervor, weil sie vor Lachen kaum noch atmen konnte. «Mein Gazellchen! Mein schreckhaftes Gazellchen! Den … Den Balken im eigenen Auge bemerkt man nicht!»

Dann war Cándida bei mir. Sie wandte nicht einmal den Kopf, um nach Doña Isabel zu sehen. Die Angst in ihrem Gesicht verwandelte sich in Ärger, ja fast Ekel. Ich stand staunend da und bremste meinen Impuls, Doña Isabel zu Hilfe zu eilen, weil ich erst wissen wollte, was vorgefallen war.

«Was ist los? Was ist passiert?», fragte ich Cándida, während Doña Isabel gar nicht mehr aufhörte zu lachen.

Cándida brauchte eine Weile, bis sie mir antworten konnte. In ihrem weißen, vor Kälte starren Gesicht stachen ihre gereizten rosa Nasenflügel – offenbar die Folge einer hartnäckigen Erkältung – besonders stark hervor; ebenso die Flecken auf ihren Wangen, die der Aufregung und dem hastigen Anstieg geschuldet waren. Ihre vor Kälte feuchten Augen wirkten größer denn je. Eines war gerötet, als hätte sie es gerade gerieben.

«Sie wollte es mir mit der Zunge entfernen!», sagte sie schließlich.

«Was wollte sie dir entfernen?»

Cándida antwortete nur widerwillig, war noch voller Empörung.

«Ich hatte was im Auge! Das habe ich ihr gesagt, und da hat sie nachgeschaut, und dann … Diese Frau spinnt! Sie wollte es mir rauslecken. Angeblich macht man das irgendwo so.»

«Na ja, vielleicht …», versuchte ich, sie zu beruhigen.

«Darum geht es nicht. Es geht darum, dass … Diese Frau ist komisch! Ihre Hände sind heiß und rau, und ihre Kleidung riecht … alt.»

Ich sah zur Señora de Freire, die sich mühsam aufrappelte. Ihr Lachen war verstummt und einer schlechten Laune, ja Entrüstung gewichen. Ich wagte nicht, ihr zu Hilfe zu eilen, sondern hörte sie nur verächtlich sagen: «Die Leute lesen einfach zu wenig! Es ist eine Schande!»

«Los, lass uns gehen!», drängte Cándida. «Musst du auch da lang?»

«Und die Señora?», fragte ich.

«Die ist doch schon wieder auf den Beinen. Los! Ich weiß gar nicht, was die bei so einem Wetter hier zu suchen hat!»

«Und du? Was hattest du hier zu suchen?»

«Was soll die blöde Frage?», schnitt Cándida mir das Wort ab. Offenbar behagte ihr mein Misstrauen nicht. «Ich komme von der Mühle, wie jeden Samstag. Den kleinen Pfad nehme ich immer, weil ich sonst ja einen Umweg machen müsste.»

Cándida hatte recht: Der Pfad war wirklich eine Abkürzung; er ging gleich nach der Brücke ab und kam an der Stelle heraus, wo ich die beiden getroffen hatte.

«Sie hat mich zu sich gerufen», sagte Cándida wie zu sich selbst. «Was wollte sie nur? Sonst sieht man sie doch nie so weit weg von zu Hause. Und schon gar nicht allein.»

Wir waren schon fast in El Sollado, als Cándida plötzlich stehen blieb und suchend nach oben blickte, als lauschte sie. Auch ich blieb stehen und lauschte, aber ich hörte nur die geräuschvolle Stille der Berge.

«Schau! Schau doch nur!», rief Cándida mit strahlendem Blick.

Weil hinter ihr keine Bäume standen, hob sich ihre Gestalt kaum vom Grau der Ferne und dem matten Weiß des Himmels ab. Ihr Blick umspielte mich, als versuchte sie, etwas hinter mir zu erhaschen, jedenfalls sah sie mir nicht in die Augen. Ich weiß nicht, warum, aber ich erschrak. Vielleicht, weil ich nicht sehen konnte, was Cándida mir zeigen wollte, und meine ausufernde Phantasie mir deswegen einen Streich spielte.

«Siehst du es denn nicht?», rief Cándida, deren Blick nach wie vor an mir vorbeiwanderte, während sich mir die Haare sträubten.

«Was ist denn da?», schrie ich nun fast, als wäre ich gereizt, dabei hatte ich lediglich Angst.

Bevor Cándida antworten konnte, drehte ich mich um. Und da sah ich es, vor dem Hintergrund der dunklen Eichen, die sich den Hang hinaufzogen.

Es begann zu schneien. Der Schnee, der tagelang über dem Tal gehangen hatte, ohne sein Gesicht zu zeigen, fiel nun in kleinen flüchtigen Flocken auf Bäume und Wiesen herab, auf die Dächer und Wege von Brañaganda.

Cándida war verzückt, sie folgte mit dem Blick einer Flocke, die etwas größer war als die anderen, und versuchte, sie zu fangen; dann schloss sie die Augen, öffnete weit den Mund, breitete die Arme aus und bot, sich um ihre eigene Achse drehend, ihr Gesicht dem Schnee dar, in der Hoffnung, dass eine dieser kühlen Federn ihre Lippen erfrischte.

Sie war wieder die Cándida von früher, die Cándida, die mit mir gespielt hatte, die unwiederbringlich verlorene Cándida meiner Kindheit.

Es war das letzte Mal, dass ich sie so erlebte: begeistert, verzückt, ohne Scham, ohne Angst und ohne sich bewusst zu sein, dass sie bereits den Körper einer erwachsenen Frau besaß.

Es schneite den ganzen Tag, erst in dichten Flocken, die von Windstößen aufgewirbelt wurden, später in feinen, fast schwerelosen Flusen, die sich auf der Haut sofort auflösten. Am Abend hatten die Bäume und Dächer weiße Flecken, wie Felipe del Couso, wenn er aus der Mühle kam.

Der Schnee veränderte alles, weckte in allen eine kindliche Zuversicht. Ich verzichtete auf meinen Besuch bei Pepín, der diesen ersten Schneefall, weil er sich in jedem Jahr wiederholte, mit Verachtung strafen und stur weiter seiner Arbeit nachgehen würde, im dunklen Wohnzimmer des Bauernhofs, wo es aussah wie in einer Sattlerei und auch so roch, nach Leder und Staub; und wo auf dem großen Tisch immer Werkzeuge herumlagen. Ich kehrte lieber um, nachdem ich Cándida bis El Sollado begleitet hatte, und überlegte, wie lange es wohl dauern würde, bis genügend Schnee für eine richtige Schneeballschlacht gefallen war. Ich malte mir schon aus, wie ich meinen Bruder, mit dem ich in jenen Tagen oft zankte, mit einem schweren, festen Schneeball genau im Nacken traf; und das Beste: wie ich einen echten Schneemann baute.

Vielleicht lag es an dieser Vorfreude, dass ich nicht mehr an die Señora de Freire dachte – obwohl mich doch ihr Verhalten so sehr aus der Fassung gebracht hatte –, als ich wieder an der Stelle vorbeikam, an der wir sie zurückgelassen hatten.

Endlich kamen unser Haus und die Schule in Sicht. Aus beiden Schornsteinen stieg grauer Rauch auf, was nur bedeuten konnte, dass meine Mutter die Laken gewaschen und zum Trocknen in der Schule aufgehängt hatte, in der Wärme des Ofens, wie immer, wenn keine Kinder da waren und man die feuchte Wäsche wegen des Wetters nicht draußen aufhängen konnte. Der Rauch aus dem ersten Schornstein kam von unserem Küchenofen; durch ein ausgeklügeltes System konnte man darauf nicht nur kochen, sondern auch damit heizen, weshalb er den ganzen Winter über brannte.

Wie erwartet war von Norberto nichts zu sehen. Stattdessen traf ich auf meinen Vater, der am Rand der Böschung stand und zu den Bergen sah, in seiner typischen Haltung, die Hände in die Hüften gestemmt.

«Es hat angefangen, als ich schon fast in El Sollado war!», platzte es schier aus mir heraus, als ich bei ihm war. «Ich habe die ersten Flocken fallen sehen!»

Mein Vater hörte mir jedoch gar nicht zu. Zerstreut und ohne mich anzusehen murmelte er:

«Morgen um diese Uhrzeit ist es bestimmt wieder vorbei. In diesen Tälern hat es noch nie länger als einen Tag geschneit.»

Ich war enttäuscht über diese Begrüßung. Es ärgerte mich, dass mein Vater mir so wenig Beachtung schenkte. Und es machte mich regelrecht wütend, dass er anscheinend – wie aus seinen Worten und erst recht aus seinem düsteren Gesicht hervorging, mit dem er zum Himmel sah – keinerlei Interesse an weiteren Schneefällen hatte.

Ich begriff einfach nicht, was meinen Vater daran störte, dass unser Tal ein weißes Kleid erhielt. Außerdem dachte ich, diese Verwandlung unserer alltäglichen Landschaft könnte uns helfen, den Werwolf und seine ständige Bedrohung zu vergessen, und sei es nur für einige Tage. Ich stellte mir sogar vor, der Werwolf könnte den Schnee scheuen und verschwinden, könnte andere Gefilde aufsuchen, wo das Klima milder, für seine Absichten besser geeignet war.

Plötzlich fiel mir der Vorfall mit Cándida und der Señora de Freire wieder ein. Ich wollte meinem Vater schon davon erzählen, unterdrückte diesen Impuls jedoch, um mich für seinen kühlen Empfang zu rächen – und weil es mir ein Gefühl von Macht verschaffte, etwas zu wissen, das er nicht wusste, das ich vielleicht einmal zu meinem Vorteil nutzen konnte.

Ein blaues Veilchen

Mein Vater wusste nicht – niemand konnte es wissen –, dass diese Flocken die Vorboten eines heftigen Schneefalls waren, der, zumindest in unserer Gegend, als der Große Schnee in die Geschichte eingehen würde. In diesem Jahrhundert hatte es nichts Vergleichbares gegeben, jedenfalls konnten sich auch die Ältesten im Dorf nicht daran erinnern. Acht Tage lang schneite es fast ununterbrochen, sodass das Tal zwei endlose Wochen vom Rest der Welt abgeschnitten war. Tiere starben, weil sie auf der Weide eingeschneit wurden. Menschen hungerten, denn nur Familien, die wohlhabend waren oder genügend Lebensmittel und Futter gehortet hatten, überstanden diese Zeit relativ unbeschadet, litten allenfalls darunter, dass sie in ihren Häusern eingeschlossen waren. Am dritten oder vierten Tag gaben die Dorfbewohner den Kampf gegen den Schnee auf und räumten die Wege zu den Nachbarhöfen nicht mehr frei.

An jenem ersten Tag, an dem mein Vater und ich auf dem Platz vor der Schule den ersten Schneefall beobachtet hatten, schliefen wir nachts wie in Watte gepackt; die leisen, gemächlich fallenden Flocken dämpften die Geräusche im Tal, füllten alle Räume aus, ließen sich weich und geräuschlos auf dem Boden nieder, auf den Bäumen und Dächern. Am nächsten Morgen zog ich mich nach dem Aufwachen in Windeseile an und stürzte nach draußen, wo bereits eine Handbreit Schnee lag. Die ganze Landschaft war in ein Weiß gehüllt, das in der Ferne verschwamm, weil der Spitzenschleier aus Schnee alles verwehte. Norberto spielte auf dem Schulhof. Er war bis zur Unkenntlichkeit verpackt in Schals und Wollpullover, Handschuhe und Mütze, die trotz der Schichtung nicht viel nützten. Ich ging wieder in die Küche, dem wärmsten Raum des Hauses, und frühstückte in Windeseile, während die Zwillinge friedlich schliefen. Meine Mutter erzählte, mein Vater sei zur Mühle gegangen, um einige fehlende Sachen zu besorgen, weil er befürchte, der Schneefall könne länger als üblich anhalten; ich solle … Aber da hatte ich schon die leere Tasse abgestellt und war nach draußen gerannt, weil ich meine Ungeduld nicht mehr hatte zügeln können.

Nach der obligatorischen Schneeballschlacht, die wegen der Kräfteverhältnisse unfair war, machte ich mich daran, einen Schneemann zu bauen. Ich schuftete mit einem Eifer, der einer höheren Sache würdig gewesen wäre. «Mach du die kleinere Kugel für den Kopf!», wies ich meinen Bruder an, während ich selbst weiter an zwei großen Kugeln für den Leib arbeitete. Ich entwickelte eine solche innere Hitze, dass ich mit nackten Händen Schnee anhäufte, ohne auch nur das geringste Anzeichen von Kälte zu verspüren. Aber die Wirklichkeit holt einen immer ein und besiegt auch den entflammtesten Geist und das aktivste Herz.

Meine Hände begannen zu schmerzen. Es war ein quälender, unerträglicher Schmerz, der auf der Haut entstand und bis tief in die Knochen drang und die Hände in zwei gefühllose Eisblöcke verwandelte, die zu nichts mehr zu gebrauchen waren. Erschrocken rannte ich in die Küche und hielt meine geschundenen Hände über die Herdplatten des Küchenofens, unter dessen konzentrischen Ringen aus schwarz gewordenem Gusseisen die orangefarbenen Flammen tänzelten. Ich berührte sogar die Platte und stellte entsetzt fest, dass mein Finger nachgab, ich aber trotzdem nichts spürte, mich nicht verbrannte, wie es normal gewesen wäre.

«Spinnst du?», rief meine Mutter, die plötzlich in der Tür stand.

«Mir tun die Hände weh!», wimmerte ich vor Schmerz. «Es fühlt sich ganz merkwürdig an!»

«Zeig her», sagte sie und tastete meine Finger ab. «Was soll daran merkwürdig sein? Sie sind eiskalt. Ich hab dir doch gesagt, du sollst Handschuhe anziehen!»

«Aber wieso tun die so weh? Da stimmt doch was nicht.»

«Ihr seid mir vielleicht zwei Racker», seufzte meine Mutter, nahm meine Hände und steckte sie unter ihre Achselhöhlen. Harmonisch umschlungen standen wir da, meine Hände festgehalten allein vom weichen Druck ihrer Oberarme. Ich fühlte mich wie ein Tierjunges und schämte mich ein wenig. Aber dann spürte ich, wie wieder Blut und Wärme in meine Hände strömten, bis in die Fingerspitzen hinein. Es war, als würde man mir mit Hunderten von Nadeln gleichzeitig in Knochen und Kuppen stechen: schmerzhaft zwar, aber begleitet von einem Kitzeln, das die Rückkehr ins Leben ankündigte.

Kurz darauf kam mein Vater zurück, mit Einkaufsnetzen, die mit kleinen, in grobes Papier gehüllten Päckchen gefüllt waren. Im Gegensatz zum Vorabend, als er fast in Trübsinn versunken war, war er gut gelaunt.

«Mit diesem zusätzlichen Proviant», bemerkte meine Mutter und prüfte ein Paket, das offenbar Linsen enthielt, «den Vorräten in der Speisekammer und dem Brennholz im Schuppen kann es von mir aus ruhig noch einen Monat weiterschneien!»

«Das sagst du nur, damit du nicht unterrichten musst!», scherzte mein Vater und zwinkerte dabei schelmisch. «Aber das Leben hier wird ganz schön durcheinandergewirbelt», fügte er in ernsterem Tonfall hinzu. «Der Schnee macht die Wege unbegehbar, man kann das Haus nicht verlassen, und dann ist da ja auch noch das Vieh und … Ach, was soll's!», rief er plötzlich. «Morgen ist der Spuk vorbei. Schön aussehen tut's ja. Schade nur, dass nicht schon Weihnachten ist!»

Doch es schneite und schneite, manchmal heftiger, manchmal kaum wahrnehmbar, aber selbst dann ließ das eintönige Grau des bedeckten Himmels keinen Zweifel zu, dass es weiterschneien würde. Gemächlich verschwand das Tal unter einer immer dicker werdenden weißen Decke.

Am Montagmorgen erschien kein Kind zum Unterricht; und am Nachmittag war der Weg, der zur Mühle führte, endgültig unpassierbar, obwohl Damián de Boral und der Müller ihn immer wieder frei geräumt hatten, um den Zugang zum Brunnen offen zu halten, der in der Nähe der Schule lag.

«An Wasser wird es ihnen bestimmt nicht mangeln», meinte mein Vater, der an jenem Abend wieder ziemlich schwermütig war.

«Ach ja? Wieso?», fragte ich neugierig.

«Weil Schnee nichts anderes als Wasser ist, Orlando», erklärte Norberto bedächtig. «Man muss ihn nur in einem Topf schmelzen.»

Am nächsten Tag schneite es immer noch. Es war bereits der vierte Tag, an dem ich meine alten Wollhandschuhe gut gebrauchen konnte, die ich sonst das ganze Jahr nicht trug; immer wieder wurden sie beim Spielen nass, sodass ich sie hinterher zum Trocknen aufhängen musste. Doch irgendwann hatte auch ich den Schnee ein bisschen satt und begann zu überlegen, wie ich mir die Zeit vertreiben konnte, ohne nass zu werden.

Der Schnee hielt uns praktisch zu Hause fest. Immer höher türmte er sich an den Wänden auf. Nur der kleine Korridor zwischen Hintereingang und Holzschuppen blieb frei, weil mein Vater jeden Tag den Schnee wegschaufelte und so die ohnmächtige Wut abbaute, die er angesichts dieses tyrannischen Verhaltens der Natur empfand.

Wir mussten uns also irgendwie drinnen beschäftigen, was in dem kleinen Häuschen schnell eine bedrückende Atmosphäre erzeugte, verstärkt noch dadurch, dass alle Spiele, bei denen man Platz brauchte, praktisch unmöglich waren, weil es zwischen den Möbeln eng war, weil meine Mutter alle Hände voll zu tun hatte, weil die Zwillinge schrien, weil das Bügelbrett herumstand und weil sich das Brennholz in der Küche stapelte, um zu trocknen; und weil mein Vater immer nervöser und reizbarer wurde, herumschlich wie ein Raubtier im Käfig. Er verbrachte immer mehr Zeit im Schuppen und hackte Holz, obwohl wir gar keins mehr brauchten.

Nur Norberto konnte das alles nichts anhaben. Er zog sich in eine Ecke zurück und zeichnete oder las ein Buch, bis er zum Mittag- oder Abendessen gerufen wurde. Irgendwann spielte auch ich mit dem Gedanken, mir ein Buch vorzunehmen, was einer völligen Kapitulation gleichkam. Bücher gab es bei uns zuhauf, aber die wirklich interessanten, die mit Bildern und Illustrationen, hatte ich schon tausendmal durchgeblättert, während ich die anderen, die richtigen, die, die mir meine Eltern schon so oft ans Herz gelegt hatten, links liegen gelassen hatte.

Wenn ich mir doch einmal freiwillig eines dieser vollbedruckten Werke vornahm, geschah, obwohl ich gut lesen konnte, besser jedenfalls als die meisten anderen Kinder in meinem Alter, immer das Gleiche: Ich begann mit dem ersten Kapitel, mit der ersten Seite, entzifferte die Wörter, fügte sie zusammen, bis sie zu ganzen sinnvollen Sätzen wurden. Aber es war ein mechanischer Akt, weil die Wörter und Sätze an der Oberfläche blieben, keine tieferen Gewässer erreichten, weil ich keinen Bezug zu meiner inneren Welt entdecken konnte, zu den Leidenschaften, die in mir zu keimen begannen. Also verlor ich nach einer Weile das Interesse und stellte das Buch enttäuscht ins Regal zurück.

Doch nun, da wir vom Schnee belagert waren, gab ich aus der Not heraus der Lektüre eine weitere Chance. Und diesmal war alles anders. Selbst wenn aufregendere Dinge geschehen würden, würde ich den Großen Schnee immer als den ungewöhnlichen Rahmen in Erinnerung behalten für die Lektüre meines ersten Romans: *20 000 Meilen unter dem Meer* von Jules Verne.

Wenn jemand sich fragt, ob er verliebt ist oder nicht, wenn er sich das immer wieder fragt, vielleicht sogar einen Freund zu Rate zieht, dann ist er wahrscheinlich nicht verliebt, denn die Liebe lässt keinen Raum für Zweifel. So erging es mir mit meiner ersten wahren Lektüre. Während mich die bisherigen Versuche kaltgelassen hatten, sog mich das Buch von Jules Vernes regelrecht ein, wie wenn ich, statt das Ölgemälde einer schönen Landschaft zu betrachten, tatsächlich in der Landschaft wäre, auf ihren Wiesen tollte, die Wärme der Sonne spürte, den Duft der Blumen roch, das Summen der Bienen hörte. Diesmal war es kein mechanisches Bemühen, die Zeichen zu entziffern, sondern ein

Eintauchen in die Geschichte. Ich reiste mit der Nautilus und ihrem mürrischen Kapitän von der Klippe zu Beginn bis zum Ende der Fahrt über die sieben Meere. Ich ließ mich anstecken von der Faszination für die Technik, und wenn ich las, löste sich alles um mich herum in Luft auf: die Enge unserer kleinen Wohnung, das Geschrei der Zwillinge, der Zank zwischen mir und meinem Bruder, unser unfreiwilliges Gefängnis, der Schnee, der draußen weiterhin fiel, die Bedrohung durch den Werwolf, die Axtschläge im Schuppen, die Angst, die sich in mir angestaut hatte, ohne dass ich es mir eingestehen wollte. All dies wurde ersetzt durch die geheimnisvolle Unterwasserwelt, in der es absolut still war, in der nur manchmal ein fernes Geräusch zu mir drang, eine ferne, lästige Stimme, die immer störender wurde und sich zwischen zwei Sätze schlich: die meiner Mutter, die darauf bestand, dass ich mich zum Essen an den Tisch setzte. Dann tauchte ich auf, ganz benommen, die submarinen Welten vor Augen, ein Taucher, den man zu schnell an die Oberfläche geholt hat.

Jetzt, wo ich selbst ein Leser war, achtete ich auch auf Dinge, die ich vorher nicht bemerkt hatte, interessierte mich dafür, was meine Eltern lasen.

Mein Vater ging zwar immer noch regelmäßig nach draußen, war aber nicht mehr ein solches Nervenbündel wie in den ersten Tagen. Er hatte sich beruhigt und las ein unscheinbares Buch mit weißem Einband, sprunghaft, immer wieder an anderen Stellen.

«Was liest du da für ein Buch?», fragte ich ihn, als er es wieder einmal zur Hand genommen hatte.

Er sah mich lange an, dann hielt er das Buch in die Höhe und zeigte mir den Titel.

«Blume der Heiligkeit», las ich.

Ich war ein bisschen enttäuscht, weil ich nie gedacht hätte, dass mein Vater sich für ein Buch mit einem solchen Titel interessieren könnte.

«Geht es darin um Heilige?», fragte ich.

«Nein! Ganz im Gegenteil!», erwiderte er schmunzelnd. «Das ist von Valle-Inclán.»

Mein Vater hatte keine große Lust zu reden, aber er gab sich einen Ruck, weil ich so neugierig war und weil er merkte, dass ich meine Leidenschaft für die Literatur gerade erst entdeckt hatte.

«Worum geht es dann?»

«Um eine junge Schäferin, die bitterarm ist, ja fast eine Bettlerin», antwortete er und fand nun offenbar doch noch Vergnügen daran, mir die Handlung zu erklären. «Eine Waise, mit einer – ich zitiere – ‹honiggoldnen Stirn und Augen, in denen ein blaues Veilchen zitterte, mystische Augen, die brannten wie ein Gebet›.»

«Und wieso ist das Veilchen blau? Veilchen sind doch violett.»

«Das ist dichterische Freiheit. Dichter holen eben das Beste aus den Wörtern heraus.»

«Aber das ist doch gar kein Gedicht», wandte ich ein.

«Nein, aber auch Romane können in einer poetischen Sprache geschrieben sein. War das, was ich dir vorgelesen habe, nicht schön? Wie Musik?»

«Na ja ...»

«Du hast dir gerade die Welt der Prosa erschlossen, was mich sehr freut», entgegnete mein Vater. «Aber bis du die Poesie entdeckst, wird es wohl noch eine Weile dauern.»

«Weißt du, was?», sagte ich unvermittelt, als ergäbe es

sich logisch aus dem, was mein Vater gerade erklärt hatte. «Die Schäferin aus dem Buch hat was von Cándida.»

«Von Cándida? Wie kommst du denn darauf?», erwiderte mein Vater prompt und war wieder so distanziert wie zu Beginn, als ich ihn nach dem Titel gefragt hatte. «Cándidas Augen sind nicht violett, ja nicht einmal blau, sondern eher grau, irgendwas zwischen himmelblau und rauchgrau. Das müsstest du eigentlich am besten wissen, schließlich habt ihr als Kinder oft miteinander gespielt.»

«Ehrlich gesagt habe ich nie darauf geachtet», bemerkte ich.

Damit war für meinen Vater das Thema beendet, und er versenkte sich wieder in das Buch.

Handwerksarbeit

Es gab also jede Menge Bücher in unserem vom Schnee belagerten Haus. Ich gelangte ans Ende meiner Unterwasserreise, und Valle-Inclán ließ weiterhin archaische Worte erklingen. Draußen hörte es nicht auf zu schneien, obwohl bereits eine Woche vergangen war.

Ab dem fünften Tag verdüsterte sich die Stimmung meines Vaters zusehends, glich einem gespannten Seil, das jeden Moment zu reißen drohte. Es kostete ihn schier übermenschliche Kraft, nicht bei jeder Kleinigkeit aus der Haut zu fahren; stattdessen versank er in ein beunruhigendes Schweigen. Jede kleine Geste, jede alltägliche Verrichtung, die bedeutete, dass er etwas mit seiner Familie teilen musste – Raum, Gegenstände, Wörter –, weckte in ihm eine unterdrückte Aggression, die umso heftiger wirkte, da sie im Gewand perfekter Manieren daherkam. Es wäre besser gewesen, wenn er geschrien hätte, geflucht, auf den Tisch geschlagen, wenn er den eben aufgetragenen Teller genommen und an die Wand geschleudert hätte. Alles wäre besser gewesen als diese verdrängte Wut und diese unterschwellige Spannung.

Am sechsten Tag ließ der Schneefall nach, aber der Himmel blieb bedeckt. Es war weiterhin kalt, und der Schnee draußen türmte sich über einen Meter hoch. An jenem Morgen frühstückten Norberto und ich mit unserer Mutter, die uns mit dem ausdruckslosen Blick großer Müdigkeit ansah;

mein Vater war draußen in dem schmalen Korridor zwischen Haus und Schuppen, den er jeden Tag aufs Neue frei räumte.

In diesem Moment ging er einfach nur hin und her. Die mit Holz beschlagenen Sohlen seiner groben Stiefel hallten deutlich hörbar bei jedem Schritt auf dem steinernen Boden. Mal entfernte sich das Geräusch, mal kam es näher, in immer schnellerem Rhythmus, bis plötzlich die Tür aufging und die kalte, feuchte Luft der verschneiten Wälder hereinwehte, eine willkommene Erfrischung in unserer stickigen, vom bullernden Küchenherd überhitzten Wohnung.

Mein Vater trat ein, schien uns aber nicht zu bemerken. Stattdessen sah er verloren zu einem Punkt in der Ferne, in Richtung des Hintereingangs, der zur Schule führte. Seit der Schnee kniehoch lag, hatte diese Tür niemand mehr benutzt. Meine Eltern hatten den Gedanken, die Schule bewohnbar zu halten, früh verworfen, weil es eine unnötige Verschwendung von Brennholz bedeutet hätte, den Ofen zu beheizen, und weil es meiner Mutter ganz und gar nicht behagte, die Familie zu trennen, zumal nach wie vor die Gefahr des Werwolfs über dem Dorf schwebte.

Ohne sich umzudrehen, schloss mein Vater die Tür. Den Blick weiterhin nach vorne gerichtet, ging er einmal um den Tisch herum – als wäre er ein Schneehaufen, ein Hindernis auf dem Weg zu seinem Ziel –, betrat den kleinen Flur und machte erst halt, als seine Hand auf der Türklinke lag. In diesem Moment sprach meine Mutter ihn an.

«Wo willst du hin, Enrique?»

«Zur Schule», antwortete er vollkommen natürlich, als hätte er sich angeregt mit meiner Mutter unterhalten und wäre nicht wie ein Automat mit irrem Blick durch die Wohnung marschiert.

«Aber … Du wirst doch nicht …»

Bevor meine Mutter ihren Satz zu Ende bringen konnte, hatte mein Vater die Tür bereits geöffnet. Vor ihm erhob sich eine weiße Wand, eine perfekte weiße Wand, in der die Abdrücke der Tür zu erkennen waren. Durch ein kleines Rechteck oben zeichnete sich das vieltönige Grau der Landschaft ab.

«Enrique!», rief meine Mutter. «Ich bitte dich!»

Plötzlich bohrte sich mein Vater regelrecht in die Schneewand hinein und schaffte es irgendwie, die Tür hinter sich zu schließen. Uns hatte es die Sprache verschlagen. Weil die Tür aus massivem Holz war, drang von draußen kein Laut herein. Nur ein kleines Häufchen Schnee vor der Schwelle zeugte von dem, was gerade passiert war.

Meine Mutter löste sich als Erste aus ihrer Starre. Sie rannte über den Flur und drückte mit beiden Händen auf die Klinke, aber die Tür ließ sich nicht öffnen.

«Enrique!», flehte meine Mutter. «Um Himmels willen! Komm zurück! Wenn nicht wegen mir, dann wenigstens der Kinder wegen!»

«Sei nicht hysterisch!», hörten wir von draußen. «So hoch liegt der Schnee nun auch wieder nicht. Es wirkt nur so hoch, weil er sich an den Wänden türmt. Ich werde versuchen, mich zur Schule durchzuschlagen.»

Einen Augenblick lang war es still. Dann begann einer der Zwillinge zu weinen, wahrscheinlich weil meine Mutter so geschrien hatte. Wie immer begann kurz darauf auch der andere zu weinen. Ich eilte zu ihnen, um sie zu beruhigen, als wäre das in diesem Moment das Allerwichtigste, als ginge nicht gerade etwas viel Merkwürdigeres vor sich, etwas viel Gefährlicheres. Was mein Vater geantwortet hatte und vor allem, wie er geantwortet hatte, nahm mir jedoch etwas von meiner Angst, meiner Mutter offenbar ebenso, denn sie entfernte sich von der Tür und kehrte murrend ins Wohnzimmer zurück, mehr wütend als besorgt.

«Was ist dieser Mann für ein sturer Hund!», schimpfte sie und schüttelte den Kopf. «Hat der doch tatsächlich von außen abgeschlossen, damit wir ihm nicht folgen können.»

Am schlimmsten war, dass wir nichts hörten, auch dann nicht, als die Zwillinge nicht mehr weinten. Draußen rang mein Vater mit dem Schnee, aber die dicken Wände, die massive Tür und der dämpfende Effekt des Schnees raubten uns jede Möglichkeit, etwas von dem mitzubekommen, was mein Vater machte.

Minuten vergingen, und ich wagte nicht, zur Tür zu gehen, um noch einmal einen Versuch zu unternehmen, sie zu öffnen, oder wenigstens zu horchen; trotzdem war ich besorgt, wollte eben zu meiner Mutter sagen, dass wir etwas tun müssten, als die Tür sich wieder öffnete und der Flüchtige eintrat. Er war bis zu den Schultern durchnässt, und seine Stiefel hinterließen bei jedem Schritt eine kleine Pfütze. Er atmete schwer wie jemand, der eine große Anstrengung unternommen hatte. Doch sein Gang war entschlossen, und sein Gesicht verriet, dass seine Erschöpfung die eines Sportlers war, der über sich hinausgewachsen ist.

«Ich hätte es schaffen können!», sagte er zu sich selbst und durchquerte rasch das Wohnzimmer. «Ich hätte es wirklich schaffen können, aber es lohnt sich nicht. Besser, ich schaufle einen Weg frei, ja, das ist besser.»

Kaum hatte er es gesagt, war er schon wieder draußen und kehrte kurz darauf zurück, in der Hand die Schaufel, die er täglich benutzte, um den Korridor frei zu halten.

«Wir müssen Maßnahmen ergreifen», bemerkte er eifrig und voller Zuversicht, während er das Wohnzimmer durchquerte, «für den Fall, dass sich das hier über die Maßen hinzieht!»

Mit der gleichen Entschlossenheit, mit der er eingetreten war, verschwand er nun. Wieder starrten wir wie vor den Kopf geschlagen stumm die geschlossene Tür an.

«Wieso macht er nur so komische Sachen?», fragte ich. «Warum will er denn auf einmal zur Schule?»

«Wahrscheinlich ist dort etwas, das er gern hier hätte», meldete sich Norberto zu Wort.

«Und was soll das sein?», schnauzte ich ihn an, ohne seinen Worten größere Beachtung zu schenken. «Wenn er wenigstens malen würde, statt die ganze Zeit nur Holz zu hacken wie ein Irrer!»

«Du kennst deinen Vater nicht gut genug», meinte meine Mutter. «Er ist nicht wie andere Künstler, er malt nur, wenn es ihm gutgeht, wenn er glücklich ist. Was er jetzt braucht, ist körperliche Beschäftigung. Wenn er den Weg zur Schule frei schaufelt, hat er wenigstens was zu tun. Und wir können ein bisschen aufatmen.»

«Wie kannst du so was sagen!», begehrte ich empört auf. «Machst du dir denn gar keine Sorgen? Findest du nicht, dass Papa merkwürdige Dinge tut?»

Meine Mutter wurde sehr ernst, bevor sie mir antwortete.

«Glaubst du wirklich, dass ich mir keine Sorgen mache?», sagte sie in einem Ton, der mich erschreckte. «Glaubst du wirklich, dass ich nicht auch unter diesem Schneechaos leide, das uns hier gefangen hält? Ich bete den lieben langen Tag zu Gott, dass die Kleinen nicht krank werden, oder ihr, weil wir nämlich keine Chance hätten, den Arzt aufzusuchen. Ich leide im Stillen, weil ich Haltung bewahren muss, weil ich nicht zusammenbrechen darf. Ich kann nicht einfach die Tür zuknallen und irgendwohin rennen.»

«Schon, aber Papa …», fuhr ich unbeirrt fort.

«Papa geht es nicht gut», erklärte meine Mutter. «Aber das ist nicht das eigentliche Problem, da machst du dir umsonst Sorgen, Orlando. Dass er so nervös ist, ist ganz normal. Dein Vater ist eben ein nervöser Mensch. Ich wundere mich sowieso, dass er nicht schon irgendwas Schlimmeres angestellt hat, nachdem er hier seit Tagen festsitzt, in diesem Puppenhaus. Kurz nach unserer Hochzeit waren wir mal im Zug unterwegs, und dieser Zug blieb zwischen zwei Bahnhöfen ziemlich lang stehen, ohne dass wir die Waggons verlassen durften. Da ist dein Vater ausgerastet, er hat eine Szene gemacht, man musste sogar den Schaffner holen.»

Weiter ins Detail gehen wollte meine Mutter nicht. Mein Vater hatte unterdessen mit dem Schneeschippen mehr Mühe, als er sich vorgestellt hatte. Sein Ziel erreichte er erst, als es bereits dunkel war, und dies, obwohl er mit unglaublicher Wucht schaufelte und nur zwei- oder dreimal innehielt, um schnell etwas zu essen.

Er war nun besser gelaunt und zeigte sich auch am nächsten Tag umgänglich, erlaubte sich sogar den einen oder anderen Scherz. Der Himmel war zwar nach wie vor grau und bedrückend, aber bis auf ein paar vereinzelte, bedeutungslose Flocken schneite es nicht mehr. Norberto und ich gingen mehrmals am Tag nach draußen, um in der Schneise zu spielen und die Fortschritte zu begutachten, die mein Vater mit Muskelkraft und Schaufel und mit blindem, eisernem Willen erzielte. Doch weder mein Bruder noch ich, noch meine Mutter waren dabei, als mein Vater sein

Ziel erreichte: Wir saßen am Tisch, weil unsere Mutter uns zum Essen reingerufen hatte; bei unserem Vater hatte sie längst resigniert, er kam und ging, wann er wollte.

Wir machten uns gerade über die heiße Suppe her, als plötzlich die Tür aufging und mein Vater hereinkam, mit triumphierendem Blick, keuchend und – was am überraschendsten war – mit zwei alten Stühlen in der Hand, die seit Jahren unbenutzt im Hinterzimmer der Schule standen. Er stellte die Stühle im Flur ab, gleich neben der Tür, und setzte sich erschöpft, aber glücklich zu uns, wie jemand, der erfolgreich seine Pflicht erfüllt hat.

«Was willst du denn mit diesen Stühlen?», fragte meine Mutter.

Mein Vater antwortete nicht sofort und fühlte sich offenbar auch nicht verpflichtet zu antworten. Er schlang erst einmal ein paar Löffel Suppe hinunter, bevor er schließlich so knapp wie rätselhaft verkündete:

«Das werdet ihr morgen sehen.»

Aber wir erfuhren es nicht am nächsten Tag, sondern erst am übernächsten. Zwei Tage lang werkelte er unermüdlich an den Stühlen herum. Erst löste er vorsichtig die Beine und die Lehne, sodass nur noch die Sitzfläche übrig war; und aus der Sitzfläche nahm er das löchrige Stück Sperrholz heraus. Am Ende hatte er zwei feste Ringe in der Hand, deren Umfang etwas größer war als sein Kopf.

Norberto und ich verfolgten sein Tun mit großer Neugier, wir wollten unbedingt herausfinden, was er da fabrizierte, machten einen regelrechten Wettbewerb daraus, wer als Erster draufkommen würde. Norberto vermutete – vielleicht etwas voreilig –, dass mein Vater einen Schlitten baute. Ich hingegen kam zu dem Schluss, dass er zwei Rahmen herstellte, vielleicht für Porträts; denn er formte aus den Ringen zwei Ovale – wofür er das Holz befeuchtete, mit Hilfe von Drähten in die gewünschte Form zwang und trocknen ließ. Außerdem legte er sich eine Drahtrolle und den Bohrer zurecht, den er benutzte, wenn er seine Bilder rahmte oder den Stoff am Rahmen befestigte. Dann jedoch bohrte er Löcher in die Ellipsen, an Stellen und in einer Reihenfolge, mit denen ich nicht gerechnet hatte.

Stunden später, am Abend des zweiten Tages, als mein Vater einen Draht von einem Loch zum anderen zog, glaubte ich zu wissen, was er im Sinn hatte, und rief triumphierend:

«Papa bastelt einen Tennisschläger!»

«Quatsch», antwortete mein Bruder. «Wo sollen wir denn Tennis spielen?»

Norbertos Reaktion konnte meine Begeisterung nicht ersticken. Ich hatte noch nie Schneeschuhe gesehen, wusste nicht einmal, dass es so etwas gab. Folglich muss ich ein dummes Gesicht gemacht haben, als mein Vater nach Beendigung seines Werks das Haus durch die Hintertür verließ und sich die Laufgeräte unter die Stiefel band. Erst als mir meine Mutter von drinnen Hinweise gab und mein Vater die flachste Stelle des Hangs suchte und mit wackligen Schritten auf den Schnee trat, ging mir ein Licht auf – oder vielmehr aus –, weil die Erkenntnis wie eine Ohrfeige war. Was mir bis dahin so viel Vergnügen bereitet hatte, war eigentlich ein Verrat. Statt sich ein Spielgerät für drinnen auszudenken, hatte mein Vater sich etwas gebastelt, mit dem er flüchten konnte. Wieder einmal würden wir allein zu Hause sitzen, während er sich auf einen seiner rätselhaften Streifzüge begab, auf die er um nichts in der Welt verzichten wollte.

Ein Schrei im Schnee

Mein Vater bewegte sich gewandt auf dem Schnee und brach immer wieder in Jubelrufe aus. Norberto starrte ihn mit offenem Mund an und brachte angesichts dieser unglaublichen Vorführung kein Wort hervor, während ich entschlossen zurück ins Haus stapfte.

«Willst du Papa nicht aufhalten?», fragte ich meine Mutter mit unverhohlener Verzweiflung. «Willst du wirklich zulassen, dass er jetzt aufbricht? Es ist fast dunkel!»

Meine Mutter antwortete gelassen, als überhörte sie absichtlich, wie aufgeregt ich war.

«Gönne es deinem Vater. Es ist gut, dass er ein bisschen Dampf ablässt. Schließlich ist er seit Tagen hier eingesperrt.»

Ich rannte wieder raus und stieß in der Eile gegen die Tür. Draußen blickte ich wie wild um mich, bis ich meinen Vater entdeckt hatte. Er war nun rund zwanzig Meter entfernt und umrundete die Schule, ohne auf der weißen Oberfläche nennenswerte Spuren zu hinterlassen.

Ohne auch nur einen Moment nachzudenken, rammte ich mich in den Schnee wie ein Keil, wollte dem Flüchtigen folgen. Aber ich musste schier heroische Kräfte aufwenden, um wenigstens einige Zentimeter voranzukommen.

«Papa!», rief ich mit dem bisschen Atem, das mir noch verblieb.

Aber mein Vater setzte seinen Weg unbeirrt fort und wurde immer kleiner und kleiner.

«Papa!»

Dieser zweite Ruf, den ich mit der Kraft meiner Verzweiflung in die gräuliche Dämmerung hineinbrüllte, klang wie das Kreischen einer Möwe über dem welligen Meer aus Schnee. Mein Vater blieb stehen und drehte sich auf seinen Laufgeräten mühsam um.

«Komm zurück, Papa! Geh nicht fort! Bitte!»

Mein Vater sah mich einen Augenblick an, mich und das Haus. Dann drehte er sich wieder um und setzte seinen Weg fort.

«Sorgt euch nicht!», rief er mir zu. «Ich bin bald wieder zurück! Ich mache nur einen kleinen Spaziergang!»

«Nein! Geh nicht!», brüllte ich abermals und konnte meine Tränen kaum noch zurückhalten. «Du darfst nicht gehen! Ich rühre mich nicht vom Fleck, bis du umkehrst! Ich bleibe hier stehen, und wenn ich erfriere!»

Meine Augen wurden immer feuchter, was mich aber nur noch trotziger machte, noch stärker.

«Sind denn jetzt alle um mich herum verrückt geworden!», rief mein Vater und kam mir ein Stück entgegen. «Was ist denn los mit dir?»

«Geh nicht! Nicht heute!», flehte ich ihn an. «Du kannst doch auch morgen früh gehen!»

«Habe ich jetzt die Heilsarmee zu Hause? Was soll das?»

«Heute ist Vollmond, Papa!», brüllte ich jetzt wieder, weil ich nicht mehr an mich halten konnte.

«Keine Sorge, mein Junge! Ich habe keine Angst vor dem Werwolf! Und eine innere Stimme sagt mir, dass er einem nichts tun kann, wenn man keine Angst vor ihm hat. Außerdem bin ich bald zurück. Ich bleibe ja nicht die ganze Nacht draußen.»

Aus Verzweiflung begann ich zu zucken, und auch meine Tränen konnte ich nicht mehr zurückhalten, sodass ich immer verschwommener sah. Mit letzter Kraft sagte ich:

«Ich habe auch keine Angst vor dem Werwolf! Ich habe vor etwas anderem Angst, Papa, ich habe Angst, dass die anderen denken könnten …»

«Was denken könnten?»

«Dass du etwas mit den Morden zu tun hast», wimmerte ich, «und dass sie dir was antun könnten.»

Mein Vater schwieg. Mit besorgtem Gesicht ging er um die Bresche herum, die ich geschlagen hatte, und kletterte, so schnell es ihm sein merkwürdiges Schuhwerk erlaubte, zu mir herunter. Weil er nun hinter mir stand, drehte ich mich um. Erst jetzt bemerkte ich, wie weit ich im Schnee vorgedrungen war, angetrieben von den irrationalen Kräften der Angst. Doch der Holzschuppen lag halb versteckt irgendwo da unten; und auch meine Mutter und Norberto, die an der Tür standen und zu uns hersahen, konnte ich kaum erkennen, weil die massige Gestalt meines Vaters mir die Sicht verdeckte.

Plötzlich trat mein Vater auf mich zu und legte seine Arme um mich.

«Jetzt verstehe ich erst, mein Sohn!», sagte er und drückte mich fest an seine Jacke aus grobem Stoff. «Was musst du gelitten haben! Aber du brauchst keine Angst zu haben, Orlando. Das ist nicht das Problem. Mein Gott! Wie soll ich das nur erklären?»

«Mach bitte schnell! Ich hab solche Angst!», drängte ich, lächelte aber nun ein wenig hinter meinen Tränen.

Doch mein Vater konzentrierte sich so sehr auf das, was er mir zu sagen hatte, dass er es nicht bemerkte.

«Hör zu, mein Junge. Vielleicht wird es Zeit, dass jemand dir ...» Er zögerte. «Dein Vater hat ein Geheimnis, ein großes Geheimnis, das nicht einmal deine Mutter kennt; und auch nie erfahren darf, sie am allerwenigsten! Aber es ist ganz anders, als du es dir vorstellst. Es ist ... Ich kann dir nur sagen, dass es nichts mit dem Werwolf zu tun hat. Es ist etwas, das ... das mich manchmal nach draußen treibt. Verstehst du?»

«Ich glaube, schon, aber ist es ... ist es wenigstens etwas Gutes?»

Mein Vater seufzte und lächelte, aber es war ein müdes, bitteres Lächeln.

«Das, mein Junge, ist eine Frage, die sich nicht so leicht beantworten lässt. Vielleicht lässt es sich irgendwann in die Welt hinausschreien; wenn wir wissen, bis zu welchem Punkt ... Bis dahin musst du mir versprechen, es für dich zu behalten.»

Mein Vater fasste mich an den Schultern und sah mir in die Augen.

«Ich sage dir das alles, um dir unnötiges Leid zu ersparen», erklärte er. «Und ich hoffe, dass du mein Vertrauen nicht enttäuschst. Ab jetzt», fügte er, die Lippen ganz nah an meinem Ohr, hinzu, «wirst du mich in der Hand haben.»

«Dann geh nicht», sagte ich schnell. «Den Werwolf gibt es nämlich immer noch.»

«Also gut, mein Junge. Es ist tatsächlich schon ein bisschen spät geworden. Außerdem kann ich jetzt wieder klarer denken. Ich bin seit Tagen nicht mehr so weit draußen gewesen! Lass uns reingehen», gab er plötzlich nach und machte sich daran, die Schneeschuhe zu lösen. «Wenigstens wissen wir jetzt, dass diese Dinger funktionieren. Wenn es so weitergeht, werden wir sie vielleicht noch brauchen.»

Etwas hatte sich – kaum wahrnehmbar – verändert. Ich bemerkte es nicht, weil die Intensität unseres Gesprächs und die Dunkelheit, die sich unter dem nach wie vor bedeckten Himmel breitzumachen begann, es nicht zuließen: In der vergangenen Viertelstunde war keine einzige Schneeflocke mehr gefallen.

An jenem Abend, als wir uns nach dem Essen ausruhten, jeder an seinem Lieblingsplatz, geschah etwas Wunderbares. Ich erinnere mich nicht mehr, wem als Erstem auffiel, wie seltsam hell es zum Fenster hereinschien, dem einzigen Fenster, dessen Läden wir trotz der beißenden Kälte nicht geschlossen hatten. Ich weiß nur noch, dass ich aufsprang und die Vorhänge aufzog, um der Sache auf den Grund zu gehen. Was ich sah, verschlug mir die Sprache.

«Schaut!», rief ich, ohne die anderen anzusehen, ohne den Blick lösen zu können. «Schaut nur, wie alles glänzt! Wie hell alles ist!»

Niemand von uns hatte je gesehen, wie der Vollmond auf eine verschneite Landschaft schien. Wir gingen nach draußen und standen lange da, um dieses Schauspiel der Natur zu betrachten.

Nie werde ich die Freude vergessen, die ich empfand, weil ich meine Ängste um meinen Vater begraben konnte (auch wenn dafür andere auftauchten, die mich in diesem Moment aber noch nicht beunruhigten). Was wir sahen, als wir in den kalten Abend hinaustraten, war ein künstlicher Tag, ein kaltes bläuliches, dafür umso reineres und klareres Licht; eine Landschaft, die etwas Unwirkliches, ja Außerirdisches hatte, eine Landschaft, in der das Relief des Tals kaum noch zu erkennen war, weil die Schneedecke allem eine weiche Form gab. Die Berge und Hänge waren wie Dünen aus Silber, die von innen her strahlten, als wären sie ein Stück des perfekten runden Mondes, der wie eine gütige Sonne am Himmel stand – an einem marineblauen Himmel, der so klar war wie sonst nur tagsüber und an dem kein einziger Stern leuchtete.

Der Anblick dieses Naturwunders war überwältigend. Es kam aber noch hinzu, dass zum ersten Mal seit drei Wochen keine Wolke am Himmel war und vieles darauf hindeutete – die eisige, reglose Luft –, dass sich auf absehbare Zeit nichts daran ändern würde, dass auch am nächsten Tag die Sonne scheinen würde wie jetzt der Mond und dass sie den Schnee schmelzen würde, der uns eine endlos lange Woche zu Gefangenen gemacht hatte.

Doch die Nacht, die uns Hoffnung und die unwirkliche Schönheit der Landschaft bescherte, würde auch der Schauplatz für einen neuerlichen Akt der Gewalt sein.

Am folgenden Morgen, als die Bewohner von El Sollado ans Fenster traten, um sich zu vergewissern, dass die wunderbare Neuigkeit stimmte und tatsächlich die Sonne schien, fiel ihnen neben dem Gutshof von Boral, der auf der anderen Seite des Tals auf halber Höhe lag, etwas auf. Aufgrund der Entfernung – und weil dieser Teil des Geländes im Schatten lag – konnten sie nur merkwürdige Streifen erkennen, die auf der ansonsten unberührten Schneefläche vor dem Haus fächerförmig nach unten verliefen; vier Striche, die in verschwommene rote Flecken mündeten.

Da erinnerte sich jemand daran, dass César Besteiro unter seinem Jagdgerät auch ein Fernglas aufbewahrte. Delfina ging es holen und begab sich zum höchsten Fenster des Hauses, um die rätselhaften Spuren ins Visier zu nehmen.

«Um Gottes willen!», rief sie, nachdem sie eine Weile reglos durch das Fernglas geschaut hatte, und ließ es sinken.

An den Enden jener vom Haupteingang abgehenden Furchen lagen die Mitglieder der Familie Damián im Schnee. Sie waren halb entblößt, und an manchen Körperstellen lag das Purpur ihres zerfetzten Fleisches offen. Der Schnee um sie herum war getränkt von dem Blut, das aus ihren Wunden geronnen war. Eine weitere, schärfer umrissene Furche führte von dem makabren Szenario weg die schneebedeckte Wiese hinunter und endete – wie man später herausfand – am Fluss.

Die Leichen blieben den ganzen Tag und auch einen Teil des nächsten Tages dort im Schnee liegen, so schamlos entblößt, wie ihr Mörder sie zurückgelassen hatte. «Im Schnee verwesen sie wenigstens nicht», führte jemand an, «und außerdem kommt um diese Jahreszeit keine Sonne dorthin.» Es gab nämlich keine Möglichkeit, zum Bauernhof von Boral vorzudringen, wegen des dichten, halbgefrorenen Schnees und wegen des steilen Zufahrtswegs; und so wusste man in El Sollado nicht einmal, wie viele Bewohner des Tals von diesem Unglück erfahren hatten. Doch die Angst, ein hungriges Tier könnte sich über die Leichen hermachen, veranlasste einige Bewohner – darunter auch meinen Vater –, trotzdem zu versuchen hinzukommen. Tatsächlich gelang es am Nachmittag des zweiten Tages, nachdem man eine Verbindung zur Mühle frei geschaufelt hatte, die Wiese zu erreichen, um den bedauernswerten Überresten endlich die verdiente letzte Ruhe zu geben. Einstimmig wurde beschlossen, die Leichen an Ort und Stelle zu begraben.

«Schließlich hält es der Richter in solchen Fällen auch so», sagte der Müller. «Dem erklären wir später, in welchem Zustand diese armen Seelen waren.»

Der brutale Mord an der Familie Damián bestätigte, dass der Werwolf weiterhin sein Unwesen trieb und dass er übermenschliche Kräfte besaß, schließlich war er mühelos bis zu einer Stelle vorgedrungen, zu der es eine Gruppe von vier Männern nur unter Aufbietung all ihrer Kräfte geschafft hatte, und dies auch nur, weil die Schneedecke bereits beträchtlich dünner geworden war. Und es bewies, dass der Werwolf immer launischer und unberechenbarer wurde.

Mit der Ruhe war es nun endgültig vorbei, weil man auch im Haus nicht mehr sicher war, egal, wie gut man alles absperrte. Wie sich nämlich herausstellte, waren Damián und die Seinen in den eigenen vier Wänden getötet – der Werwolf hatte die Tür aufgebrochen – und dann erst an die Stelle geschleppt worden, an der man sie gefunden hatte, wie die Rinnsale aus Blut im Schnee bewiesen. Außerdem war nun klar, dass die Bestie nicht nur Frauen anfiel, auch wenn sie bei ihnen am schlimmsten wütete. Während Damián und sein Sohn lediglich mit einem Biss in den Hals getötet wurden, waren seine Frau und seine Schwägerin so schlimm zugerichtet wie die anderen Opfer zuvor.

Ein Rätsel blieb die Furche, die sich bis hinunter zum Fluss zog. Der Angreifer konnte nur auf diesem Weg gekommen und wieder geflüchtet sein, aber es fanden sich nicht die typischen Aufschüttungen zu beiden Seiten, die entstanden, wenn jemand Schnee wegschaufelte. Vielmehr wirkte es so, als hätte sich die Schneemasse, die vorher die Furche gefüllt hatte, in Luft aufgelöst, als wäre sie von Wasser weggeschwemmt oder von einer Feuerkugel geschmolzen worden.

Ob es nun Wasser oder Feuer gewesen war, fest stand, dass durch dieses schreckliche Ereignis das, was eigentlich ein Fest hätte sein sollen – das Ende von Schneefall und grauem Himmel –, zum Albtraum wurde. Tiefe Trauer befiel die Bewohner des Tals, obwohl es auch an den folgenden Tagen außergewöhnlich sonnig war. Das schöne Wetter war darüber hinaus alles andere als geeignet, um schnell wieder die alten Zustände herzustellen. Dafür wäre es besser gewesen, wenn es geregnet hätte. Die tiefstehende Wintersonne schmolz den Schnee nur langsam weg, erreichte manche Stellen im Tal gar nicht oder huschte nur kurz über sie hinweg. Und in den Nächten war es unter einem klaren, diamantharten Himmel so kalt, dass der Schnee gefror und zu einer gefährlichen Eisbahn wurde. Unter diesen Umständen waren die Schneeschuhe, die mein Vater so fieberhaft wie methodisch gebastelt hatte, zu wenig nutze. Die offenen Felder waren auch mit ihnen nicht begehbar, und die Wege wurden sowieso einer nach dem anderen frei geräumt, sodass er seine ewige Unruhe mühelos durch Spaziergänge lindern konnte.

Nach den sonnigen Tagen stellte sich das übliche Wetter ein, ein fast schon beruhigend wolkenverhangener Himmel. Es blieb allerdings kalt und regnete auch nicht. Und es würden noch Wochen vergehen, bis der Schnee gänzlich geschmolzen war, besonders in den schattigeren Winkeln des Tals.

Norberto und ich würden es nicht mehr mit eigenen Augen sehen. Wir zogen aus Brañaganda fort – für immer –, als in manchen Nischen der Schlucht und am Fuß der Berge noch immer vereinzelte weiße Tupfer zu sehen waren.

Das Gewitter bricht los

Die Stimmung bei uns zu Hause war wie die Landschaft vom Schnee geprägt gewesen. Aber Normalität und Eintracht stellten sich auch dann nicht ein, wie man hätte meinen können, als die schreckliche Prüfung des Eingesperrtseins ein Ende hatte. Während mein Vater bestens gelaunt war und vom blauen Himmel und der sternenklaren Nacht schwärmte, aber immer weniger Zeit zu Hause verbrachte, mehrten sich bei meiner Mutter die Anzeichen, dass sie etwas beschäftigte, ein Gedanke sie nicht mehr losließ, denn sie wurde zusehends angespannter, empörter und vorwurfsvoller, wie eine Wolke, die sich mit Elektrizität auflädt und immer dunkler und größer wird, immer mehr aufquillt und das verheerende Gewitter ankündigt, bevor der erste Tropfen fällt.

Und dann fiel der Tropfen. Das Gewitter brach los. Drei Wochen war es her, seit es zum letzten Mal geschneit hatte, und nun hingen wieder Wolken über dem Tal. Aber es war noch immer kalt und regnete nicht. Wir hatten soeben zu Abend gegessen. Mein Vater lud sorgfältig das Gewehr, wie so oft in letzter Zeit, wenn er sich auf seinen abendlichen Rundgang machte. Nach dem, was der Familie Boral zugestoßen war, achtete selbst er auf seine Sicherheit und hatte die alte Försterflinte hergerichtet, ja sogar einige Schießübungen absolviert. Nachdem er sich mehrmals vergewissert hatte, dass die Waffe gesichert war, überprüfte er seine Taschenlampe und ging zum Kleiderständer, um in seine Jägerjacke zu schlüpfen. In diesem Moment sprach meine Mutter, die mit einem der Zwillinge im Arm am Tisch saß, ihn an:

«Wo willst du hin?», fragte sie bestimmt, sodass Norberto und ich uns wissende Blicke zuwarfen.

«Wie meinst du das? Ich drehe meine Runde, wie immer», antwortete mein Vater.

Meine Mutter schwieg, aber es war ein so beredtes Schweigen, dass mein Vater es nicht einfach ignorieren konnte. Er hielt mitten in der Bewegung, die Jacke zu ergreifen, inne und sah meine Mutter an.

«Geh nicht», sagte sie schließlich. «Nicht heute, bitte.»

«Was ist denn los?»

«Ich will nicht, dass du gehst», drängte sie mit einem seltsamen Zittern in der Stimme. «Ich will nicht, dass du jemals wieder abends fortgehst!»

«Das ist lächerlich!», sagte mein Vater wie zu sich selbst und zog seinen Mantel an.

«Enrique!»

Offenbar wollte mein Vater so schnell wie möglich weg, denn er eilte direkt zur Tür. Meine Mutter änderte ihre Strategie.

«Warte», sagte sie nun gelassener, erhob sich von ihrem Stuhl und übergab mir den Kleinen. «Ich muss mit dir reden. Draußen.»

Sie verließen das Haus durch den Hintereingang, den auch mein Vater immer nahm, und schlossen die Tür hinter sich. Norberto und ich saßen wie erstarrt da und sahen uns an. Zunächst war es absolut still, doch bald schon konnten wir, weil der Streit so hitzig wurde, ihre Worte hören.

«Ich habe dir Zeit gelassen, Enrique! Eine kleine Schwäche konnte ich verkraften, aber … Ich dachte, du würdest wieder zur Vernunft kommen!»

«Wovon redest du überhaupt?»

«Wie kannst du nur …? Du weißt ganz genau, wovon ich rede!»

«…»

«Hast du denn gar nichts zu …?»

«Wieso machst du mir plötzlich eine Szene? Wir haben doch noch nie über irgendwas gesprochen! Noch nie! Und ausgerechnet jetzt …»

«Das ist das Schlimmste, dass wir gar nicht darüber sprechen müssen, dass wir beide genau wissen, was los ist!»

«Ach, ja? Was ist denn los? Ich weiß es nämlich nicht!»

«Dass du dich triffst mit dieser … mit dieser …»

«Mit wem?»

«Mit dieser … dieser de Freire!»

«Du spinnst!»

«Enrique! Du darfst jetzt nicht gehen! Nicht jetzt!»

«…»

«Wenn du jetzt gehst, wirst du dieses Haus nie wieder betreten! Nicht, solange ich lebe!»

«…»

«Wie du willst.»

Die Tür ging auf, und meine Mutter kam wieder herein und setzte sich auf den Stuhl, auf dem sie vorher gesessen hatte. Norberto und ich hatten uns nicht vom Fleck gerührt, aber als sie eintrat, senkten wir den Blick und taten so, als wären wir beschäftigt. In dieser elektrisch aufgeladenen Stille nahm mir meine Mutter den Kleinen wieder ab und begann, mechanisch das Geschirr abzuräumen. Aber ihr unruhiger Atem und ihr starrer Blick verrieten, dass sie in Gedanken woanders war, jedenfalls nicht bei ihren beiden älteren Kindern, die sie überhaupt nicht zu bemerken schien. Plötzlich hielt sie mitten in ihrem Tun inne und übergab mir erneut das Baby, das sich dagegen sträubte, in die Wiege gelegt zu werden.

«Orlando», sagte sie, «pass bitte auf deine Geschwister auf. Es könnte sein, dass es etwas länger dauert.»

Dann schlüpfte sie schnell in ihren Mantel und stürzte zu der Tür hinaus, durch die sie gerade eingetreten war.

Eine Zeitlang war ich stolz darauf, dass ich auf meine drei Brüder aufpassen durfte, aber dann fiel mir ein, dass wir zum ersten Mal allein zu Hause waren, nachts allein zu Hause. Von da war es nur ein kleiner Schritt zum Gedanken an den Werwolf. Ich überlegte und stellte fest, dass ich noch nie Angst vor dem Werwolf gehabt hatte, nicht einmal in den Vollmondnächten, und dies, obwohl mein Vater uns oft mit meiner Mutter allein gelassen hatte. Ich hatte keine Angst gehabt, weil sie beide mir nie welche vermittelt hatten. Der Werwolf betraf uns nicht, sondern nur die anderen im Tal, die, die schon immer hier gelebt hatten. Aber an jenem Abend war alles anders. Es war kein Vollmond mehr, sondern zunehmender Mond, aber das Massaker im Bauernhof der Familie Damián hatte in aller Brutalität gezeigt, dass man nicht einmal zu Hause sicher war. Was meine Mutter an jenem Abend tat – allein in die Berge zu gehen und uns zu Hause zurückzulassen –, war nur dadurch zu erklären, dass ihr Verstand vor lauter Aufregung ausgesetzt hatte.

An jenem Abend hatte ich Angst wie noch nie zuvor, und die Stunde, die meine Mutter weg war, erschien mir endlos. Ich sperrte alle Fensterläden zu, verbarrikadierte sogar die

Tür mit einem Stuhl und sagte mir wieder und wieder, dass der Werwolf noch nie ein Kind getötet hatte. Dass Norberto noch wach war und auf jede meiner Regungen achtete, war mir eine große Hilfe, denn ihm gegenüber musste ich ruhig wirken, und so hielt ich meine Nerven im Zaum.

Endlich, als die Zwillinge längst eingeschlafen waren, hörten wir, wie der Schlüssel ins Schloss gesteckt und gedreht wurde. Weil aber die Tür verbarrikadiert war und sich nicht öffnen ließ, ertönte kurz darauf ein Klopfen.

«Wer … Wer ist da?», fragte ich halb tot vor Angst.

«Ich bin's. Was habt ihr mit der Tür gemacht?»

Sofort zog ich den Stuhl weg. Es war meine Mutter. An ihrer Kleidung und ihren Haaren hafteten noch die Kälte und Feuchtigkeit des Abends, der Duft der Bäume. Trotzdem war sie erhitzt. Später würde ich erfahren, dass sie über eine Stunde alle Wege abgegangen war, gegen Ende hin, weil auch ihre Wut und Angst gewachsen waren, immer schneller, immer atemloser, mit immer stärker klopfendem Herzen.

«Ist Papa wieder da?», fragte sie, ohne zu grüßen, die Hand auf der Türklinke.

«Nein», antwortete ich.

Daraufhin löste sich meine Mutter aus ihrer Erstarrung, ihr heftiger Atem ging in ein tiefes Schnauben über, und sie schloss langsam die Tür.

«Ah, sie sind eingeschlafen», sagte sie mechanisch, nachdem sie zerstreut einen Blick auf die beiden Wiegen geworfen hatte. «Dann gehen wir jetzt am besten alle schlafen. Also, ab ins Bett!», befahl sie plötzlich. «Wenn er glaubt, dass ich mir seinetwegen Sorgen mache … Los, Orlando, Norberto, auf eure Zimmer! Wenn er glaubt, dass ich mir seinetwegen Sorgen mache, dann hat er sich geschnitten.»

Immer wieder sagte meine Mutter diesen Satz, störrisch und hilflos wie ein Kind, kurz davor, in Tränen auszubrechen.

«Mama, soll ich bei dir bleiben?», fragte ich.

«Nein. Auf, ins Bett. Jetzt wird geschlafen.»

Ich gehorchte, ging in unser Zimmer und legte mich neben Norberto.

Meine Mutter hingegen blieb auf. Sie stellte auch nicht wie sonst die beiden Wiegen zu uns. Sie saß einfach im Wohnzimmer und wachte über den Schlaf der beiden Kleinen. Ich lag im Bett und hörte, wie sie immer wieder jene Worte murmelte, jenen Satz wiederholte, bis ich schließlich einschlief.

In diesem Augenblick entschied sich unser Schicksal.

Das Gesicht des Werwolfs

Bis vor vier Jahren wusste ich nicht, was in jener Nacht mit meinem Vater geschehen war. Ich hätte nur die wirren Berichte wiedergeben können, mit denen wir uns in all den Jahren hatten begnügen müssen. Heute jedoch, vier Jahre nach seinem Tod – und vierzig Jahre nach den Ereignissen –, kann ich sagen, was damals wirklich passiert ist. Mein Vater hinterließ mir dieses Testament: die Wahrheit. Die nackte Wahrheit, aus seinem eigenen Mund, erzählt in aller Gelassenheit, als er bereits krank war und ich ihn regelmäßig besuchte. Und ich erfuhr noch mehr, Geschichten aus seiner Kindheit, seiner Jugend, aus der Zeit, als er meine Mutter kennenlernte. Er zeigte mir sein wahres Gesicht, so wie er es nie zuvor gezeigt hatte.

In jener Nacht ging mein Vater erst zur Schule hinunter; dort suchte wenige Minuten später auch meine Mutter nach ihm. Er jedoch bog in den Wald ab, um hundert Meter weiter unten wieder auf den Weg zu gelangen, fernab der Lichter unseres Hauses. Nachdem er dem flachen Weg einige Meter gefolgt war, ließ er die Mühle links liegen und machte sich in genau entgegengesetzter Richtung auf nach El Sollado.

Aber diesem Weg folgte er nur kurz. Stattdessen stieg er direkt den Hang hinauf, kämpfte sich durch dichtstehende Bäume und über felsige Hänge, die sonst niemand erklomm, weil sie als gefährlich galten. Auf halbem Weg blieb er kurz stehen, um Atem zu schöpfen, auf einer Art grasbewachsenem, von unüberwindbaren Felswänden umgebenem Vorsprung, der so breit war wie ein Balkon.

Dort traf er auf den Werwolf. Wie aus dem Nichts tauchte er vor ihm auf. Vielleicht hatte er aber auch von Anfang an dort gelauert, und mein Vater hatte ihn nur nicht bemerkt, bis das Licht der Taschenlampe auf ihn fiel. Jedenfalls war er groß, viel größer als mein Vater, eine dunkle Masse mit einem Fell, aus dem scheue Augen glänzten; und er hatte ein brutales Gebiss, von dem Speichel troff. Mein Vater ließ die Taschenlampe fallen und griff mit zitternden, vor Angst tauben Händen nach dem Gewehr, suchte nach dem Mechanismus, um es zu entsichern. Doch bevor er den Hebel fand, schlug ihm der Werwolf die Waffe mit einem mächtigen Hieb aus der Hand, sodass sie an die Felswand prallte. Gleichzeitig spürte mein Vater einen beißenden Schmerz im Handgelenk.

Mein Vater war ein skeptischer Mensch, der fest davon überzeugt war, nie Zeuge eines übernatürlichen Phänomens zu werden. Und wie alle skeptischen Menschen hatte er gedacht, dass ihm alles entgleiten würde, sollte ihm doch etwas Unerklärliches begegnen. An diesem Abend jedoch, als er begriff, dass der Werwolf ihn attackierte, passte er sich aus schierem Überlebensinstinkt sofort an die neue Situation an. Vom ersten Moment an dachte er nur noch daran, wie er sein Leben retten konnte, war er fest entschlossen, bis zum letzten Atemzug zu kämpfen. Als wäre der Werwolf ein Raubtier wie jedes andere.

Sein erster Impuls war, in die Richtung zu flüchten, aus der er gekommen war. Verzweifelt begann er, den Felsen hinunterzuklettern, auf dem ein Fehltritt ihn das Leben kosten konnte. Aber der Werwolf, der sich nicht gerührt hatte, als mein Vater die Flucht ergriff, war plötzlich neben ihm, baumelte an einer Pfote hängend an einem Felsen, am Rand des Abgrunds, packte mit der anderen Pranke blitzschnell meinen Vater und schleuderte ihn durch die Luft zurück auf das Gesims, wo er heftig aufprallte. Mit unglaublichem Überlebenswillen sprang mein Vater trotz des Schmerzes fast im gleichen Moment wieder auf und lief in die andere Richtung, den Pfad hinauf, dort, wo keine Felsen mehr waren. Doch kaum hatte er drei Schritte getan, als er von hinten wuchtig an der Jacke gepackt und zurück in Richtung Gesims gezogen wurde. Diesmal hielt ihn der Werwolf in der Luft wie eine Puppe, drehte ihn um und schleuderte ihn gegen die Felswand.

Inzwischen hatte mein Vater so viel Adrenalin im Blut, dass er den Sturz gut verkraftete, der ihn unter anderen Umständen außer Gefecht gesetzt hätte. Statt sich nach Verletzungen und Brüchen abzutasten, verwandelte sein Überlebenswille ihn selbst in ein Tier, ein verzweifeltes Tier, dem bewusst war, was ihm drohte. Der Werwolf, der bis dahin nur eine ominöse Kraft gewesen war, ein schwindelerregender Impuls, ein flüchtiger Schatten, stand jetzt, leicht geduckt, zwischen ihm und dem Abgrund und sah ihn an. Durch seinen Körper ging die weiche Wellenbewegung eines Raubtiers, das sich anschickt, sein Opfer anzugreifen. Obwohl er sich zusammenkauerte, war er riesig. Wie ein Hund stützte er seine langen Vorderläufe auf dem Boden ab. Sein unangenehm kleiner Kopf war furchteinflößend, ebenso seine winzigen Augen, die funkelten wie zwei Knöpfe aus Glas; in ihnen konzentrierte sich das spärliche Licht des Augenblicks.

Mein Vater stand auf und lehnte sich mit dem Rücken an die Felswand. In diesem Moment fiel ihm auf, dass er sich genau an der Stelle befand, einem steilen Amphitheater aus Stein, an der früher – wie sich die Bauern erzählten – die Wölfe ihre Opfer in die Enge getrieben hatten. Er begriff, dass alle Vorteile beim Angreifer lagen, weil zwei der möglichen Fluchtwege eng und leicht zu kontrollieren waren und der dritte in den Abgrund und somit in den sicheren Tod führte.

Plötzlich stellte sich der Werwolf auf seine Hinterläufe und ging auf meinen Vater zu, mit Bewegungen, bei denen sich diesem die Haare sträubten, weil er noch nie ein Wesen sich auf diese Art hatte bewegen sehen. Mein Vater rannte wieder los, auf eine seitliche Felswand zu, aber sein Verfolger tat rasch einen Satz und packte ihn erneut mit eiserner Hand, warf ihn zurück in die Mitte des Gesimses. Mein Vater war schnell wieder auf den Beinen und ging nun seinerseits auf den Werwolf los, mit einem orangengroßen Stein, der dort im Gras gelegen hatte. Doch als er den Arm hob, um ihn mit aller Kraft auf die Bestie zu schleudern, hatte die schon seine Hand gepackt und drückte sie samt dem Stein brutal gegen die Wand. Obwohl seine Lage aussichtslos war, versuchte mein Vater mit unbändiger, schier übermenschlicher Kraft, die Felswand zu erklimmen – die nicht ganz vertikal war und außerdem kleinere Vorsprünge aufwies. Unter großen Qualen kam er zwei oder drei Meter voran, brach sich dabei alle Fingernägel ab, keuchte vor Anstrengung, war in Schweiß getränkt, der auf der aufgeschürften Haut brannte.

Dann versagten ihm seine Muskeln den Dienst. Der Werwolf machte sich nicht einmal die Mühe, ihn zu packen; seelenruhig wartete er ab, bis mein Vater nach einem erneuten Stich in seinem gebrochenen oder verrenkten Handgelenk den Halt verlor und abstürzte.

Mit allerletzter Kraft versuchte mein Vater, erneut aufzustehen. Da spürte er in seinem Rücken eine Hitze, die durch den dicken Stoff seiner Jacke bis auf die Haut drang. Er drehte sich um und hatte das Gesicht des Werwolfs direkt vor sich, nur eine Handbreit entfernt. Instinktiv wich er zurück, noch immer halb in der Hocke, bis er mit dem Rücken an den Felsen stieß. Der Werwolf strahlte eine irrsinnige Hitze aus, ein unsichtbares Feuer, das das Gras versengte und ihm das Gesicht zu verbrennen drohte. Mein Vater hatte es bereits vorher bemerkt, aber jetzt spürte er es deutlich: Der Werwolf glühte regelrecht und bewegte sich absolut lautlos, selbst bei seinen Attacken.

Nun saß mein Vater, an die Felswand gelehnt, im Gras. Mühsam rang er nach Luft und versuchte, frische Kräfte für einen nächsten Fluchtversuch zu sammeln, aber seine Muskeln gehorchten ihm nicht. Der Werwolf war ihm nicht gefolgt. Er war an der Stelle sitzen geblieben, an der mein Vater sich allein durch die Nähe zu ihm beinahe verbrannt hätte, und beobachtete ihn.

Der Werwolf sah abstoßend aus. Er hatte ein vorstehendes Kinn, das aber nicht spitz zulief wie bei einem Hund. Überhaupt ähnelte er sehr einem Menschen, was vor allem an den langen Armen lag, die ihm als Vorderläufe dienten. Man konnte ihn mit einem Primaten vergleichen, nur dass er sich leise und geschmeidig bewegte und ständig in Lauerstellung war.

Während mein Vater sich etwas erholte, ließ er den Werwolf keinen Augenblick aus den Augen. Aber die Bestie griff ihn nicht an, sondern streckte den Hals mal zur einen, mal zur anderen Seite und stieß zuckend dumpfe Knurrlaute aus, als hätte sie sich verschluckt. Nach und nach nahm das Zucken ab, und das Knurren wurde länger, melodiöser, verwandelte sich in eine Abfolge heiserer Laute, die mein Vater als holprige, aber unverwechselbare Intonation menschlicher Sprache erkannte.

Mein Vater setzte sich auf, hielt den Atem an und starrte den Werwolf mit weit aufgerissenen Augen an. Der stieß weiterhin diese gutturalen Laute aus, die immer artikulierter wurden. Mein Vater versuchte, ihn zu verstehen.

«Was willst du mir sagen?», fragte er voller Eifer, weil ihn dieser Versuch des Werwolfs, mit ihm zu kommunizieren, mit neuer Hoffnung erfüllte. Doch noch immer konnte er ihn nicht verstehen.

Der Werwolf gab weiterhin diese seltsamen Laute von sich, immer lauter, und zappelte, was man als Ungeduld oder Ärger deuten konnte. Mit einem Mal verstand mein Vater, was er sagte. Es war eine Frage. Der Werwolf hatte gefragt: «Warum kämpfst du?»

Mein Vater war zu verblüfft, um antworten zu können.

«Warum kämpfst du?», fragte der Werwolf noch einmal, diesmal deutlicher, aber auch drohender.

«Weil ich nicht sterben will!»

Der Werwolf schnaubte verächtlich, bevor er wieder seine merkwürdige Stimme ertönen ließ, die klang, als spräche er durch ein Rohr.

«Diese … Antwort … reicht mir nicht», brachte der Werwolf mühsam hervor. «Was ist der wahre Grund?»

«Wie meinst du das?», fragte mein Vater.

«Wenn du aus einem erhabenen Grund kämpfst», fuhr

der Werwolf fort und stieß einen Laut aus, der einem Lachen ähnelte, aber auch Husten sein konnte, «dann lasse ich dich am Leben.»

Mein Vater zögerte kurz, bevor es aus ihm herausbrach.

«Die Liebe! Ich kämpfe aus Liebe! Und Liebe ist ein erhabenes Gefühl.»

«Liebe zu deiner Frau?», fragte der Werwolf hüstelnd dazwischen. «Liebe zu deinen Kindern?»

«Genau! Zu meinen Kindern! Zu meiner Familie!», rief mein Vater schnell.

«Du lügst!», brüllte der Werwolf plötzlich mit bebendem Kopf und machte einen bedrohlichen Schritt auf meinen Vater zu.

Mein Vater spürte den heißen Atem der Bestie auf seinem Gesicht; ein merkwürdiger Atem, der nach verbranntem, mit Talg bestrichenem Holz roch.

«Du … Du kennst mich?», stammelte mein Vater. «Wer bist du?»

Der Werwolf sah ihn aus einem Meter Entfernung an, reglos, schweigend, als hätte er noch nie ein Wort gesprochen.

«Wer bist du? Was willst du?», fragte mein Vater erneut.

«Wer ich bin, werde ich dir jetzt nicht sagen», erklärte der Werwolf schließlich. «Das wirst du noch früh genug erfahren.»

Das Sprechen fiel dem Werwolf immer leichter. Mein Vater stützte sich auf beide Hände und stieß dabei zufällig auf den kalten Lauf des Gewehrs. Geistesgegenwärtig ließ er sich nichts anmerken und stellte zufrieden fest, dass er die Waffe mit der Hand ertastet hatte, die nicht verrenkt war.

«Ich habe dich gesucht», fuhr der Werwolf mit raspelnder Stimme fort, «damit du mir bei der Auswahl hilfst. Deine Frau ist losgelaufen, um dich zu suchen. Ich habe sie gerade gesehen.»

Mein Vater war so bestürzt, dass er nichts mehr sagen konnte. In der schaudererregenden Stimme des Werwolfs schwang nun ein Hauch boshafter Genugtuung mit.

«Die andere habe ich auch gesehen, die Kleine», fuhr der Werwolf fort. «Da, wo ihr euch immer trefft, in der Hütte des Alten!»

«Was sagst du da? Ich ...»

«Denkst du, ich hätte euch nie bemerkt?», fauchte der Werwolf und streckte den Kopf in Richtung meines Vaters. Er atmete schwer, als hätte der letzte Satz ihn große Anstrengung gekostet. «Beide suchen dich. Und beide kann ich blitzschnell erreichen!»

«Was willst du?», fragte mein Vater in Panik.

«Ich habe Hunger», antwortete der Werwolf mit einer unheimlichen Heiserkeit in der Stimme. «Du hast ja keine Ahnung, welch großen Hunger! Ich muss heute noch etwas fressen. Und du darfst aussuchen, wen. Also? Wen soll ich fressen?»

Mein Vater schlug sich die Hände vors Gesicht, wurde von einem Weinkrampf geschüttelt und sank zur Seite.

«Bitte!», wimmerte er. «Bitte, nicht!»

«Du enttäuschst mich», gluckste der Werwolf. «Ich hatte erwartet, dass du dich selbst anbietest.»

In diesem Augenblick schnellte mein Vater in die Höhe, schwang das Gewehr – das er mit beiden Händen gepackt hatte – durch die Luft und schlug mit aller Kraft auf den Kopf der Bestie ein.

«Was soll das?», brüllte der Werwolf wütend, riss meinem

Vater die Waffe aus der Hand und warf sie weg. «Glaubst du, du kommst gegen mich an? Glaubst du wirklich, Schläge oder Schüsse können mir etwas anhaben?»

Mein Vater spürte wieder diese schreckliche Hitze im Gesicht und hielt sich schützend die Hände vor die Augen. Vielleicht bemerkte er deshalb nicht, dass der Werwolf eine Pranke ausstreckte. Eigentlich war es keine Pranke, sondern eine riesige Hand, mit der er den Kopf umfasste, unter dem Nacken zupackte und meinen Vater anhob. Mein Vater schrie auf. Schon die Hitze, die der Körper der Bestie ausstrahlte, war schier unerträglich, aber sie war nichts im Vergleich zur Hand: Glühend wie heißer Stahl drang sie ihm in den Schädel.

«Je mehr du auf mich einschlägst», brüllte der Werwolf, während mein Vater vergeblich gegen ihn ankämpfte, «desto stärker werde ich!»

Mein Vater, dem der Brandgeruch seiner Haare in die Nase stieg, hing nun mit beiden Händen am behaarten und unfassbar muskulösen Arm des Werwolfs. Plötzlich ließ der ihn los. Ausgewrungen wie ein Lappen fiel mein Vater zu Boden. Der letzte Rest seines Aufbegehrens war verbraucht.

«Nenn mir einen Namen!», forderte der Werwolf ihn auf. «Ich habe es eilig. Deine Frau oder das Mädchen! Nenn mir einen Namen, oder ich fresse beide!»

Obwohl er zusammengekauert dalag, begann mein Vater am ganzen Körper zu zucken. Er weinte hemmungslos, zitterte so sehr, dass er nicht einmal den Brustkorb vom Boden heben konnte.

«Bitte!», wimmerte er, erstickt von den eigenen Tränen. «Bitte!»

Plötzlich ging der Werwolf auf ihn zu und versengte ihn fast mit seinem Feuer.

«Ein Name», flüsterte er ihm ins Ohr. «Dann tue ich dir einen kleinen Gefallen.»

Mein Vater spürte einen schrecklichen Schmerz in der Hand und wurde ohnmächtig.

Mein Vater war das letzte Opfer des Werwolfs im Tal. Nach jener Nacht griff die Bestie nicht wieder an, nicht in der folgenden Vollmondnacht, nicht im folgenden Jahr, ja überhaupt nie mehr bis in unsere Tage. Vielleicht war der Werwolf zu diesem Zeitpunkt schon geschwächt. Jedenfalls hatte mein Vater überlebt, und auch zwei weitere Opfer, die eigentlich genau in das Beuteschema des Werwolfs passten, wurden verschont: Lino Famarelo und Martín de Couceiro, die meinen Vater im Morgengrauen fanden. Die beiden Männer hatten es sich nach dem Unglück von Boral zur Gewohnheit gemacht, nachts auf Streife zu gehen, mit zwei Gewehren, die das Beste waren, was das Tal zu bieten hatte. Sie fanden ihn auf dem Weg nach El Sollado. Anfangs hielten sie ihn für tot, weil er vollkommen reglos dalag und sich unter seinem Körper eine Blutlache gebildet hatte. Dann aber bemerkten sie, dass er noch atmete und das Blut von seiner linken Hand stammte, deren fünf Finger alle abgetrennt waren, den Spuren nach zu urteilen, durch einen brutalen Biss. Dass der Überfall weit vom Fundort entfernt stattgefunden hatte, auf dem Felsvorsprung im Berg, entdeckten sie erst später, als sie der Blutspur folgten.

Doch all dies wurde erst in den folgenden Tagen rekonstruiert. An jenem Morgen, als die beiden Männer bemerkten, dass mein Vater noch lebte, taten sie erst einmal, was zu tun war. Sie beschafften zwei Pferde und brachten den Verletzten in aller Eile nach Los Pazos, wo Doktor Candeira die Blutung an der Hand stoppte und nach einer Untersuchung der weiteren Verletzungen die sofortige Überweisung ins Krankenhaus von Vegadauga empfahl, nicht ohne vorher ausdrücklich darauf hinzuweisen, dass mein Vater von kräftiger Konstitution und sein Leben nicht gefährdet war. Abgesehen vom Verlust aller Finger der linken Hand stellte man im Krankenhaus noch mehrere Knochenbrüche fest: an der rechten Hand, am Fußknöchel und an zwei Rippen; eine weitere Rippe war angeknackst, und der ganze Körper war übersät mit Abschürfungen und Blutergüssen. Außerdem wiesen Gesicht und Hände oberflächliche Verbrennungen auf. Merkwürdig war vor allem eine tiefe Brandwunde am Hinterkopf, die aber ebenfalls keine bleibenden Schäden hinterlassen würde. Als mein Vater das Bewusstsein wiedererlangte, war er erregt, ja geradezu verwirrt, sodass er in der ersten Nacht im Krankenhaus ruhiggestellt werden musste.

Wir erfuhren kurz vor Tagesanbruch, was mit ihm geschehen war, als Lino und Martín aus Semellade zurückkamen. Meine Mutter, die die ganze Nacht kein Auge zugetan hatte, übertrug mir die Verantwortung für meine Geschwister und brach sofort nach Semellade auf, um von dort aus nach Vegadauga weiterzufahren. Gegen Mittag saß sie am Krankenbett des Rekonvaleszenten. Den ganzen Vormittag über war mein Vater höchst erregt gewesen, trotz der Beruhigungsmittel, die man ihm verabreicht hatte. Ihn trieb die Furcht um, der Werwolf könnte in jener Nacht noch jemand anderen angefallen haben, und er war felsenfest davon überzeugt, man verheimliche ihm das nur, um seine Genesung nicht zu gefährden. Immer wieder fragte er nach, und immer wieder erhielt er die Antwort, seiner Frau gehe es gut und es habe keine weiteren Opfer gegeben. Trotzdem beruhigte er sich erst, als meine Mutter eintraf und ihm versicherte, es sei tatsächlich kein weiteres Opfer zu beklagen, nur er sei vom Werwolf angegriffen worden.

In den folgenden Tagen besuchten auch Norberto und ich ihn im Krankenhaus, wo er sich langsam von seinen Verletzungen erholte. Ich fand ihn niedergeschlagen, distanziert, als hätte er all seine Energie darauf verwendet, diese erste Nacht zu überstehen, und würde nun lustlos abwarten, dass seine Verletzungen heilten. Es war so, als hätte der Werwolf ihm mehr genommen als nur eine Hand, als wäre ihm durch jenen schrecklichen Biss auch ein Teil seiner Persönlichkeit amputiert worden, als wäre seine Seele seither nicht mehr ganz, als fehlte ihm ein Gutteil der Lebendigkeit und Energie, mit denen er früher alle Schwierigkeiten entschlossen gemeistert hatte.

Er lag fast drei Wochen im Krankenhaus, länger als ursprünglich vorgesehen, weil sich die Verletzung an der Hand, die anfangs gut verheilt war, entzündete und beinahe in einen Wundbrand übergegangen wäre.

Die letzten Worte, die meine Mutter ihm an jenem verhängnisvollen Abend an den Kopf geworfen hatte, erwiesen sich als Prophezeiung. Mein Vater würde nie wieder einen Fuß in unser kleines Häuschen neben der Schule setzen. Und Norberto und ich würden bald aus Brañaganda wegziehen.

Epilog

Meine Mutter war bereit, ihrem Mann zu verzeihen und noch einmal von vorne zu beginnen. Damit wir wieder eine richtige Familie werden konnten, nahm sie sogar in Kauf, nach Beendigung des Schuljahres aus Brañaganda wegzugehen. Das Unglück meines Vaters hatte sie versöhnlich gestimmt; und die Freude und Zuneigung, die er an den Tag gelegt hatte, als sie bei ihm am Krankenbett erschien, hatten sie tief gerührt.

Bevor jedoch mein Vater aus dem Krankenhaus entlassen werden sollte, wollte sie noch einige Dinge klären, und so sahen wir, wie sie an einem Freitag nach dem Unterricht den Weg am Fluss nahm, der zum Jagdhaus der Señora de Freire führte. Norberto und ich wussten, was sie dort wollte. Obwohl Doña Isabel ein harter Brocken war, glaubten wir fest daran, dass meine Mutter erhobenen Hauptes wiederkehren würde und dass Papa – schon allein seines bedauernswerten Zustands wegen – sich allem beugen würde, was sie ihm auferlegte.

Aber als meine Mutter nach einer halben Stunde wieder auf dem Weg auftauchte, begriffen wir sofort, dass etwas Merkwürdiges passiert sein musste. Es fing schon damit an, dass sie nicht direkt nach Hause kam, sondern zur Hütte von Marcelino abbog und ihm, wie wir hören konnten, eine Szene machte, die er wortlos über sich ergehen ließ.

Als sie schließlich zur Schule heraufkam, machte sie ein

fürchterliches Gesicht, in dem sich Überraschung und Ungläubigkeit abzeichneten, aber auch Empörung und Zorn.

«Morgen werden wir früh aufstehen», sagte sie zu Norberto und mir und scheuchte uns ins Haus. «Wir müssen den Bus um neun nach Semellade erwischen.»

«Fahren wir zu Papa?»

«Nein», erwiderte sie energisch und ohne uns in die Augen zu sehen. «Ihr fahrt nach Ribeira, zu eurer Großmutter. Ich will nicht, dass ihr noch länger hierbleibt.»

Die Beziehung zwischen meiner Mutter und ihren Eltern war schon früher nie sonderlich herzlich gewesen. Endgültig eingetrübt hatte sie sich, als meine Mutter heiratete. Seither hatte sich das Zusammentreffen auf offizielle Anlässe wie Beerdigungen, Taufen oder Geburten beschränkt. Nun aber griff meine Mutter auf sie zurück, weil sie die Situation als Notfall betrachtete. Und so zogen Norberto und ich für eine Weile zu unseren Großeltern.

Es waren nur noch wenige Tage bis zu den Weihnachtsferien. Meine Mutter war mit den Zwillingen in Brañaganda geblieben, um eine Beurlaubung und die anschließende Versetzung an eine Schule in der Nähe ihrer Eltern zu beantragen. Es dauerte nicht lange, da hatte sie erreicht, was sie wollte, in dieser Reihenfolge: neue Stelle, neues Zuhause, neues Leben für ihre vier Kinder.

Sie würde nie wieder heiraten. Und meinen Vater würde sie nie wieder sehen.

Die Schule von Brañaganda erhielt eine neue Lehrerin, eine junge Frau, der bald schon die Herzen der Einwohner zuflogen. Und es gab weitere Neuigkeiten: Auch Doña Isabel, die Señora de Freire, verließ das Tal. Sie ging so still und leise, wie sie vor Jahren gekommen war, ohne jemandem Bescheid zu sagen oder sich von jemandem zu verabschieden; César Besteiro besuchte sein Anwesen in Brañaganda nicht mehr so eifrig wie zuvor. Allem Anschein nach hatte er in der Nähe von Santander eine Gegend entdeckt, in der es von Hochwild nur so wimmelte, von prachtvollen Exemplaren, wie es sie in seinem Heimattal nicht gab. Trotzdem liefen dank Delfina die Geschäfte in El Sollado weiterhin gut.

Was meinen Vater betrifft, so ist seine Geschichte – die zweite Hälfte seines Lebens – schnell erzählt, weil nichts davon von Interesse war, es sei denn, man hat eine morbide Vorliebe für den langsamen Verfall – geistig wie körperlich – eines Menschen.

Als mein Vater aus dem Krankenhaus entlassen wurde, wusste er bereits, was meine Mutter beschlossen hatte. Sie war zwar noch für einige Tage in Brañaganda, aber offenbar gingen sich die beiden aus dem Weg. Mein Vater wohnte in Marcelinos Hütte und hielt sich mit dem symbolischen Lohn für seine Försterdienste über Wasser. Dann verließ die Señora de Freire das Tal, und kurz darauf wurde bekannt, dass Cándida schwanger war. Zu diesem Zeitpunkt wussten bereits alle im Dorf, dass mein Vater ein Verhältnis mit ihr gehabt hatte und Marcelinos Hütte der Schauplatz für ihre Schäferstündchen gewesen war.

Heiraten konnte mein Vater sie nicht. Stattdessen akzeptierte er – all seiner Willenskraft beraubt – eine merkwürdige Vereinbarung, die Delfina ihm vorschlug. Er zog nach El Sollado und arbeitete dort trotz seiner Behinderung wie ein Sklave, nur um das richterlich stark eingeschränkte Recht zu haben, die Mutter seines jüngsten Kindes zu sehen, das ebenfalls ein Junge war und fast ausschließlich unter weiblicher Obhut aufwuchs. Als der Kleine zwei Jahre alt war, unternahm mein Vater einen letzten Versuch, seinem Leben eine Wendung zu geben.

In aller Heimlichkeit hatte er sich eine Stelle in Vegadauga gesucht, bei dem Bergwerksunternehmen, für das er schon einmal gearbeitet hatte. Und als es ihm gelang, Cándida und seinen Sohn nachzuholen, dachte er, er könne endlich wieder ein richtiges Familienleben führen. Er erkundigte sich, ob er seine vorherige Ehe annullieren lassen konnte. Aber Cándida, die sich in El Sollado als Opfer ihrer tyrannischen Mutter gefühlt hatte, entpuppte sich nun als anspruchsvoll und launisch. Sie beklagte sich unablässig darüber, dass mein Vater ihr mit seinem kärglichen Gehalt als Büroangestellter nichts bieten konnte, und sie erwies sich in dem städtischen Umfeld als schlechte Hausfrau und Mutter. Ständiger Streit war die Folge, und mein Vater ging durch die Hölle, ohne einen Feind zu haben, dem er die Schuld an seinem Unglück geben konnte.

Irgendwann kehrte Cándida mit ihrem Sohn nach Brañaganda zurück. Dort heiratete sie einen jungen Mann aus La Xesta, den sie in El Sollado kennengelernt hatte, wo er als Tagelöhner für Delfina arbeitete. Sie bekam zwei weitere Kinder und wurde eine normale Bäuerin. El Sollado hat sie nie wieder verlassen.

Mein Vater hingegen hatte nach diesem abermaligen Scheitern keine Kraft mehr, den Lauf der Dinge noch einmal zu ändern. Er fügte sich in den Fluch, der ihn seit dem Angriff des Werwolfs verfolgte.

Sein Leben verlief einsam und schäbig. Er arbeitete zwar bis zur Pensionierung in dem Bergbauunternehmen, aber die lächerliche Rente, die er erhielt, hätte ihm ein Alter in Armut beschert, wäre da nicht meine Mutter gewesen, die ihm jeden Monat eine kleine Geldsumme zukommen ließ. Ihren Söhnen hingegen verbot sie – solange wir unter ihrer Vormundschaft standen – jeglichen Umgang mit dem Mann, mit dem sie offiziell noch immer verheiratet war. Mein Vater unternahm seinerseits keinen Versuch, sich uns zu nähern.

Erst als ich die Universität besuchte, nahm ich den Kontakt zu ihm wieder auf. Heimlich natürlich. Später, als ich mein eigenes Leben führte, traf ich ihn weniger heimlich, aber immer noch, ohne die Treffen meiner Mutter gegenüber explizit zu erwähnen.

Ich sah meinen Vater etwa zweimal im Jahr, einen gebrochenen Menschen ohne Wünsche und Hoffnungen, der mit schläfriger Passivität auf den Tod wartete. Erst in seinen letzten Tagen, als er bereits schwer krank war – und meine Besuche sich häuften –, wurde er unerwartet noch einmal lebendig, als hätte er plötzlich entdeckt, dass es ihn tröstete, mir von seiner Kindheit und Jugend zu erzählen. Manchmal erwähnte er sogar meine Mutter, wie nebenbei, wie wenn man beim Klavierspielen eine verstimmte Taste anschlägt. Es dauerte allerdings jedes Mal eine gute Weile, bis sich diese Lebhaftigkeit einstellte. Wenn ich ankam, döste er in seinem alten Sessel, vor laufendem Fernseher oder mit einer Zeitung auf den Knien.

Eines Tages aber blieb er den ganzen Besuch über schweigsam und distanziert. Weil all meine Versuche, ihn zu einem Gespräch zu animieren, nichts fruchteten und er immer wieder in Schweigen verfiel, verstummte auch ich und beschränkte mich darauf, ihm Gesellschaft zu leisten, so wie man bei einem Kranken wacht. Ich wagte nicht, ihm die Zeitung wegzunehmen, die auf seinem Schoß ruhte – obwohl er ihr überhaupt keine Beachtung schenkte –, sondern blätterte stattdessen in einer der bunten, nichtssagenden Zeitschriften, die seit Monaten in einem Magazinständer lagen. Ich sah mir Prominentenfotos an und überlegte, ob jemand diese Zeitschrift nur bei ihm vergessen hatte oder ob sie ein weiteres Anzeichen für seinen zunehmenden Verfall war. Da begann mein Vater doch noch zu reden, mit matter, abwesender Stimme, ohne mich anzusehen, fast regungslos, den Blick fest auf den Fernseher gerichtet, der in diesem Moment nicht lief.

Wir hatten schon lange nicht mehr über den Werwolf gesprochen, schon seit fast einem Jahr nicht mehr. An jenem Nachmittag aber, in seinem gutbeheizten Rentnerzimmer, kam er wie aus dem Nichts auf dieses Thema. Er erzählte mir von ihm, als wäre es das erste Mal, als vertraute er mir eine lebenswichtige Information an. Es hatte den Anschein, als erinnerte er sich nicht mehr daran – vielleicht ließ ihn allmählich sein Gedächtnis im Stich –, dass er mir seine Begegnung mit der Bestie bereits in aller Ausführlichkeit geschildert hatte.

«Hüte dich vor dem Werwolf, mein Sohn!», warnte er mich mit einer düsteren Stimme, die aus den Tiefen seiner Brust zu kommen schien. «Gegen ihn hat man keine Chance, er ist unverwundbar. Ich habe auf ihn geschossen, aber er hat mir das Gewehr einfach aus der Hand geschlagen. Jeder Hieb von ihm hat mir einen Knochen gebrochen, jede Berührung meine Haut verbrannt. Katz und Maus hat er mit mir gespielt. Sich über mich lustig gemacht. Und er wusste alles. Er würde mir einen Gefallen tun, hat er zu mir gesagt, und mir eine Hand ausreißen, damit ich nicht in Verdacht geriete.»

«Das … das hast du mir ja noch nie erzählt», antwortete ich.

«Natürlich nicht!», erwiderte er. «Aber jetzt erzähle ich es dir, für den Fall, dass du ihm mal begegnest. Er macht sich über einen lustig, immer macht er sich über einen lustig. Er hat mich vor die Wahl gestellt, er hat mich gefragt, wen er fressen soll: Cándida oder deine Mutter. Er wusste alles! Er wusste, dass beide in jener Nacht im Wald waren.»

Plötzlich überfiel mich eine Ahnung. Die Kopfhaut sträubte sich mir, ich spürte, dass eine Offenbarung in der Luft lag.

«Und?», fragte ich. «Was hast du geantwortet?»

«Er hat sich über mich lustig gemacht. Und dann hat er nichts getan, gar nichts. Er hätte es tun können, alles hätte er tun können. Gegen ihn ist kein Kraut gewachsen! Aber er wollte sich nur über mich lustig machen.»

«Was hast du denn nun zu ihm gesagt?»

«Ich … Mein Sohn … Etwas Schreckliches …!», stammelte mein Vater, der sich zu mir umgedreht hatte und mich ansah. Doch dann fiel er in seine alte Haltung zurück und sagte: «Geh jetzt», müde und traurig, aber auch bestimmt, sodass ich mich leise zurückzog.

Es ist nun über dreißig Jahre her, dass der Werwolf in Brañaganda Angst und Schrecken verbreitete. Die meisten Menschen, die damals Zeuge der Ereignisse wurden, leben noch. Aber ich hatte mich weit entfernt. Ich wohnte in der Stadt, hatte mein eigenes Leben, meine eigene Familie, eine gute Arbeit, bei der ich Anerkennung genoss. Die Ereignisse von damals verloren sich im mythischen Nebel meiner Kindheit, waren wie die schäbige Chronik einer misslungenen Vergangenheit, der Vergangenheit unserer

Eltern, einer archaischen Zeit, die wir längst für überwunden hielten.

Trotzdem ist in mir ein Rest an schlechtem Gewissen zurückgeblieben, ein Bodensatz, weil ich mich bei diesem Gespräch so abweisend gezeigt hatte, und vor allem, weil ich einfach so gegangen war, ohne noch etwas zu meinem Vater zu sagen, ohne auch nur den Versuch zu unternehmen, etwas herzlicher zu ihm zu sein.

Einige Tage später, eine Woche vor meinem geplanten nächsten Besuch, klingelte das Telefon. Am anderen Ende der Leitung war meine Mutter. «Papa ist tot», sagte sie tränenerstickt. Seit wir aus Brañaganda weggezogen waren, hatte sie dieses Wort nicht mehr benutzt. Wenn sie ihn einmal hatte erwähnen müssen, hatte sie stets «Enrique» gesagt oder «euer Vater».

Rückkehr

In den vergangenen Jahren bin ich des Öfteren nach Brañaganda zurückgekehrt, um die Gespenster der Vergangenheit zu vertreiben. Man könnte sagen: Es ist mir gelungen. Jenes schroffe, urtümliche Tal, auf dessen Wegen der Werwolf lauerte, ist endgültig ersetzt durch das Brañaganda von heute, durch das eine geteerte Straße verläuft, in dem Pepín Famarelo – mit dem ich in regem Kontakt stehe – zum Touristenführer geworden ist, in dem eine nicht wiederzuerkennende Cándida – ich habe sie einmal besucht – sich in eine dicke Matrone verwandelt hat, in dem das Palais der Señora de Freire von Pflanzen überwuchert ist und die Mühle ihren Betrieb eingestellt hat.

Manchmal aber träume ich, dass ich nach Brañaganda zurückkehre und alles noch so ist wie früher. Dann sehe ich, wie eine schlanke und zerbrechliche Cándida auf mich zukommt und mir mit kindlicher Begeisterung in ihrem reinen Blick vorschlägt, zur Wiese zu laufen und zu spielen; und meine Mutter ruft uns zum Essen; und am Tisch sitzt mein Vater und blättert in einem Buch; und neben ihm Pepín Famarelo in zerlumpten Sachen und mit schmutzigen Knien. Ich sehe sie und beginne im Traum zu weinen, weil ich wieder ein Kind bin und gleichzeitig der Erwachsene von heute, der weiß, dass ich sie alle verlieren werde, für immer verlieren, weil sie nur noch in meinem Traum leben und jeder Traum einmal zu Ende geht.

Dann empfinde ich große Liebe für sie alle, die sich in große Traurigkeit verwandelt, in bittere Tränen. Und etwas Seltsames geschieht mit mir, das mir Angst macht und andererseits Wohlbehagen bereitet. Ich hebe ab und schwebe in die Höhe, schwebe über unserem Häuschen, über der Schule; über dem Fluss am Fuß der Schlucht, über der Brücke und der Kurve an der Mühle. Und dann steige ich noch höher, sehe El Sollado und die Pasadía, das ganze Tal aus der Vogelperspektive; drehe ab und fliege über den Coudelo, lasse Semellade hinter mir, folge hoch oben der kleinen Straße, die nach Vegadauga führt. Auch über die Ria fliege ich hinweg, fliege immer schneller, bis ich in einem Flugzeug sitze. Und mit einem Seufzer der Erleichterung fliege ich aufs offene Meer hinaus.

INHALT

Erster Teil · DAS HAUS UND DIE SCHULE

Zweiter Teil · IN DER HAND VON BESTEIRO

Dritter Teil · DIE WUT DES WERWOLFS

David Monteagudo
Ende

Neun Freunde am Ende der Welt. Die spanische Antwort auf Cormac McCarthy.

Viele Jahre, nachdem sie als Clique auseinandergegangen sind, treffen sich neun Frauen und Männer in einer einsamen Berghütte. Um Mitternacht fällt der Strom aus, die Autos starten nicht mehr, in dem funkelnden Sternenhimmel ist kein einziges Flugzeug zu entdecken. Eine unheimliche Stille liegt über ihnen. Was ist passiert? Zu Fuß machen sich die einstigen Freunde auf den Weg in die Stadt. Aber einer nach dem anderen verschwindet. Ist das das Ende?

352 Seiten

MIX
Papier aus verantwortungsvollen Quellen
FSC® C083411
FSC
www.fsc.org

Das für dieses Buch verwendete Papier ist FSC®-zertifiziert.